山东省残疾人联合会推荐书目

孙建博的故事

曹庆文 著

山東文藝出版社

图书在版编目（CIP）数据

孙建博的故事 / 曹庆文著．—济南：山东文艺出版社，2022.9

ISBN 978－7－5329－6705－6

Ⅰ．孙…　Ⅱ．①曹…　Ⅲ．①孙建博—先进事迹　Ⅳ．①K826.3

中国版本图书馆 CIP 数据核字（2022）第 142515 号

孙建博的故事

SUNJIANBO DE GUSHI

曹庆文　著

主管单位　山东出版传媒股份有限公司
出版发行　山东文艺出版社
社　　址　山东省济南市英雄山路 189 号
邮　　编　250002
网　　址　www. sdwypress. com

读者服务　0531－82098776（总编室）
　　　　　0531－82098775（市场营销部）
电子邮箱　sdwy@ sdpress. com. cn

印　　刷　青岛新华印刷有限公司
开　　本　890 毫米×1240 毫米　1/32
印　　张　9.75
字　　数　240 千
版　　次　2022 年 9 月第 1 版
印　　次　2022 年 9 月第 1 次印刷
书　　号　ISBN 978－7－5329－6705－6
定　　价　62.00 元

一封书信（代序）

建博同志：

你好！

惠书收到，十分感谢。收到你的大作之后，我抽时间读了你的几本书，深受感动，很受启发。读你书的时候，时而为你所取得的成绩高兴，时而为你受的苦难潸然泪下。由于工作原因，读书比以前少了，现在很少读到这么感人的传记文学了。

从你的书中得知了你不平凡的人生经历。年幼残疾，为治病尝尽了人间疾苦；上学受阻，考上中学而不被录取；备尝偏见，受尽了白眼和冷嘲热讽；就业无门，拖着残腿走街串巷收破烂。但是，面对命运的不公，面对社会的偏见，你从不屈服，决不灰心，而是奋起抗争，自强不息，勇往直前，再接再厉。为了残疾人的饭碗，你能抛弃优越的机关生活；为了减员增效加快企业的发展，你动员爱人第一个下岗；为了减轻社会的包袱，你先后接受并盘活了四个资不抵债的单位，让几百名职工有了饭碗；为了履行一个人民代表的职责，你竟然一次大会能提交五十多件议案；为了企业的发展，你拖着病体坐着轮椅天南海北去奔波。

看了你的书，必然有些感触。我大体梳理了一下思路，觉得有以下几个方面。首先，你是一个把共产党员的使命看得重于个人生命的人。你始终牢记共产党人的初心使命，不论什么事，你最先考虑的是此事是否符合党的原则；不论说什么话，你首先想到的是此话是否合乎党的纪律；在单位做出任何决策，你都会反复思量是否有利于党的利益。其次，你总是认为别人的事永远重于自己的事。在执行纪律的时候，在利益分配的时候，在需要进行取舍的时候，你最先考虑的是别人的利益，甚至从来不考虑自己。在这一点上，说你专门利人，毫不利己，一点也不为过。第三，你是一个听党话，跟党走，天大困难不回头的人。在原山林场几十年的发展中，遇到过大大小小有时甚至是难以逾越的困难，你从不曾灰心丧气，而是按照党的政策，听从党的号召，不达目的，誓不罢休，带领原山人一步一个脚印地走向巅峰。第四，你是一个自强不息、勇于奉献的人。身体的残疾，给你带来了常人难以忍受的痛苦，五种重病一起袭来，多次让你痛不欲生，但是你都把自己的生死置之度外，带领原山人在坎坷中前行。甚至，你还在遗嘱中把家产、存款及遗体都交给国家，充分体现了一个共产党员艰苦奋斗、无私奉献的坚强意志和奉献精神。

建博同志，看了你的书，偶有所感，写信和你交流，如有不当之处，请指正。为长久计，还请你保重身体。

刘晓峰

十二届全国政协副主席

心底無私天地寬

壬寅夏月　劉曉峰

目录

苦难的开头

雪，越下越大。

冬日里的凌晨四点，尚处黎明前的黑暗，天空本该是漆黑漆黑的，可在雪花的映照下，竟变得灰蒙蒙的了。在灰蒙蒙的树林里，雪花并不是直线下落，而是像白色的小飞蛾一样，上下左右地翻飞着，搅得人心烦意乱。

董梅英手里拉着大的，怀里抱着小的，吃力地在雪地上走着。一阵阵强劲的西北风，打着呼哨从山口卷来，刮得他们东倒西歪。

由于他们穿着厚厚的棉衣，上面又落上了厚厚的积雪，从远处看，就像一大一小两个雪球在雪地里慢慢滚动。

田野里静极了。他们脚踏在雪地上的嘎吱声，传得很远。就连平日里细微的呼吸声，也变成了厚重的呼哧声，似乎比平常放大了好几倍。

夜的寂静，雪的惨白，风的怒号，使他们娘儿仨产生了深深的恐惧，总觉得会发生点什么事。

突然，半空中咔嚓一声响，把他们吓呆了，一下子全都坐到了雪地上，只觉得雪比刚才大了几十倍、几百倍。突然，哥哥骨碌碌地向坡下滚去，雪地上只留下浅浅的一道小沟。

“我的儿啊！”

董梅英尖叫着坐在地上，溜滑梯一样向儿子的方向溜下去。等她抱起儿子，像两个雪人似的爬上坡来时，才发觉孙建博不见了。

“建博，建博，你在哪里？”

董梅英发疯般喊着，四处摸索着。在他们刚才坐倒的地方，有一个小丘似的雪堆。董梅英跪在地上，使劲地扒那个雪丘。扒了一会儿，露出一根树枝，等她拉开那根树枝时，孙建博从雪堆里露了出来。

董梅英抱起儿子，拍打干净他身上的雪，又抠出他耳朵和鼻孔里的雪，摸着他那被树枝划破的脸，大声地喊着他的名字。等他响亮地哭了一声之后，她才放下心来，两行泪水唰地流了下来，嘴里不住地咕哝着："谢天谢地！还有气，还活着！"

直到这时，他们才看清楚，原来是一根横在半空中的枯松枝，因上面落了太多的雪，不堪重压，折断后掉了下来，落下的雪将他埋在了下面。

"咱咋这么苦啊！"

董梅英把他们兄弟俩搂在胸前，低声痛哭了一会儿，然后抖了抖肩上的雪，又拖着他俩，向她上班的工厂走去。

雪下得更大了。大片大片的雪花四处飞舞，落到睫毛上，让人睁不开眼。

孙建博从记事起，就重复着这样的路线。

这时的孙建博才两岁多，自然记不了许多，但长大后常听大人说，他母亲就是这样上班的。一年四季，雨雪风霜，每天早上四点钟起床，领他们走几里的山路，把他们兄弟俩送到托儿所后再去上班。其间受的苦，遭的罪，她不说谁也不知道，但偶尔说出一件来，就够人唏嘘感叹半天的。

雪地里的一场虚惊，把他们娘儿仨吓坏了。孙建博被吓得直往母亲怀里拱，哥哥直往母亲腿上蹭，弄得董梅英深一脚浅一脚的，走不稳了。

"好孩子，别害怕，快到厂里了。"董梅英说得再温柔，也赶不走孩子们心头的恐惧。看看没办法，董梅英又出了新点子："孩子，妈妈给你们唱个‘唱儿’，好吗？”

他们兄弟俩最佩服母亲这一点。别看她没有多少文化，可肚里的“唱儿”永远也唱不完。当他们不高兴或者害怕时，只要母亲一唱“唱儿”，他们就会安静下来，孙建博长大后才知道，母亲的这些“唱儿”就是民歌，连大学里的教授都四处搜集研究呢！

打箩箩，箩面面，
请俺好儿吃饭饭。
啥饭？杂面。
谁擀的？老红眼。
咋着擀？扒眼。
谁推磨？豆虫。
咋着推？蛄蛹。
谁烧火？秃老婆。
咋着烧？扒拉着。
谁打水？蚂蚱。
咋着打？蹦跶。
……

董梅英还没唱完，他们哥儿俩就笑了起来。

天开始放亮了。林子里那些没积雪的树枝上，站满了一群群刚刚醒来的小鸟。它们使劲扇动着被雪濡湿的翅膀，用黑黑的尖喙梳理几下羽毛，然后抬头望望灰蒙蒙的天空，想想今天因下雪而无处觅食的境况，无可奈何地向着大雪叫几声，就垂头丧气地不动了。

“我们要学习董梅英同志这种大公无私的精神，自觉地投入到社会主义革命和社会主义建设中去……在阶级斗争、生产斗争和科学实验三大革命中再做贡献……”

听到厂里的喇叭广播声，孙建博知道已经到厂里了。那时候，他不知道董梅英就是自己母亲的名字，只是经常听父亲喊她“博他娘”，更不知道大喇叭里说的就是他母亲。后来听大人说，母亲那时是兵工厂的劳动模范，不但喇叭广播，厂里还将她的事迹印成了小册子呢！她就是这样，每天拖着两个孩子，多的时候是三个，穿行于山路上，比别人多付出几倍的艰辛。所以，后来每当看到母亲的老相，孙建博心里总是有一种说不出的负疚和酸楚。

这天，董梅英下班带他们哥儿俩赶回家时，已是晚上七点钟了。因积雪融化，道路非常泥泞，到家时，裤脚都湿到了膝盖，浑身印满了泥点子，被汗水浸湿的衣服直从领口冒热气。

董梅英放下他俩就劈柴生火，烧水做饭。等孙熙国下夜班回来时，他们哥儿俩早已进入梦乡了。哥哥不知梦见了什么开心事，竟咯咯地笑出了声。

灯火如豆，那是董梅英为了省钱捻小了灯芯；剪子的咔嗒声在夜里格外刺耳，那是董梅英在剪他们哥儿俩实在没法再穿的破衣服，为他们缝补身上的衣服。见孙熙国回来，她马上端出热好的饭菜，摆在桌子上，然后又坐在灯下做起了针线活。

“建博脸上是咋了?”

突然，孙熙国捻灭卷烟问董梅英。这粗声大气的喝问，把董梅英吓了一跳，也把睡梦中的哥哥惊醒了。

“噢，今天让树枝划了一下。”

“在哪里划的？咋划的?”

董梅英实在不想说。丈夫多次和她商量过：“你自己带孩子太累了，我和同事调调班，和你一起带孩子，也让你省点力气省点心。”可董梅英说啥也不愿意。她想，兵工厂有铁的纪律，自己的男人又十分要强，不论是为国还是为家就让他尽情地闯荡吧！再说，让男人带孩子，不让人笑话吗？于是，她宁肯自己苦些，绝不让丈夫为家里的事分心。不论吃多少苦，受多少累，她从不向他说。尽管任劳任怨的她不露声色，细心的孙熙国还是能看出点蛛丝马迹。放心不下孩子是次要的，累坏了妻子他于心不忍。自己十七岁就当兵离开了家乡，家里的一摊子都撂给了妻子，烧火做饭，喂猪垫圈，耕耩锄耙，侍弄庄稼，服侍两位老人，照应人情世事，全靠董梅英一个人。她既当男人又当女人，既当儿子又当媳妇，有时累得他都看不下去了。妻子为他吃的苦太多了，这是他一生中的一大憾事，也是他的一块心病。他每每夜里失眠，翻来覆去，想得最多的就是这件事。

“到底咋划的？”

“在上班的路上，被掉下来的树枝划了一下。”妻子越是轻描淡写，丈夫越是放心不下。

“我就不信天上能无缘无故地掉树枝！”孙熙国的声音一高，哥哥害怕了，他怕母亲受委屈，就如实地将早上的事情说了一遍。

孙熙国听完，好长时间没说一句话，只是使劲地捣弄炉子，炉火映得满屋通红。他大口大口地抽着烟，烟雾充塞得满屋都是。看得出，他在努力地控制着眼泪。

董梅英补完孩子的裤子，叠好压到枕头底下，又开始补他们的袦子。飞针走线的哧哧声，和着丈夫抽烟的吧嗒声，像一首催眠曲，建博哥哥又迷迷糊糊地睡着了。

“你受了那么多苦，为啥不和我说？”

沉默中爆发的这句话，声音特别大，一下子将孙建博吓醒了。懵懂的他不知道发生了什么事，只见父亲用两只红红的眼睛盯着母亲。母亲平静地看着父亲，两眼泪花盈眶。是不是父亲为他划破脸的事怨母亲了？平时很少见他这么凶。

“你肯定还有这样的事没告诉我！”

“爸爸，还有一次……”

孙建博不想让父亲埋怨母亲，因为她太累了。可没等他说出来，母亲剜了他一眼，他赶紧把嘴闭上了。

在孙熙国的一再追问下，董梅英终于说出了那件令他们娘儿仨惊恐不已的事情。

那天，为了帮同事完成工作任务，董梅英下班很晚。托儿所里只剩下了孙建博和哥哥两人。阿姨怕他们俩无聊，三番五次地用“你妈不要你们了”之类的话逗他们开心。

过了好久，董梅英才来接他们。等董梅英抱着一个领着一个走到那片他们每天必经的小树林时，天已经黑得十米之外看不清东西了。

沉沉的暮霭像青黑色的水，在林间慢慢地流动。晚风吹来，烧荒的烟模糊了树的轮廓。远处村庄里，爹娘唤小儿回家吃饭的声音、水桶碰到井壁的声音、毛驴发出的疲倦的叫声，显得遥远而又神秘。

静静的林子，缥缈的景物，令人禁不住想起了传说中鬼狐夜行、强人出没的情节。

他们娘儿仨越走越害怕，越走越慢，越走心收得越紧。哥哥两手紧紧扯住母亲的衣襟，建博两手紧紧抱住母亲的脖子，三个人几乎缩成了一个人。董梅英往前走几步就回头看看，然后四下里张望一下再走下一步，总是听到背后有奇怪的声音，回头看看又什么也没有。孙建博长大后听人说，走夜路的人都有这种感觉。

在这种情况下，往日半小时就能走出的林子，那天却怎么也转不出去了。

突然孙建博觉得母亲的身子一哆嗦，竟立在那里不动了，两只眼睛呆呆地看着前方。哥哥也把头藏在母亲身后，一点动静也没有。

“妈妈，快走啊！”孙建博多次催促母亲，可她竟然没听见似的，还是站在那里不动。他不耐烦了，顺着母亲的目光向前一看，只见前面几步远的地方，有两个绿莹莹的光点，闪着瘆人的光芒。仔细一看，就像是一条大狗蹲在路边，两个光点是它的眼睛。还没等他说话，母亲一把捂住他的嘴，颤抖着低低地说了一声："狼！"他一下子钻进母亲怀里，再也不敢出声。

山林更静了。即使落下一片枯叶，也足以摧垮他们的神经。他们娘儿仨打着哆嗦，牙齿发出咯咯的声音。恍惚间，孙建博觉得脚下的枯叶败枝也随着他们在颤抖。

人和狼就这样无声地对峙着。一边是凶残无比的野兽，一边是软弱无助的母亲和幼儿。

时间在对峙中消逝……

"狼怕吆喝狗怕蹲"，不知何时听过的这句谚语，突然跳进了董梅英的脑海。她把孙建博从怀里放下，让他们哥儿俩站在她身后，然后两手捧成喇叭状放在嘴边，教他们哥儿俩一起扯起嗓子大声呼喊起来："噢——嗬——嗬——""噢——嗬——嗬——"

董梅英尖厉的声音，孙建博和哥哥有气无力的童音，混合在一起，在林子的上空回旋着。枝头栖息的鸟儿，被这突然的喊声吓着了，扑棱着翅膀向远方飞去，细碎的枝叶落了他们一身。但是，他们只有一个念头，大声吆喝，使劲些，再使劲些。

谁也搞不清狼的思维是怎样的。在他们颤抖、激烈不间断的吆喝声中，它先是无动于衷，懒洋洋地蹲在那里。他们的心快要从嘴里跳出来了。它要是真的扑上来，他们肯定会成为它的美餐。过了一会儿，不知为什么，它四处张望了一下，甩了甩尾巴，弓了弓腰，一头钻进路边的林子里去了。

董梅英一把抱起孙建博，一手拉着建博哥哥，以冲锋般的速度，一溜烟似的跑出了林子。回到家后，他们三个坐在屋里大口大口地喘着气。等平静下来才发觉，他们的衣服已全被汗水湿透了。

董梅英这几年在上班的路上，受的苦和累太多了，怎么能一一和丈夫讲清楚呢？可是那时候，不这样又能怎么办呢？

孙建博这一生，作为一个健全的人，只有三年时间，而这些就是他作为健全人的记忆的一部分。

那一夜，孙熙国睡得很晚很晚，说了很多很多。可再苦再累，与他们后来的遭遇比起来又算得了什么呢！

他们受的非人的折磨、难以述说的痛苦和常人永远也想象不到的艰辛，才刚刚开了个头。

厄运从春天扑来

厄运降临的时候，孙建博刚刚三岁。

那一年的春天来得特别早，二月二刚过，院外的柳梢上就鼓起了一串串绿莹莹的米粒。小山阳坡上的干草叶子下边，长出了一层针尖似的新绿，恰如文人笔下“草色遥看近却无”的景致。院子里的鸡也因春天的到来而忙着换毛，换下的毛被风吹起，刮得满院子都是，很像那场令人恐惧的雪。

父母一早就去上班了，临走时一再嘱咐孙建博哥儿俩，千万不要出去乱跑，待他俩点头表了决心之后，他们才匆匆离去。

活该那天要出事！父母走后，建博和哥哥吃过早饭，就在屋里找东西玩。可将屋子翻了个底朝天，也没找到好玩的东西，哥哥就拿了本破旧的没皮的小人书看了起来。建博也觉得无聊，赶着几只鸡跑了一阵，又在院子里捡了一会儿鸡毛，然后溜达着出了院子，去爬对面的小山了。那天他爬得特别快，恐怕被哥哥看见。

山上的太阳太好了，金灿灿、暖洋洋的，阳光静静地洒在草地上，空气中散发出一种说不出而又让人感觉舒服的气味。

孙建博看到一株早开的蒲公英，就摘下秆上的茸球放在手心里，轻轻一吹，茸球散成一把把洁白的小伞，向天空飘去。小伞在太阳的照耀下一闪一闪的，又白又亮。它们越飘越高，越飘越远，一会儿就看不见了……

他躺在草地上，看着太阳一下下眨眼，看着眼前一道道变幻不定的金线，心里惬意极了。不一会儿，竟在草地上睡着了。

他做了一个好长好长的梦，梦见自己独自来到一座金碧辉煌的屋子，四处都洒满了灿烂的阳光。那里有许多人，戴着高高的帽子，甩着长长的袖子，身上飘着长长的带子，和着悠扬美妙的音乐，跳着一种很奇特的舞蹈。正在他感到孤单的时候，一个鹤发童颜的老者邀他加入了跳舞的行列。沐浴着诱人的阳光，聆听着富有节奏感的打击乐曲，舞动在这样的行列中，真令人兴奋啊！

突然，一片乌云晃晃悠悠地飘到了山顶上，阳光没有了，跳舞的人尖叫着跑掉了，美妙的音乐消失了。在一片慌乱和尖叫声之后，只剩下他自己躺在破壁残垣的屋宇中。一阵大风吹来，枯草败叶卷地而起，尘土迷得他睁不开眼睛，一阵阵不知名的野兽的怪叫声传来，令人毛骨悚然。忽然，一股凉意从心头向全身扩散开来。他迎着扑面的大风，跳到一块大石头上，向天空高喊着："我的太阳呢？还我的太阳……"

"建博，你醒醒，你醒醒……"

"还我的太阳！还我的太阳！"

"快醒醒，要不我揍你了！"

他睁眼一看，哥哥一边推他，一边急得直流泪。他一骨碌坐了起来，除了觉得腿上和身上有点凉，并无异常的感觉。太阳还是那个太阳，金灿灿的，暖洋洋的。那株蒲公英还在，细细的秆儿还直直地立着。鸟儿还在叫着，四周一片生机勃勃。

哥哥折了些柳枝，给他编了个柳帽戴上，又折了一根粗点的柳枝当枪，哥哥在前面举着手，他押着"俘虏"，一蹦一跳地下山去了。

当时，哥儿俩谁也没想到会出事。

晚上，孙建博忽然发起了高烧。当时家里穷，孙熙国在部队时学过一点医，以为他是着凉了，便给他盖上两床棉被，想用发汗的办法让他退烧。这个办法多次让他们家的大人、小孩退了烧。可这次一夜下来，建博的高烧不但没退，反而越来越厉害了。孙熙国慌了神，让妻子替他请半天假，他带建博去看病。

那是孙熙国第一次带建博去看病。万万没想到，从那天开始，孙熙国竟带着他看了十几年的病，度过了令人心惊胆战、不堪回首的十几年。

当时，孙建博已烧得说开了胡话，满嘴“太阳”“俘虏”之类的不连贯的词语，吓得全家人没了主意。想了一会儿，孙熙国把抽了半截的烟掐灭，背起建博向诊所走去。不一会儿，他的两鬓就有汗水淌下来了。

到了诊所，医生用听诊器听过后，边开药方边说：“是感冒发烧，这几天得这种病的人很多，打两针就会好的。”

“谢谢大夫。”

孙熙国和医生都没想到，建博更没想到，马上就要出事了。这事将改变建博三岁之后的人生轨迹，将使他家遭受无尽的折磨。

那是建国第一次打针。平常手上扎根毛毛刺，都疼得流眼泪，看着医生拿着银光闪闪的大针头走过来，他简直吓得要命。一针扎下去，他哇的一声哭了起来。这种情况医生见得多了，绝不会因小孩的哭声手软，只顾低着头推液体。待他拔出针来，建博只觉得浑身软绵绵的，连哭的力气也没有了。

“谢谢你了，大夫。”

孙熙国对医生千恩万谢之后，抱着建博走出了诊所。建博对父亲说了两句话，父亲一句也没听见，口中一直念念有词。建博仔细一听，父亲又在算计工作上的事了。父亲想的是赶快回家放下他，让哥哥和他玩，自己赶紧去上班，去忙自己的工作。那一刻他要是知道会出事，脑子里想的肯定不会是这些了。

走到山坡上，孙熙国累了，他让建博下来站站，自己好换一下手。可他刚一松手，孩子便一屁股坐下了。

这是咋了？他以为孩子刚打完针，可能是腿疼得站不住，就耐着性子给他揉了一会儿针眼处。当他再次叫孩子站好时，建博又跌坐在地上。

孙熙国急了眼：“建博，好好站一下，爸爸累了。为爸爸，好好站一下……”

孙熙国双手一松，建博又跌坐到了地上。他没再让孩子站，而是让建博坐在地上，然后说：“建博，坐在地上也行，把两条腿伸直，让爸爸看一下。”

孙建博使出了吃奶的力气，可两腿还是跌坐时的样子，一动也没动。孙熙国将他的双腿一拉，就直了，一推，又弯了。建博的两条腿就像两根煮过了火的面条软绵绵的。孙熙国双手撑住他的腋窝，将他提起来，只见他两条腿在空中垂着，没一点力气。

“建博，你的腿咋了？”

“好像不是我的了……”建博哭着说。

“使劲挺一下，我看看……”

“我使不上劲啊！真的！”

“那你抬抬腿，看能不能抬起来。”

“爸爸，我觉不出来往哪里使劲啊？”

“我这可咋向你妈交代啊！”

孙熙国大吼一声，一屁股坐到地上，呜地哭了一声。建博第一次见大男人这样哭，跟老牛叫似的，真让人害怕！

孙熙国没哭第二声，用袖子将双眼一擦，一下把建博背起来，飞也似的往家跑，一边跑一边不住地咕哝着：“这咋办？这咋办？这咋办？”

“好好看着你弟弟，看不好，你小心点！”

回到家，建博哥哥被这句没头没脑的话吓愣了，刚想问是怎么回事，父亲已经飞出门外，房门在他身后咣地响了一下。哥哥睁大眼睛瞅了建博一阵，什么也没看出来。他心里也许在想：爸爸今天犯啥病了？

没过多大会儿，孙熙国、董梅英头上冒着汗珠闯了进来。董梅英一下子扑到建博身边，边摸他的腿边说："建博，起来走给妈妈看看……"

建博聚起浑身的力气，使劲将上身晃了几下，不但没站起来，反而一下子躺在了床上。

董梅英跪在床前，将建博的裤子和袜子脱掉，用颤抖的手挠他的脚心："建博，痒吗？"

建博摇摇头。

母亲哆嗦着又挠了一下，颤抖着问："痒吗？"

建博还是摇头。

这样反复了一百多次，建博始终毫无反应。董梅英一下子瘫在床前，大声痛哭道："我这苦命的建博啊，你这辈子可咋过啊？"

孙熙国坐在椅子上，一个劲地拍打自己的头，一会儿跺脚，一会儿叹气，烟卷把手烫起了燎泡都浑然不觉。

家里的空气好像凝固了，大家也似乎没有了呼吸。只有院子里的几只鸡偶尔咯咯叫几声，才让人觉得这个家里还有活物。

惊慌的董梅英还是做了午饭，但一家人谁都没有吃，直到饭凉了，碗筷也没动。连还不懂事的哥哥也低着头，捍着衣角唉声叹气。他觉得，弟弟再也不能和他到小山上挖蘑菇、找鸟窝了，再也不能玩抓俘虏的游戏了。

下午，孙熙国又背起孙建博，董梅英跟在身后，匆匆走向诊所。

一路上，俩人一句话也没说，像两个霜打的丝瓜，蔫不唧地走着。俩人比赛似的叹着气，好像要把满腹的愁肠都呼出来。快下山了，俩人才说了几句话。

"梅英，建博的腿不论咋样，你都要挺住啊！"

“熙国，你是家里的顶梁柱，你可要硬气点！”

“我怕你心太小……”

“我也是……”

面对孙建博瘫痪的双腿，上午给他打针的那位医生脸色煞白，豆粒大的汗珠子一个劲地往下掉。后来汗水变成了蒸汽，蒙住了眼镜片，他用手绢一次次地擦着，最后连嘴唇也哆嗦开了。

“大夫，你看孩子的腿还有救吗?”

“怎么……咋……”

“大夫，我求求你了，救人一命胜造七级……”

“上午……还是好……好的。”

“大夫，你说这是咋回事？不能治，给俺说清楚病症也行啊!”

“这……我……没碰到过……”

说完，他一下坐到椅子上，什么话也说不出来了，看着建博的双腿直摇头。他手上的汗，将处方笺都湿透了好几张。

回到家，董梅英把建博放到床上，让他倚在叠好的被子上坐稳，然后拿出家里仅有的三个鸡蛋，切上葱花，为他煎了一盘香喷喷的“病号饭”。

过去喜欢和他争食的哥哥今天也不争了。他端过盘子，又将筷子递到弟弟手里，然后跑到屋外去了。哥哥也馋，他不愿闻着鸡蛋的香味受煎熬。

建博的想法很简单，他认为，自己的腿再打几针就会好的。所以，他狼吞虎咽地吃了那盘鸡蛋，擦擦嘴，冲父母笑了笑说：“还是生病好，生病有好吃的。”

他这句话刚说完，父母两个人的脸上，四行清泪唰地流了下来。

他们心如刀绞：多么天真烂漫的孩子啊！还不懂事时，就注定要走一条长满荆棘的坎坷之路，他可怎么活啊？日子可怎么过啊？这些事他明白吗？明白了又能怎样呢？他还有勇气活下去吗？可惜，这些事他一点也不明白，这才更让大人伤心欲绝！

晚上，孙建博早早地睡了。

当院里的鸡叫把他吵醒时，天已微微发亮了。他被满屋的烟雾熏得直咳嗽，抬头一看，父母一人坐一个小板凳，还是昨晚的姿势，在悄悄商量着什么。他们的议论显然已接近尾声。

“我看还是我找领导要求一下，调个单位吧！”这是父亲的声音。

母亲说：“你一辈子要强……”

“顾不了那么多了，为了给孩子看病……”

“那你当初的那些打算，那些目标……”

“唉，还是孩子要紧！哪怕走到天涯海角……”

“要不，我辞掉工作吧！反正……”

“那不行，你一个女人家，带孩子去外地看病，我也放心不下。再说，你已受了那么多苦了。”

“你可要计划好……”

“不用计划了，为建博治病，就是咱家全部的计划！”

于是，孙建博由此踏上了十几年的治腿之路。这十几年，为了治好他的腿，全家人不知流了多少忧伤的泪水，不知演绎了多少令人心酸的故事……

每一个故事，都是用泪浸透的，都是用血写成的；每一个故事，都让人肝肠寸断，都充满辛酸苦辣……

缝了五百个针脚的腿

嘭——嘭嘭！

似乎有人敲门。这么早，谁会来敲门呢？孙建博侧过耳朵细细地听了一会儿，只有夜风吹着门外早已褪色的破旧的春联，发出飒飒的响声，也许是神经过敏了。他迷糊了一会儿，又睡去了。

嘭——嘭嘭！

敲门声又响起来了。

建博坐起来，朦朦胧胧的晨色中，屋里模模糊糊看不清，窗外刚有一点亮。是谁这么早敲门呢？

回头看看父母，他们还在呼呼大睡。他们太累了。为了给他治病，他们把业余时间全搭上了，打听药方，寻访医生，找熟人，托关系，几乎天天泡在外面。头天晚上两人一脸失望地回来的时候，已经过半夜了。

"妈，妈，有人敲门！"

当敲门声第三次固执地响起来的时候，建博使劲推醒了身旁的母亲，母亲又喊醒了睡在另一头的父亲。全家人一阵忙活，黑灯瞎火地披挂整齐，匆匆地打开了房门。

进来的是潍坊老乡宋金英，按照辈分建博应该喊她大娘。

"熙国，告诉你们一个好消息。我听战友说，张店有家解放军医院，能治建博的腿。我昨天晚上听说后，就憋不住要来告诉你们，可怕你们睡了。好不容易憋到现在，实在等不及了，就一大早过来了……"

宋金英大娘机关枪似的说着。孙熙国没等她说完，更没顾上让她坐下，就急切地问：“他们用啥法治？”

“听说是什么埋线法。”

“啥是埋线法？咋埋？往哪里埋？”

“我也说不清……”

“他们能保证治好建博的病吗？”

“这可不好说……”

“你听说有治好的没有？”

“有，我们单位有个同事的亲戚在那里治过。”宋金英大娘一边说，一边从身上掏出一张烟盒纸，“医院的地址和医生的名字，都清清楚楚写在上面。宜早不宜迟啊！”

孙熙国接过纸片，还没来得及说什么，宋金英撂下一句“我还要去公社开会呢”，就风风火火地走了，孙熙国要送她都没追赶上。

孙建博全家对宋金英十分信赖。孙熙国听人讲，宋金英两口子参军很早，在当地打了多年的游击战，一九四七年随大军南下，又参加了无数次的战斗，获得了很多奖章和奖状。战争结束后，他们留在了杭州那边，转业当了地方干部，终于实现了小时候的梦想，去了从小就听老人们说的“上有天堂，下有苏杭”的好地方。可天堂并不是什么人都可以去的，苏杭也绝非任何人都可以待的。她丈夫不适应南方气候，一年四季疾病不断，以致影响了工作。后来，经组织批准，两人来到博山区的山头公社工作。两口子为人正派，乐于助人，深受这一带居民的喜爱。

“走，去张店！”

孙熙国一直保持着在部队养成的雷厉风行的作风。他放下饭碗，向单位请好假，背起孙建博就向火车站走去。从看病第一天开始，他好像把建博当成了当兵时的背包，只要一声令下，背起背包就走，从没有过犹豫。

博山到张店有四十多公里，坐上火车，上午十点多就到了。孙熙国背着孩子，逢人就问，左转右拐，终于在十一点多的时候找到了那家部队诊所。

接待他们的解放军很热情，先给他们打了饭，告诉他们不要着急，说饭后马上治疗。孙建博不知道埋线是咋回事，心里直打鼓，紧张得一口饭也吃不下去。

其实，治疗的过程很简单，只是疼得要命。首先，在不打麻药的情况下在腿上割三个口子，最短的有两厘米，最长的有七厘米。然后，将一条褐色的、搞不清用什么原料做成的线，放在刀口里面，线的两头露在外面。埋好线，缝上刀口后，再将露在外面的线头打成一个结。这样，一次治疗就结束了。如此这般，每周一次。每次来时，将上一次已长好的刀口上的线解开，用力一下子抽出来，然后再割三个刀口埋线，如此反复。

疼就疼在抽线上。一周下来，埋的线早已和肉长在一起，一抽就鲜血淋漓。每抽一条线孙建博就大叫一声，孙熙国就浑身哆嗦一下。连一旁的解放军护士也说，这孩子真坚强，竟然一次次地坚持下来了。

那时时兴背诵《毛主席语录》，书上说，英雄人物在最困难的时候，总是想起《毛主席语录》，只要能想起一段与现实情景有关的语录，马上就会产生无穷的精神力量，不论什么艰难险阻，统统都能甩在身后。于是，建博也学起了英雄人物，希望以此来克服抽线带来的痛苦。

每当抽线的时候，特别是解放军医生用镊子捏住线头时，他心里马上虔诚无比而且豪情满怀地背诵起当时最流行的一段毛主席语录："下定决心，不怕牺牲，排除万难，去争取胜利。下定决心……"

不知是语录起了作用，还是精神受到了鼓舞，疼痛似乎减轻了，建博配合治疗的信心也充足了。他的坚强得到了解放军医生的好评，治疗的进程也明显加快了。

为了省钱，从家里到火车站和下火车后到医院这两段路，父亲一直是背着建博来回跑的。就算是冬天，他也能累得大汗淋漓。医院的解放军被感动了。以后每当他们下火车时，就有一位小战士牵马到那里接他们。战士让建博坐在马背上，他和孙熙国并肩而行。久而久之，似乎成了一个惯例。尽管孙熙国再三辞谢，但每个星期天，那个小战士和那匹马总是按时出现在火车站外。

有一天，治疗完毕之后，那个小战士又来了，他对父亲说："从下星期天开始，你们在南定站下车吧！"

"为什么？"父亲颇为惊奇。

"这是首长说的……"

"你们医院要搬到南定？"

"你别问了，我是执行首长的命令。"

说完，他竟像对待首长那样，向他们行了一个军礼。

孙建博当时害怕了：是不是人家嫌自己配合得不好了？是不是要把他推出门去？他心里老大不高兴，心想：有什么事直说好了，还拐什么弯子，亏你们还是解放军呢！可生气归生气，有病求着人家，就得迁就人家。站在矮檐下，哪能不低头？

接下来的那个星期天，他们懵懵懂懂地在南定站下了车。四处一看，左边是一望无际的高粱地，孝妇河蜿蜒而过，右边是山东铝厂那烟囱林立的厂区。哪有医院的影子？父亲垂头丧气地蹲在地上，一句话也不说。

"爸爸，你看，那树底下是啥？"

"愿意是啥是啥，和咱啥关系？"孙熙国头也不抬地说。

"那里有马，有解放军！"

孙熙国呼地站起来，他们看到，还是那个小战士，还是那匹马，远远地站在沟边的大树下，正在等他们。小战士还一个劲地向他们招手呢！

孙熙国含泪背起建博，大步流星地向他走去。

原来，他们让孙建博父子俩少坐一站火车，这样每次就能节省一毛钱！从那时起，孙建博就认定解放军是世界上最好的人，只要有困难，解放军就一定会出现。

长时间的治疗，没完没了的切口、埋线、缝合、抽线，终究还是消磨掉了建博的意志，他实在受不了皮肉的疼痛和精神的刺激。渐渐地，背诵语录也不管用了，想英雄人物也不灵了。建博流露出厌倦治疗的想法，谁知被父亲劈头盖脸地狠狠训了一顿。他的话实在让人害怕，让人难受。

"你不愿治，你以为我就愿意吗？我和你妈拉扯着全家六口人，顾了肚子顾不了身上，哪里还有多余的钱？看看咱家吃的、穿的、用的，我作为一个一米八高的男子汉，脸躁得像猴腚！我一个大男人，连老婆孩子都养不起，还有脸活在这个世上吗？你的腿治不好，将来咋生活？我和你妈在还好，等我和你妈死了，你喝风咽气？"

父亲的严厉批评使建博退却了。东方不亮西方亮，黑了南方有北方，建博又把求助的重点移到了母亲身上。原先，每次埋线回来，母亲总会捋着建博的腿问这问那，为了不让母亲伤心，建博总是强打精神忍着，装出一副轻松的样子。久而久之，董梅英也就相信了。

现在建博不再伪装了，索性将真相赤裸裸地袒露出来，埋线回来后，有一是一，有二是二，好利用母亲心软的特点，为自己中止埋线治疗找理由。

一次，董梅英摸着建博的伤口问："建博，疼吗？"

"妈，我疼。"

"啥时候疼得最厉害？"

"大夫抽线的时候。"

"那是啥样的疼法？"

“就像有谁抓住我的心向外拉似的。”

董梅英一把搂过他，说：“建博，你受了多少罪啊！”

“妈——”建博也搂住母亲，两个人哭成了一团。

父亲太严厉了，只有在母亲怀里，建博才能彻底地放松一下，才敢将心中的伤痛、委屈毫不掩饰地暴露出来。

经过近一年的埋线治疗，建博的腿并没有明显的改善，母亲开始怀疑这种治疗方法了。可是，出于对丈夫的服从和尊重，她又不敢把这种想法说出来，只能以女人特有的韧性，用种种方式让孙熙国接受她的观点。俗话说，兔子急了也咬人。在一切方法都失败之后，她终于向丈夫发起了挑战。不过，她挑战的方式是幼稚的。

又是一个星期天的早晨，趁孙熙国整理行装的时候，董梅英把孙建博抱出来，藏在了院子里盛煤的池子后面。

孙熙国收拾好后，问妻子：“建博呢？该走了。”

“他自己爬出门玩去了。”董梅英掩饰地说。

“快去把他抱回来，换换衣服，要走了。”

“谁知道他去哪里了呢？”

“快去找他，天不早了。”

“谁知道他去哪里了呢？”董梅英还是无力地重复着那句话。

“他又不能走，还能爬多远？”

“反正我找不到他。”

这时，孙熙国才认真地看了看妻子，脑子里在想，这个对他一贯服从的女人，今天是咋了？

当他终于明白是怎么回事的时候，他暴怒了，怒吼声简直像雷鸣：“孩子是你亲生的，就不是我亲生的？就你疼孩子，我不疼孩子？治病是为了他好，这点你不知道？你这是害他还是爱他？是害他啊！将来建博长大了会埋怨你的！会埋怨一辈子的！”

董梅英站在煤池子旁边，自顾自撩起衣襟擦泪，一句话也说不出来。

“咱再穷也得给孩子治病！我干了半辈子了，连块手表也没……”说到这里，孙熙国突然不说话了。他从兵工厂转到地方商业部门工作后，大小也是个干部，可竟连块手表也舍不得买。遇到熟人，他都不好意思问人家时间。他刚说到这里，突然看见妻子常年穿的工作服，已是补丁摞补丁了，发的新工作服，都修改后给四个孩子穿了。他不由得一阵伤心，什么也说不出来了。

“爸爸，我去埋线，我不惹您生气……”

建博哭着从煤池子后边爬出来，爬到父亲背上。孙熙国背上孩子，一晃一晃地走了。

当建博右腿上缝合的针脚达到五百多个的时候，孙熙国终于在长吁短叹中放弃了努力。

等待建博的，还是没完没了的疼痛与失望。因为，人在彻底绝望之前，不会放弃最后的挣扎，这是人的共性。连毛主席他老人家也说过，有利的情况和主动权的恢复，往往产生于再坚持一下的努力之中；老师也说过，挣扎和坚持差不多是同义词。

他被蒸了三个月

以前，只听说过蒸馒头、蒸鱼、蒸鸡蛋，从来没听说过有蒸人的。可是，孙建博就曾被活生生地蒸了三个月。

据说，这是一个叫山本的日本医生的方子。

为了治建博的病，家里啥主意都想过，啥办法都试过。只要有人提供治病的信息，孙熙国夫妇马上雷厉风行，积极响应，坚决照办。因为他们太关心孩子，太爱孩子了。为孩子治病的决心，恐怕绝不在愚公移山的决心之下！

用孙熙国的话说，为建博治病，光偏方就用了五百多个。不管天上飞的还是水里游的，只要听人提起过，孙建博都吃了遍。凡是叫“针”的，除了避雷针，啥都给他扎过；凡是叫“刀”的，除了枪上的刺刀，啥都在他身上划过，可咋就不见好呢？于是，有人向孙熙国推荐了这个日本医生。

这个日本医生有点神秘，仅他的身世，就有多种说法。他是日本侵略中国时，从日本来到中国的。刚来时具体在哪里，谁也不知道，大家只知道他原来在济南开私人诊所，自己做医生兼司药。找他看病的人不少，多是穷苦人。偶有达官贵人来访，他也是一样接待。日本投降后，他不知为什么没有回国，反而辗转来到了博山，有人说是兵工厂把他聘来的。他的中国名字叫李金山。有人说他的日本名是山本太郎，也有人说是山田义雄，不知是他自己说的，还是别人推测的，也可能是从李金山的“山”字生发出来的臆想，从没有人向他本人求证过。不过，李金山医生的人品和医术，在博山一带口碑很好，人们都挺尊重和信赖他的。

但是他的治病方法，让人吃惊，其中有许多和别的医生不一样。他用的往往是些怪招，有些听起来不可思议，有些医生对此嗤之以鼻，患者也觉得不可理解，但他确实能治好病。博山城虽小，却是座古老的山城，在风俗习惯、文化传统甚至喝酒炒菜方面都有独特的风格，有时甚至是排外的。可李金山医生凭借着那些怪招，偏偏就在这儿站住了脚。

他想蒸孙建博就是一例。

建博永远忘不了第一次被蒸的情景。

对讲究的人来说，在家里存放棺材板是不吉利的，在家里烧破棺材板更是不吉利。但是按李金山医生的要求，应该在院子里蒸建博，因为腐朽的棺材板浸透了腐败的气息，燃烧时发出的气味十分难闻，在院子里可以散发得快一点。不然，健康的人也会被熏倒。

建博父亲的要强，表现在他性格的每一个方面，体现在他做的每一件事情上。他怕在院子里会熏着邻居，扰乱人家的生活，破坏了他与人为善的做人之道，于是毅然决定在屋里蒸，而且要将门窗关严。

他发狠地说：“夜里闯乱坟岗子咱都不怕，还怕这点气味？到时你们去别的屋，我自己在里面！”

哥哥、妹妹年龄小，唯父亲之命是从，母亲知道父亲是头犟牛，也就依了他，蒸孙建博的地点就这样决定了。至于细节，还需要那位日本医生具体指导。

令孙建博心惊胆战的时刻终于到来了。蒸的工作，在经过一番策划之后，进入了实施阶段。

这天晚上，月明星稀。窗外的石榴树上，大肚子螳螂挥舞着令人生畏的大刀，正在向异类耀武扬威。石榴树旁的月季花丛里，不知名的秋虫在起劲地鸣叫着，一会儿独吟，一会儿齐唱，高低相间，好一派令人心旷神怡的农家景致。

可一墙之隔的屋内，却是一派肃然气氛。随着治疗时间的临近，孙建博的心在一点点收紧。看得出，父亲也异常紧张。要不，他怎么直抹汗呢？毕竟是蒸自己的亲骨肉啊！谁知道会蒸出什么毛病来？

孙熙国在地上摞起两摞砖，挑一块长短合适的破棺材板架在上面，将一小盆酒和一小盆醋放在一旁的桌子上，又将劈好的木柴和引火用的秫秸放在棺材板底下。日本医生不时指导他应该怎样做。

做完这一切之后，孙熙国看了看日本医生，意思是：行了吧？

日本医生点点头说："可以开始了！"

孙熙国划着一根火柴，点着了劈碎的秫秸。红红的火苗轻轻跳了几下，就呼地变成了大大的火焰。不一会儿，劈开的木头也被引燃了。熊熊烈火炙烤着横放在上面的破棺材板，因为腐朽潮湿，棺材板刚开始发出吱吱的声响，过了一会儿上面就开始冒热气了。

"行了没有？"孙熙国虔诚地问日本医生。

日本医生一句话也不说，只是一个劲地往底下加劈柴，还用一把破旧的芭蕉扇扇着火苗，弄得火苗老长老长的。建博一下子想起了父亲讲的太上老君炼仙丹的故事，心中就将日本医生和太上老君联系起来了，认为他肯定能治好自己的病。

待破棺材板的底部烧成红红的颜色，上面的热气越来越浓的时候，日本医生才挽起袖子，不大清楚地咕哝了一句："现在可以了。"

孙熙国按照日本医生事先的吩咐，端起那一小盆醋，慢慢地洒在棺材板的上面。

炽热的破棺材板遇到冰凉的醋，发出噼噼啪啪的声响，浓浓的蒸汽一下子充满了全屋。除去发红的火以外，屋里什么东西都看不见了。整个房间里充斥着一股刺鼻的怪味，建博首先打起喷嚏来。孙熙国和日本医生坚持了一会儿之后，也打起了喷嚏。

在浓浓的蒸汽和刺鼻的怪味中，一个黑影慢慢向建博逼来。从动作上，他判断是那个日本医生。

他不慌不忙地来到建博跟前，抓住他的胳膊，脱掉他的衣服，一下子将他摆到烫人的破棺材板上，容不得他有半点挣扎。还没等他明白过来，孙熙国早已遵照吩咐，将一条被热气浸透的毛毯严严实实地捂到了建博身上！

似乎是一阵冰凉之后，马上是钻心的疼痛，是烈火烧烤的疼痛，是蒸汽蒸熏的疼痛。

“哎哟——疼死我了！”

建博的惨叫声，穿透了四壁，冲出了屋顶，回响在他家周围。不知那喊声有多少分贝，反正和爆竹的声音差不了多少。

建博睁开眼一看，日本医生一副公事公办的样子，父亲则是一副视死如归的神情，看来毫无半点通融的可能。

日本医生死死地摁住建博的双腿和胳膊，汗水顺着他的脖子呼呼地往下淌。他两眼紧紧地闭了起来，以躲避灼热的蒸汽。父亲光着脊梁，一个劲地往下面加柴火。

“救救我啊！”建博再一次惨叫起来。

尽管他的惨叫并没使屋里人停下来，可屋外却响起咚咚的脚步声。建博想，可能是隔壁的母亲带着“救兵”赶过来了。他心头顿时有了一丝宽慰。

大约又过了十几分钟的样子，日本医生和孙熙国才把他抬下来。建博庆幸终于闯过了一关，回想着刚才被蒸的可怕情景，心里还在哆嗦着。

这时，日本医生又指挥孙熙国把火烧得更旺了。当破棺材板发出咔咔的响声时，他示意孙熙国端起那盆酒，一下子浇到了棺材板上。马上，棺材板也燃起了蓝色的火苗。

建博正在疑惑他们要干啥时，又被他们抬到了烘烤着的棺材板上。这次，他身上盖得比刚才还厚。

如果说上一次单是蒸的话，这一次则是连蒸加烤带烙了。

“我就是一辈子不能走路，也不受这罪了！”

“孩子，再撑一会儿就好了。”是孙熙国的声音。

“我实在受不了了！”

“孩子，蒸在你身上，疼在爸心上啊！”

“爸爸，求求您，饶了我吧！”

“孩子，大了你就知道了，这是为你好啊！”

父子俩的对话，使日本医生泪流满面。可以看出，他的心里也是极度矛盾的。

最着急的要数门外的董梅英了。她没命地拍着门板，汗水和泪水混在一起，全身早已被汗和泪湿透了：“熙国，你们放了孩子吧！”

屋里只有大火的呼呼声和三人的喘气声，伴随着建博的皮肤被蒸、被烤、被烙的吱吱声，根本无人理会她的乞求。

“熙国，大夫，你们放了建博吧！”屋里还是没有回应。

不知道过了多长时间，当建博苏醒过来的时候，屋里的“刑具”已经被撤掉了，蒸汽也没有了，只有母亲守在他身边，哥哥和两个妹妹趴在床头，一双双眼睛直勾勾地盯着他。

“建博，咋样了？还疼吗？”

任凭母亲怎么询问，建博的嗓子里像冒了烟似的，一句话也说不出来。妹妹端来一碗凉开水，母亲一口气全灌进他的肚里。

“妈——”一声撕肝裂肺的恸哭之后，建博紧紧地抱住母亲的胳膊，一句话也说不出来。

这时，孙熙国和日本医生在窗外谈话，话语随着轻轻的风，从玻璃早已破碎的窗口传了进来。

“老孙，你这孩子可真够皮实的！”

“这孩子从小是个犟种，将来肯定要强。”

“你的心也够狠的，竟没要求我停下。”

“为了给孩子治病，菩萨也得有硬心肠。”

“那你的手为什么颤抖？”

“建博毕竟是我的孩子啊！你注意没有，他休克了好几次。有一次竟将近十分钟！”

“你还注意到什么了？”

“我还注意到，建博的腿上烙起了大水泡，小腿的肌肉蒸得没了弹性，小腿肚子上有好几块烤焦的发黑的破皮。”

“唉！”日本医生叹了一口气，“这才开了个头，遭罪的日子还在后头呢！”

“大夫，还要蒸多少次？”

“你捡来的那些破棺材板看来不够用。三天蒸一次的话，起码要三个月的时间。”

不知父亲内心是怎样想的，听到这句话时，建博觉得母亲使劲抱了他一下，两滴泪珠吧嗒一下掉到了他脸上。然后，他就什么也不知道了。他又休克了五分钟。

就这样，建博每隔三天就被蒸一次。开始几次还有日本医生指导，后来，孙熙国夫妇都掌握了这种治疗方法。每次蒸建博时，孩子在流汗，他们在流泪。看到父母的泪水后，建博再也不哭叫了。每次受不了时，董梅英都给他一块小板子让他咬住。没用几次，小板子就被他咬碎了。

那三个月里，建国的两条腿就像蒸熟了似的，腿底下烤煳的地方流着血水，腿上面蒸熟的地方持续化脓。用董梅英的话说，那时他的两条腿，就像两个被蒸了多次的烂糊糊的胡萝卜。

那三个月里，他们一家人每天生活在湿漉漉的蒸汽里，生活在一种难以忍受的异味里，生活在一种难以名状的气氛里。

最后一次蒸的情景，建博至今记忆犹新。

那天晚上，大的棺材板用完了，孙熙国就把两块较短的板子用铁耙子连了起来，又开始蒸……

也许是蒸的时间太长了，建博的耐热能力增强了，本来就没有感觉的双腿，这时更丝毫没有感觉了。有时，建博竟能静静地听哥哥念他在学校里学的课文。

突然扑哧一声，破棺材板烧断了，一下子成了两截，建博咚的一声掉进了熊熊燃烧的火里。

“哎哟——”左腿一阵剧烈的疼痛，使建博一下子从火里翻过身来，还没等父母反应过来，他竟用左腿单跳着跑到了床上。

“好了！好了！”父母惊喜万分。他们一起奔过来，没有问孩子有没有烧着，而是一个劲地摸他的腿。

“建博，你是怎么到床上来的？”

建博茫然地摇摇头。

“你是用左腿走过来的。”

建博也感到惊奇。自从生病以来，他从来没把自己和“走”字联系在一起。“我还能走吗？我还会走吗？我这样的人也可以走？”

孙熙国扶着建博下床后，建博试着用左腿单脚跳到门口。孙熙国高兴得一个劲地直摸头皮，董梅英也高兴得两手直拍打前襟。

忽然，父亲一溜烟似的跑了出去。一个小时后，日本医生跟在他后面来了。

日本医生来不及抽烟，来不及喝水，一个劲地研究建博的双腿。

“大夫，建博的这条腿啥时能治好？”

日本医生没听见似的，沉默不语。

“大夫，建博的右腿咋样？”

日本医生深深地叹了口气，爱莫能助地说：“我就这么大的本事了。”

“大夫，你一定再想想办法……”孙熙国几乎是哭着说，“你既然能治好他的左腿，肯定也能治好他的右腿。”

“治病这事，听天由命……”

扑通一声，孙熙国给日本医生跪下了。

日本医生一边劝着，一边拉他起来。无奈犟牛般的孙熙国就是不肯起来，他固执地认为，日本医生是有办法的。

又是扑通一声，日本医生也给孙熙国跪下了。孙建博的床前，两个大人相对跪着，没有一句话，只是默默地流着眼泪。

这时孙建博才明白过来，看来自己的右腿是永远治不好了。可孙熙国不这样认为，他说人外有人，天外有天；道高一尺，魔高一丈；世间万物，一阴必有一阳，有一矛必有一盾……那天晚上，他反反复复咕哝了大半宿。

于是建博的右腿又受尽了九九八十一难。

“我要上学”

残酷的现实终于摆到了孙建博的面前。

他将成为一个终生只有一条腿的残疾人。

为了给孩子治病，孙熙国搭上了近乎疯狂的全部热情，董梅英那纤弱的身体被过度的劳作折腾得一塌糊涂，本就贫穷的家庭早已坠落到贫困线以下，孙建博尝遍了世界上所有可以用“疼痛”来形容的滋味……

但是，一切努力统统落空了，一切希望统统变成了绝望，他们全家人，特别是建博，必须接受多年来努力试图摆脱而终没能摆脱的残酷的现实。

他感到世界一片黑暗。

晚上，大风一阵阵拍打着窗户，沙尘从门缝里钻进来，满屋子横冲直撞着，打得墙上的宣传画沙沙作响。窗外，不堪秋风蹂躏的石榴树，东倒西歪地挣扎着，树的影子被月光映到窗上，像两个怪兽胡乱地厮杀着。

建博心里异常憋闷，赌气似的敞开窗子，让风吹他，让沙打他，让……

忽然，时急时缓的风中，传来一阵阵时高时低的男女对话声。仔细一听，似乎是关于自己的，再一听，似乎是父母在那里说话。

“建博这孩子咋办呢？”

“孩子命苦啊！咋单让咱摊上了呢？”

“这孩子心气太高，怕他不服啊！”

“再高也得认命。命里有一斗，走遍天下不满八升。再能还有能过命的？”

“记得小时候大人说过，人是命，天是秤，胡思乱想不顶用。可咱就这样认了吗？”

“不认又有啥办法呢？”

“咱俩在世还好办，一旦咱俩归西，剩下建博自己，他可咋办啊？他自己能生活下去吗？”

一阵急促的大风，淹没了他们的谈话声。大风减缓以后，谈话声也没有了。建博努力地倾听，在窗前等了大半个小时，确定谈话真的结束后，才关上窗子，爬到床上躺下。

太多的不幸，太多的磨难，使他比同龄的孩子更加成熟，十岁的他开始思考自己以后的生活出路。这是他一生中第一次考虑生活问题。

怎么办呢？

能让父母养一辈子吗？父母能养一辈子吗？靠哥哥？靠妹妹？可是靠他们又会怎么样呢？就算他们心甘情愿地照顾自己一辈子，可那样活着又有什么意思呢？

这时，街头大树上的大喇叭又开始例行广播了。宣传站的大喇叭，每天早上播放《东方红》，每天晚上播放《国际歌》，天天如此，风雨无阻。

《国际歌》孙建博听了好多年了，连歌词都倒背如流了，可那晚听起来，感觉特别不一样：

从来就没有什么救世主，
也不靠神仙皇帝；
要创造人类的幸福，
全靠我们自己……

靠自己？对！靠自己！可自己养活自己，首先得有本事啊！想有本事就得学文化，最好的办法就是上学。是啊！他也该上学了。为了治病，竟忘了这茬儿。十岁了，不能再待在家里了，腿不行，再没有文化，不就更没法活了吗？

上学！上学！一定要上学！

风，不知啥时候停了，月亮又照在窗子上。他爬到窗边，推开窗户向外望着。天上月明星稀，地上洒满银辉，白天那破旧不堪的村庄，在月光下虽有点斑驳陆离，却多了一层柔和的光影，像童话里的温馨世界。窗外的石榴花被风吹落了不少，但剩下的花朵显得格外饱满，格外艳丽。

建博知道，他要上学，在父母看来，实在是个非分的要求，一个身体有严重残疾的人能有口气活下去就行了，上什么学？于是，他采取了迂回包抄的战术，不动声色地让父母觉察出他的想法，让他们把话说出来。

哥哥放学回家，趴在桌子上写作业。当董梅英下班进屋后，建博拿起哥哥的书，装模作样地翻着，故意提高声音说："这书真好，真不错。"

"你看得懂？"董梅英问。

"咋看不懂，这么简单的课文。"

"那你念念我听听……"

他胡乱将书翻了一遍，随便对着一篇课文，将那次听哥哥读课文时他悄悄背过的那篇摇头晃脑地背开了："我叫巴桑，出生在一个藏族农奴家庭里……"

"不对，你念的是第九课，看的是第二十课……"

哥哥一下子揭穿了他的阴谋，刚才还沉浸在惊奇中的董梅英豁然地笑了。

“这不要紧，上了学不就知道了?”他故意说了这样一句话。

这时，董梅英终于明白了儿子的真正目的，可她故意装出一副浑然不觉的样子，出去舀水做饭了。

就这样，他的第一次试探失败了。

但是，打定主意要上学的他，每时每刻都在考虑这个问题。在怎样才能上学的问题上，他可以说是“诡计多端”。

一计不成，他又生一计。

“爸爸，我太闷得慌了，也没人和我玩儿。”他的第二计由此开始。

孙熙国听到后，根本没把这句话当回事，只是应付地说：“等爸爸有空了和你玩，好不好?”

“不，我要和小伙伴们玩。”

“你的小伙伴们不是都上……”

孙熙国发现中了他的圈套，马上打住不往下说了，怕说出他们“都上了学”这句话刺激他，又怕他乘机提出上学的要求。建博一看有机可乘，便穷追不舍起来。

“他们都上哪儿了？上哪儿了?”

“都上……上了……哪里呢……”

“您肯定知道。求求您告诉我吧!”

“人家上哪儿，还向咱请假吗？你管这些干啥?”

见父亲支支吾吾，还想以势压他，他那火暴性子也上来了，不管三七二十一，把肚子里的话全说了出来：

“爸爸，我和您把话说清楚吧！您就是不让我上学，您的好心我知道，一是怕没有学校要我，伤了我的自尊心；二是怕我身体不好，吃不了那个苦，受不了那个罪。可您想过没有，您能养我一年两年，能养我一辈子吗？我不学点本事，将来靠什么生活？难道我来到这个世界上，注定要成为一个大寄生虫吗？……”

说着说着，孙建博竟大哭起来。

孙熙国被儿子的话惊呆了，也许他根本没想到，儿子会说出这样的话，他小小年纪竟考虑这么多，他上学的愿望竟如此迫切，他对将来怎么生活竟想得这么远，这么细……

“我要上学，就是要上学！”

孙建博用这两句话，结束了他那近乎歇斯底里的关于上学的演说。他宣泄完了，也不管效果如何，就半走半爬地回到他的小屋，大口大口地喘着气，在那里等待着父亲的最后判决。

建博知道以父亲的火暴性子，肚里是存不住话的。用不了多长时间，他一定会来他屋里，挥舞着大手，用高大的嗓门，一二三四、甲乙丙丁地告诉他，同意他上学是因为什么什么，不同意他上学又是因为什么什么。

天开始黑了。屋中旮旯里的黑暗在一点点地扩大，最后充塞满了整个屋子。上弦月的光辉有点自顾不暇，更别提驱散别处的黑暗了。预料会有激烈反应的父亲不但没有动静，反而连个照面也不打。这回是咋了？

咔！电灯拉开了，进来的不是父亲，而是拿着煎饼、端着咸菜的母亲。

“建博，人是铁，饭是钢，先吃点吧！”

“爸爸呢？”建博冷冷地问。

“啥也没说，没吃饭就出去了。”

“下午我背书的事您告诉他没有？”

“唉，告诉他又有啥用呢？”

母子两人一阵长时间地沉默。

“梅英，你过来一下。”是孙熙国的声音。

董梅英给建博放下吃的，一边用围裙擦着手，一边跟随丈夫回到了北屋里，接着把门关上了。

父亲刚才干啥去了？怎么一回来就把母亲叫走了，他们又关上门嘀咕什么呢？搞的什么鬼把戏？

建博伸长耳朵捕捉着北屋里的声音。终于，一阵风从北边吹过来，带来这样一句话："先别告诉建博，他会受不了的……"

什么事他受不了？顿时，一种不祥之兆笼罩着建博。他在迅速思考着：对他这个"饱经沧桑"的小孩来说，还有什么样的疼痛能使他害怕？还有什么样的打击能让他退缩？

他要问个清楚。他从床上下来，爬到院子里，稍坐了一会儿，又向北屋爬去。

突然，北屋的门开了，灯光一下子泻出来，照得他睁不开眼。孙熙国夫妇一块走了出来，把建博抬到小屋的床上。然后，两人一块坐到床边的一条长凳上，很严肃地望着建博。两人谁也不说话，似乎都希望对方先说。

沉默了好长时间后，建博实在受不了煎熬，以视死如归的口吻说："爸爸妈妈，有啥事直说吧！我受得了！"

孙熙国哼哧了半天，终于说出了建博最怕听到的话："人家学校不愿要你……"

尽管他故意说得轻松，但建博看出了父亲心头的沉重。他说，建博今天下午的一番话，让他心里非常难受，可也觉得很有道理。他趁晚饭时间跑了两家学校，人家都以没有先例为由拒绝了。他不死心，又跑到宋金英大娘家里，让她帮着想想办法。宋大娘说，尽管是个困难事，但她一定尽力而为……

听着父亲的讲述，孙建博并没有感到特别悲痛和灰心。"曾经沧海难为水"，对他这个从灾难里爬出来的人来说，这又算得了什么呢？

孙熙国夫妇本来以为建博会大闹一场，没想到他的反应出奇的平静，这反而让他们不放心了。夜里，孙熙国一定要和建博睡一个屋。他怕儿子万一想不开，有个三长两短。结果，一夜相安无事。一大早，孙熙国夫妇便放心地上班去了。

实际上，孙建博早有了新的打算。

早饭后，他开始了行动。他稍微整理了一下行装，便向三华里以外的学校进发了。长这么大，独自出门，这还是第一次。街上人来人往，车水马龙，他简直不知道应该怎么走。

学校虽近，他却不知在哪里。问清路后，他开始顺着墙根往前爬。因为路上行人多，如果从中间走，万一来了车，根本无法躲开。爬累了，他就一步步向前蹭，一步步向前挪。

快到晌午的时候，他浑身已湿漉漉的，终于爬到了学校的大门口。

我们的祖国是花园，
花园里花朵真鲜艳。
和暖的阳光照耀着我们，
每个人脸上都笑开颜……

学校里正值课间休息时间，动听的歌声、天真烂漫的说笑声、体育活动的哨音、雨点似的脚步声，每一样都让他感觉新奇。他在心里问自己：还有这么好的生活？身边还有如此美丽的世界？这里是人人都可以来的吗？我什么时候能加入？

想到这里，他激动的心一下子黯淡了，被汗水湿透的衣服也凉起来，刚才爬过来时磨破的手脚也开始疼起来，眼泪忍不住簌簌地掉下来。

“小朋友，咋了？”一个亲切的男中音在他的耳边响起。

孙建博慌忙擦擦泪水，仰起头来打量眼前这个人。他衣着朴素，和蔼可亲，身上、手上沾满了粉笔末，手里拿着课本和粉笔盒，还有一大摞学生作业本。

“我要……我要找校长!”孙建博索性一不做二不休，放开胆子说起来。

那个人仿佛吃了一惊，然后蹲下身问：“哪个学生欺侮你了？告诉我……”

“不是，我要上学!”

那人轻轻地“噢”了一声，又问：“你认识我们校长吗?”

“我不认识。你是谁?”

“我是这里的老师，我叫王修贤。”

这是孙建博一生中见到的第一位教师，没想到后来他会和王老师产生深厚的感情，并结下不解之缘。

“我想上学，可学校不要我，你能帮帮我吗?”

这时，王老师开始仔细地打量眼前的这个小孩。当看到孙建博的下身时，他脸上的笑容僵住了，好像在飞快地思索着什么。还没等他说话，孙熙国夫妇喘着粗气从远处跑来了。

“建博，家里都找翻天了，你咋来这里了?”

“我要上学!”

“你咋来的?”

“自己爬来的!”

孙熙国夫妇惊呆了，王老师也呆住了。

孙建博马上指着王老师向父母介绍：“这位是王老师……”

“王老师，你能帮我孩子找校长说说情吗？我给你跪下了……”孙熙国说着，真的要给王老师下跪。

王老师放下手中的东西，一把拉住他说：“我一定问问，我一定问问……”

孙熙国夫妇像遇到救星似的，马上告知了家里的地址，然后背起建博回家了。一路上，孙熙国一再数落建博，说他不该自己出来，有人欺侮咋办？遇到汽车咋办？不过，他还是有点高兴，因为他没想到建博自己还能去学校。

之后的两天，孙熙国去问过两次，人家说王老师开会去了，他们全家人又灰心了。

第三天傍晚，王老师满头大汗地跑到建博家，连口水都没来得及喝，就高兴地告诉他们："学校同意建博上学的事了！"

刹那间，全家没有了一点声音，他们高兴得不知该说点啥了。

比电影还吸引人的人

孙建博十岁的时候，终于走进了梦寐以求的学校，虽然比同龄人晚了四年。

他庆幸，庆幸终于可以为今后的自食其力打基础；他庆幸，庆幸自己生活在一个充满爱的群体里；他庆幸，庆幸艰难的求学之路竟充满了欢乐……

等待入学的那几天，建博觉得天更蓝了，蓝得像一望无际的大海；树更绿了，绿得像青翠欲滴的宝石。连小鸟在窗台上探头探脑，叽叽喳喳地叫，他也要噘起嘴来回上几句。接过母亲亲手缝制的书包时，他甚至还哼了几句京剧《沙家浜》中的唱词："全凭着劳动人民一双手，画出了锦绣江南鱼米乡……"

王老师给他送新书来了。他一本本地翻看，一本本地闻着，贪婪地嗅着那诱人的墨香。在他看来，课本里的墨香，比梦中向往的油条味不知要香多少倍。

入学的那一天，给他留下的印象太深了。这天一大早，父亲请了半天假，打扮得周周正正的，把建博背到学校。在老师的再三劝告下，他才放弃了中午到学校接建博的想法，一步三回头地离开了学校。

"同学们，你们好！"

"老——师——好！"

"同学们，今天，咱们班来了一位新同学，他的名字叫孙建博。"

这位女老师说完后，从讲台上走下来，一直走到孙建博的课桌前，拍拍他的肩膀，鼓励他说："建博，站起来，让大家认识一下。"说着，她连扶带抱地让他站起来，待建博与同学们打完招呼后，又慢慢地将他放下，然后带头鼓起掌来。

"同学们，谁不想有幸福的生活？谁不想有美丽的童年？可是，建博同学就没有。他受的苦，你们都没听说过，他遭的罪，你们都想象不到。他今天能来到学校，来到我们班，是多么不容易啊！在一般人看来非常简单的事，对他来说却无比困难……就像当年红军爬雪山、过草地一样艰难……"

说到这里，女老师抽泣了，连往日里最调皮的同学，也放下手中正在玩弄的铅笔和尺子，瞪大眼睛，听老师讲着，教室里静极了。

"大家都要发扬雷锋精神，热情地爱护他，帮助他，因为他是最需要帮助和爱护的人。"

女老师的话，让建博感觉温暖极了。

"现在，我提议，咱们班里组成小组，每天接送建博同学，同意的同学请举手。"

唰的一声，全班所有的同学都举起了手。孙建博的眼睛一下子湿润了。这么好的老师，这么好的同学，他要不好好学习，怎么对得起他们呢？老师和同学们的举动，给了他慰藉，同时也给了他压力。

下课了，同学们纷纷围上来，有的要给他铅笔，有的要给他本子，搞得他非常不好意思。

这时，他的同桌推了他一下说："我叫宫梅，咱俩离得近，有事可以找我。"

"谢谢，谢谢……"他忙不迭地说着。

"谢啥？谁还没有个难处？"

由于同学们都要求接送建博，谁也不肯退出，没办法，老师召开了班干部会议，决定把男生们分成几个组，轮流接送。被排除在外的女同学不甘心，一次次地找老师，要求加入这个行列。

放学了，一个大个子同学抢先赶到建博跟前，背起他快步出了校门。那些没机会背他的同学，分散在他的周围。他的同桌宫梅背着他的书包。就这样，他被同学们前呼后拥着，威风凛凛地回家了。过路的人不知底细，纷纷驻足观望，还以为是送病人到医院呢！

午饭还没吃完，董梅英就听到外面有叽叽喳喳的声音，推开门一看，原来是同学们又来接建博上学了，胡同里齐刷刷地站了一长溜。她感动了，同时也放心了。

就这样，从小学到中学，他被同学接来送去，风霜雨雪从未间断。每当想起这些，他总是觉得愧对同学们。每当他的腿疼得不能动，想休息时，一想到同学们，他就又千方百计地克服困难，努力前行了。

社会的关照、同学们的爱护、老师的关怀，成为他学习上的动力，每月考试，不论考什么课程，他总是全班第一，从小学到中学都是这样。越是这样，班里的同学对他就越好，还把他选为班长。选班长那天，采用的是无记名投票方式，建博竟得了全票。

有一天，语文课下得很晚，隔壁早就下课的一班的两个同学站在窗外说话，尽管他们的声音压得很低，但由于孙建博的课桌挨着窗子，他还是断断续续地听到了他们交谈的内容。好像是说建博班里的两个同学闹了矛盾，而且还不可调和，最近已发展到谁也不理谁的程度了。因为与自己无关，他不想多听，他还想听课呢！

下课了，同学们都大叫着跑到外边去了。男同学有的在“顶老牛”，有的在奔跑；女同学有的跳绳，有的踢毽子。他羡慕极了，但他什么也做不了，路都不能走，还能干什么呢？他只好坐在课桌前，望着窗外的热闹场面发呆。

这时，同桌宫梅回来了。她坐下后，悄悄地对他说起班上两个同学闹矛盾的事。

“他俩到底是为什么呢？”建博问。

“你是装聋作哑，还是真不知道？”

“我真的不知道。”

“就是为了你。”

“为了我……”

建博一下子如堕五里雾中。由于同学们对他出奇地好，他从心底感激他们，不论说话做事，总是把他们当亲弟弟妹妹看待。比如有一次考试，他的数学卷子早早做完了，有一个同学有几道题不会做，因为他经常接送建博上学，建博就把卷子给他看。谁知一下子被老师发现了，逮着那同学好一顿批评。为这事，他难受了好几天。连这样的事他都感到歉疚，他还能得罪谁呢？他实在理不出个头绪来。

这时，宫梅笑了笑说：“别看学习上你一个顶仨，可在这事上真够笨的。告诉你吧，他们两人是为了争着背你，一个经常背，一个捞不着背，才产生矛盾的。一个说学雷锋也不能光你一个学，另一个说我学雷锋还有错吗？”

孙建博恍然大悟，同时心里一阵感动，泪水流了出来。多么可亲可爱的同学，多么天真纯洁的同学！他在心里暗暗发誓，一定好好学习，多学本领，争取将来报答他们的恩情。

“你能替我做做他俩的工作吗？”建博问宫梅。

“得令——”宫梅拉着长腔跑出去了。

尽管建博尽量让同学们轮换着送他，但毕竟一个班五十多个人，轮一次时间也够长的。聪明的同学们想出了主意：你们不是接送他上学放学吗？白天轮不到我们，晚上总可以了吧？于是，另一帮同学经常晚上接送他看电影。

为了能让建博舒服一些，他们想了许多办法。有个同学从家里找了块五十厘米见方的木板，又从工厂的垃圾堆里捡了四个轴承，钉在木板的四个角上当滑轮，让建博坐在木板上，前面拴根绳子拉着，哗啦哗啦向电影场开去。日子一长，只要一听到那哗啦哗啦的声音，人们就知道那帮学生又来了，那个坐小木板的学生又来了，马上闪开一条路让他们进去。

那时的电影是露天电影，找一个空场子，立上两根杆子，杆子之间挂上银幕，电影就可以开演了，人们就坐在银幕前的空地上看。

由于电影场里没有座位，人们各自从家里带去各种各样的椅子、凳子，但更多的人是站着看的。这种情况下，如果人一多，前挤后拥，秩序就乱了。

放映朝鲜电影《卖花姑娘》那次，孙建博不但为卖花姑娘那悲惨的命运流泪，更为场内的同学们表现出的精神流泪了。

这个电影事先没做广告，可人们一传十、十传百地宣传开了。有的人跟着电影哭了一场又一场，听说最多的竟看了十五次！所以，当《卖花姑娘》在他们这里放映时，平常只有三分之一观众的场子，那天挤满了人。

为了能看上电影，下午放学后，孙建博“承包”了一个同学的全部作业，让他早早来到电影场，在中间画出个直径大约五米的圈子，周围摆上小板凳，将地方占起来。

傍晚，随着哗啦哗啦的响声，孙建博在同学们前呼后拥的保护下，又威风凛凛地来到电影场。同学们在周围坐了两圈，让他独自坐在空荡荡的中央。

旁边一个大人说：“这个小伙计坐的是首长席啊！”

“你看他那样，缺胳膊少腿的，什么首长?”

呼的一声，孙建博的周围齐刷刷地站起了十几个同学，个个握紧双拳，对那人怒目而视。看样子，只要那人再说一句话，电影还没演，一场皮拳肉搏战就要上演了。那人自知理亏，伸伸舌头，低下头，不作声了。

电影开始不久，秩序就乱了，孩子哭，老婆叫，人们挤来挤去，像风中的小树，忽地挤到这边，又忽地退到那边。孙建博周围的同学们随着人流晃来晃去，但都像被钉子钉住了一样，那个空荡荡的圈子始终没缩小，外边的人也始终没挤进来。

那天，建博一边看电影一边哭，为电影内容感动，也为同学们的爱心感动。

他完完整整地看完了电影，可保护他的同学们一个也没有看全。但他们却十分高兴，一点也没有抱怨。

第二天课外活动的时候，孙建博把保护他看电影的同学们组织起来，将《卖花姑娘》的剧情从头到尾讲了一遍，还把“小小姑娘，清早起床，提着花篮上市场……”的主题歌给他们唱了一遍，大家高兴得手舞足蹈，都说听别人讲电影比看电影还舒服。

孙熙国夫妇的工资本来就不高，加上要偿还为建博治病欠的债，又要负担四个孩子的学费、书费，家里简直揭不开锅了。

孙熙国怕影响孩子们的学习，便利用晚上他们睡觉的时间，在屋后砸起了石子，卖了补贴家用，有时董梅英也帮着砸。

一天夜里，孙建博被一阵咚咚声震醒了，心想，半夜三更，哪里来的声音呢？刚想再睡，咚咚的声音又响起来了，他听出这声音来自他们家屋后，是谁呢？

好奇心促使他爬了起来。他悄悄穿好衣服，慢慢地向屋后挪去。

一看他就明白了。在一盏昏黄的灯下，父母正用锤子使劲地敲着石头，扬起来的石粉在他们身上落了一层，他们都变成白头发白眉毛的老人了。他一下子扑过去，不顾父母的劝阻，一把夺过母亲手中的锤子，一直砸到东方发白，身后堆了一大堆石子。

这件事不知怎么被同学们知道了。这天下午，同学们背他回家之后，都站在那里不肯走，他问他们还有啥事，他们只是你推我我推你地笑，谁也不说话。

过了一会儿，一个同学突然从建博屋里找出一把锤子，把锤子塞在建博手里，背起他又出了门。当建博还在疑惑的时候，他们已把他背到屋后，放在了砸石子的地方。

孙建博刚要说话，他们又变戏法似的，每人从自己的书包里掏出一把锤子，帮他砸起石子来。任凭他怎么劝，他们一个也不停。那杂乱的、没有节奏的砸石头的声音，在他听来简直是一支动人心弦的曲子，把他感动得热泪盈眶。

直到现在，他还搞不清楚，连续八九年，同学们都争着背他，甚至连他家里的活也帮着干，到底是一种什么精神在支撑着他们?

搞不清楚，他也不多去考虑，而是把全部的精力用到学习上，努力学习，多学本领，等将来为社会多做贡献。

可谁也想不到，半年之后，他竟铁了心地闹着要退学了。

一夜扎了二百针

家里的经济情况每况愈下。孙建博兄妹四个穿的衣服，几乎全是父母的工作服改做的。孙熙国转业二十多年了，两身早已发白的军装补了又补，晴天雨天全是一双黄球鞋。董梅英更是五冬六夏穿工作服。吃的就更不用说了，家里人从不敢出去和人家凑堆吃饭，因为家里的伙食太差了。

孙建博治好病的希望也越来越渺茫了。

先是他自己失去了信心，有时勉强出去治疗，只因怕父母伤心。

董梅英也并不是不明白，但是强烈的母爱容不得她有半点懈怠，她一直是为建博治病的积极支持者。最坚定的要数孙熙国了，无数次的希望变成了失望，但他从没有绝望。一种方法治不好，灰心丧气几天后，马上又把希望寄托在另一种新方法上。一旦有人提供新的治疗信息，他经过考虑后认为可行，马上就产生了当兵打仗时“打起背包就出发”的气概。孙建博真佩服父亲，不知从哪里来的那么一股子劲头，压不弯，掰不折。他成人后才知道，那就是父爱。

虽然建博的腿医治不好早已是不争的事实，孙熙国也接受了这个现实，但他始终没死心。残酷的现实虽然使他多次低头，但父爱和责任却使他一次又一次昂起头来。他似乎也有了病，那就是为儿子治病的心病，只要儿子的病治不好，这心病恐怕永远也好不了。

当他打听到山头村有一个医生能针灸治病时，心里又热乎起来，他想出了让孙建博白天上学晚上治病的主意。不过，现在他命令建博看病已经不管用了，只能动员他了。

“建博，咱们再去看看吧？”

“爸爸，我觉得希望不大了。”

“事物都有两个方面，你的想法不符合辩证法。”

“我这病，把咱家拖成这样……”

“傻孩子，这次离咱家近，能省下车票钱，针灸又很简单，还能省下药钱。”

“那……我不是上着学吗？误了功课咋办？”

“咱这次白天上学，晚上针灸，来个革命生产两不误，咋样？”

这几年说话极少的孙熙国，竟大大出乎意料地和儿子开起了玩笑。

没容建博再说什么，孙熙国一把将他拉起来，背在背上出了门。

这种方法的确很简单，不用吃药，不用手术，只是将一些细小的银针按穴位扎在身上，每隔一段时间捻一下就行了，而且扎针时的疼痛感比较小。其实，对建博来说，疼痛早已见怪不怪了，什么样的刀子没挨过？

每天晚上孙熙国下班，他就将建博背到大夫家，扎完针后再把他背回来，风雨无阻，天天如此。被痛苦折磨得已经麻木的孙熙国也学会了调侃。

“老孙，又去啊？”路人这样问他。

“对，按时上夜班。”孙熙国回答道。

“有工资吗？”

“有，自己发给自己。”

“积极性还不低嘛！”

“我是老雷锋呀！你也不写个稿子表扬表扬我？”

这样治疗的时间一长，孙建博就动了心思。何不学学这门手艺呢？一是给自己治病，图个方便；二是医道深了，将来也是个饭碗。

于是，当老大夫给他下完针，捧着一本发黄的竖排版的医书仔细研读的时候，孙建博鼓足勇气，终于向他提出了请求：“大爷，你能教我针灸吗?”

“你……”老大夫低了低头，从老花镜的上边瞅了瞅孙建博，对孙建博的要求未置可否，却合上手中的书，慢慢地给他讲开了故事。

他说：“你知道咱们博山北面有个白塔村吗？白塔村东面的大山里，有个叫南华峪的地方。那里流传着一个关于医药和郎中的传说。

“相传东汉末年，桓、灵二帝昏庸无能，奸佞弄权，祸及朝纲，加上自然灾害不断，瘟疫四起，民不聊生，天下百姓没有一天太平的日子过。

“当时河北巨鹿有个叫张角的，他看到朝廷黑暗，人民处于水火之中，便放弃了做官的机会，拜师学起了医，决心为百姓解除病患。学成之后，他就身背药袋，怀揣银针，四方云游，为民消灾解难。

“这一年，当他来到青州以西的博山时，药袋里的草药差不多用光了。他见山上草木肥美，草药品种齐全，就爬上去采集。有一天，他爬得实在太高太远了。只见周围云缠雾绕，怪石嶙峋，鸟鸣婉转，兽吼声声。

“担心迷路的张角东张西望，心里有点怯。忽然，他隐约听到呻吟声，循着声音往前走，见一簇葛藤缠绕的大树后有个洞口，声音就是从那里面传出来的。那黑洞洞的洞里，升腾着一股紫气。

“张角进洞一看，发现一个呼吸微弱的老人躺在石床上，早已病得神志不清了。张角马上拿出自己的干粮，盛了一葫芦山泉，细心地喂老人。老人稍有好转后，他又采回草药，为老人治病。一连半个月，他天天守在老人身旁，无微不至地照顾他。

“到第十六天的时候，老人能起床了。他从枕头底下拿出一个包得整整齐齐的布包，双手哆嗦着交给了张角，缓缓地对他说：‘这包送给你了。望你能像对待我那样对待别人。去解民病忧，度众生吧!’说完，老人便化作一股青烟，随风而去。

“张角打开包一看，里面有一大把银针和一大卷药方。待他下山之后问了当地老人，才知道他遇见的是南华老人，那山洞就是南华老人的修炼之处。”

听了老大夫天书般的故事，孙建博茫然不知所措，不知道他要表达什么意思。他见孙建博疑惑不解，于是语重心长地说：“学中医看缘分，是修行，讲究悟性……”

孙建博还是没明白，但不好再问什么了。老大夫那飘然的长须似乎透出一种威严的冷漠。但老大夫不知道，孙建博有生以来第一次萌发的自己谋求生存的念头，就这样被他残酷地扼杀了。

晚上，离家不远的地方放电影，电影叫《春苗》，同学们为了让孙建博活动活动腿，就又把他拉去了。

他对那部电影印象太深了。里面那个叫春苗的姑娘，心地善良，性格刚强，为了给贫下中农治病，她不怕受累，不怕吃苦，顶着风言风语，苦练医学本领。

最让他感动的是，为了给村里的老人针灸，她竟在自己的身上试针，以自己对银针的酸麻疼痛程度，来判断穴位的正确与否。即使扎得全身是针，疼得满头大汗也不罢休。

那天夜里，他第一次尝到了失眠的滋味。

月光透过窗子，均匀地洒在他的床前，像一层细碎的雪，又像一地浓浓的霜。窗外，清风软软地吹着窗前的石榴树，细枝轻摇，懵懂的蝉吱的一声飞向远方，深夜里的鸣叫传得很远很远。

无数次翻身，无数次想象，无数次犹豫，可有几个念头始终萦绕在他脑子里：我自己练针灸行不行？难道我真学不会？难道真有南华老人？他现在在哪里呢？能不能到城北的大山沟里去看看呢？

对面床上传来孙熙国重重的呼噜声。人说累了才打呼噜，孙熙国实在是太累了。他非常要强，白天上班，一个人差不多干两个人的活；下班后，还要经常背建博去治病，也多亏他当过兵，要不，身体咋能吃得消呢？

“好了，建博的病好了。”深更半夜的，这含混不清的话从何而来呢？

孙建博仔细判断了一下方向，是从父亲床上传来的。他那可怜的父亲，连做梦都想着他的病呢！梦中都盼着他的病快点好呢！

他心里一阵悸动，一下子咬住嘴唇，抽泣了好长时间。

月亮早已偏西了。从窗口照进来的月光，变成了一条亮亮的斜线，从窗口一直插到他的床上。风也停了，里外没有一丝声音，静得让人害怕，让人发急。

突然，他的脑子里一片明亮：这条亮亮的斜线，不正像老大夫手中的银针吗？看来，自己学针灸还是有可能的。想完心事，他才觉出了疲劳，睡意一下子袭来，他被淹没了。

“爸爸，我学着自己针灸吧？”吃早饭的时候，他小心地向父亲说。

孙熙国并没有吃惊，只是停止了喝稀饭，两眼注视他好长时间，一句话也没说，之后又继续喝他的稀饭了。看得出，他对孙建博的这个想法，是需要认真考虑的。下午下班的时候，孙熙国将一个小布包扔到建博面前，笑了笑说：“试试吧！我相信你。”

建博打开布包一看，是一大把银针，他仔细数了一下，竟有三百多根。

从那天开始，他便研究起针灸来。尽管在老大夫家早已看过无数次，但他毕竟没有学过，对如何找穴位、如何下针、如何捻动、如何取针等一无所知。孙熙国买回做菜用的一个大冬瓜，成了建博练针的对象。他每天按着冬瓜往里面扎针，最多的时候，把三百多根全扎了进去，整个冬瓜变成了一个大刺猬。由于扎了拔，拔了又扎，没过几天冬瓜就烂了。孙熙国没批评他，还鼓励了他几句。

由于家里居住拥挤，孙熙国捡了些碎砖在院子里搭起一个油毡纸当顶的小棚子，算是建博的房间。尽管孙熙国觉得对建博略有歉意，但这正合了建博的心意。他把门一关，窗帘一拉，不就可以痛痛快快地练针灸了吗？

大概半个月后，他正式开始在自己身上试验了。

在自己身上扎，等于把命都豁出去了。他早没啥害怕的了，最大的阻力来自父母。他们担心他旧病没治好，又扎出新的毛病来，因而一直阻止他这种在他们看来有些“野蛮”的试验。并让他表态，一定要等老大夫有了时间，把他请过来，在他的指导下再往自己身上扎。

看看实在拗不过他们，孙建博只好点头应允，暗中却有条不紊地准备着，一旦时机成熟，马上开始实施那充满冒险却也充满诱惑力的“大工程”。

机会终于来了。他将日子选在一个星期六的晚上，因为第二天不上学，万一扎出个好歹来，也不至于耽误了功课。

那天孙熙国夫妇都加班到很晚，回来时已疲惫不堪，洗漱一番后早早休息了。建博回到自己的房间，将门插得紧紧的，又拉严了窗帘。然后，他爬到床上，将衣服脱下来，把银针摆在一伸就能够摸到的地方，把一切安排得停停当当，可能出现的严重后果他也考虑到了，他在门闩上拴了一根绳，绳的另一头拴在他的胳膊上。一旦出现不测，一扬胳膊，门闩就会被拉开。门一响，父母就会来救他。

尽管有了充分的思想准备，但是，当他拿起针往自己身上扎的时候，仍不由得心里一阵紧张，拿针的手也颤抖不止。

他喝了一口水，镇静了一下，便咬紧牙关，选准穴位，双眼一闭，将第一根针终于扎进去了。一阵刺痛之后，是麻酥酥的感觉，这说明穴位找准了。

有了第一针，就不愁第二针了。不一会儿，他已扎下了二十多根针。忽然，他觉得疼得钻心，整个身子都在抖，差点坚持不下去了。他想到此为止，将针拔出来算了。但这时，电影里春苗为了给别人治病，将自己扎得大汗淋漓的情景跃入了他的脑海。当时，配着那情景还有一支歌：

手捧药箱心潮涌，阶级的委托情意重。
风里浪里背上它，要把毛主席的温暖，
送到贫下中农的心中……

也许是这首歌促使她坚持了下去，于是，他也在心里默默地哼起了这首歌。一边哼，一边扎，穴位找得越来越准，扎针的技术越来越熟练，速度越来越快，心情也越来越好，似乎病很快就能治好似的。最后，也不知一共扎了多少针，反正床上的针越来越少，腿上的针越来越多……

突然，他觉得一阵眩晕，呼吸也急促起来，腿里好像有一条线在跳着痛，而且痛得十分剧烈。他终于准备拔针了。可在他的手刚伸出去的时候，他只觉眼前一黑，就什么也不知道了，胳膊上的绳也没能把门闩拉开……

“建博，快起来！”

他是在父亲的叫喊声和砸门声中醒来的。当时天已大亮，太阳将窗帘照成了金黄色。他想去给父亲开门，可怎么也爬不起来；他想和父亲说话，可嗓子干得冒烟，一点声音也发不出来；他想抬一下胳膊拉开门闩，可全身像煮过了火的面条似的，一点也不听使唤。

孙熙国急了，他似乎清楚屋里发生了什么事情，就用膀子顶门，几下子门就掉下来了。

他冲进来后，疯了似的扑到建博身上，开始往下拔针。他拔一根，就递给身后的妻子一根，妻子一一报数。当他拔完最后一根时，妻子报出了一个可怕的数字："二百一十八根!"

孙熙国一怒之下，将银针全部没收。孙建博想用针灸法给自己治病的努力，至此宣告彻底失败。

孙熙国的想法被现实捏得粉碎之后，却看不出丝毫的气馁和灰心，他毅然将孙建博又送进了学校。他一点也不知道孙建博将要退学的事。

孙建博知道，父亲是不会死心的，但自己退学的决心却不会改变了。

上学难，退学更难

孙建博想退学，原因既简单又复杂。

博山的冬天是很有特点的。那时候，城里还没有现代化的高楼，街道两边都是灰砖灰瓦的二层小楼，大多数四合院、小平房也是灰砖灰瓦。一场大雪过后，房顶全白了，一片片凹凸不平的白色上面，立着一个个半人多高的烟囱，里面冒出的淡淡青烟，婷婷袅袅，映衬在白色的房顶上，煞是好看。

太阳一出，雪就开始化了，一滴滴雪水顺着房檐滴下来，凝成一串串、一排排像钟乳石那样的冰棒，他们叫作“凌锥”。放学后，一人折上一根，两手掐着当大冰糕吃，尽管双手冻得通红，却是其乐无穷。

建博退学的想法，也许就是由雪引起的。

博山城依峨嵋山北麓而建，南高北低，是座典型的山城。有些外地人看了博山之后，亲切地称它为“小重庆”。山城街道弯曲，道路上陡坡比比皆是。由于博山处在一个盆地里，东、南、西三面环山，北面是个风口，加上孝妇河穿城南北而过，使博山的温度比其他地方低一些。气候和地貌决定了博山的冬天道路上的冰比较多，加上建城太早，特别是老城区，基本没有下水道，居民习惯将水泼在大街上，更增加了街道上结冰的机会。

这天放学后，同学们照例背他回家。雪，给同学们带来了乐趣；冰，给同学们带来了精神。一路上，他们的话题从没离开冰雪。他们有的扛一条大凌锥，有的捏两个大雪球，边吃，边说，边笑……

这时，一个同学突发奇想："哎，你们说，东北的雪真有那么大吗?"

"咸吃萝卜淡操心，关你啥事?"

"我是说，像《林海雪原》中说的，杨子荣和少剑波他们真的能滑雪?"

"这个还有假?"

"他们真的能滑那么远吗?"

"只要是下坡，再憋足了劲，身子不歪，我想十米八米的不成问题。"

"吹破牛皮也没人跟你要钱!"

"不信可以试试嘛!"

同学们越说越上劲，自尊心、虚荣心一股脑地加在一块，促成了一场可笑的、后果非常严重的滑雪比赛。

当时，他们正好走到一个坡顶上，大家便停住，准备由此往下滑。俗话说，初生牛犊不畏虎，更何况又被激将了呢!

第一个高叫着"我是杨子荣"，一咬牙滑下去了，摔了个大跟头，引来一串笑声。第二个还没反应过来，"我是少剑波"的话还没说完，早已头朝下溜了下去，大家发出的笑声比第一次更强烈。不一会儿，大家以不同姿势，跟流星一样纷纷滑下去了。尽管大家都捂着屁股或摸着肩膀疼得龇牙咧嘴，但那被胜利冲昏的头脑却都高度地兴奋着。

坡顶只剩下一个同学背着孙建博了。看见伙伴们都露了脸，那同学心里也有点痒痒了。孙建博还没搞清楚咋回事，他俩已翻着跟头从坡上溜下去了。到坡底的时候，孙建博正好压在同学身上，所以，他身上半点伤也没有，同学却站不起来了，只好换了一个同学背他回家。

第二天，同学们接他上学，直到上课，他也没见昨天背他的那位同学。他问了几个人，他们都说那同学家里有事，请了几天假。但不论同学们怎么解释，都无法除去他的满腹狐疑。

数学课上，宫梅传给他一张纸条，说那个同学病了，他应该去看看同学。那同学得的什么病，宫梅说她也不知道。后来才知道，那天滑雪时，同学把腿摔坏了。

他心里太难受了。不论怎样，人家是因为背他摔坏的腿啊！要不是背他，同学也会和别人一样，只不过出个洋相而已。为此，父母一连去看了人家好几趟，并一再向人家表示歉意，事后也批评了他，说他当时应该劝阻他们。

他想，他再不能让同学背他了。几年来，他利用一切时间学着走路，用左手撑着左腿，迈开左腿的步子后，再用右手拿起右腿，将右腿挪到前边去，也多少能挪几步了。这样锻炼，对以后的生活会有好处。再说，天下没有不散的筵席，同学也好，父母也好，兄弟姐妹也好，谁也不能照顾自己一辈子。

第二天，他早早起来，沿着墙根向学校的方向挪着，当他挪到半路时，一群同学从后边追了上来。原来，他们去他家接他，得知他早走了，便急匆匆地追了过来。

不由分说，他们又把他背起来，像往常一样送到了学校，直到把他放到课桌旁，把他的书包放在桌子上，才四散开去。

同学们越热情，他退学的念头反而越坚定了。

这时，他又想起夏天的一件事。那是一个暴风雨即将来临的午后，同学们都到工厂上学工课去了，老师留下一个同学负责送他回家。就在那位同学放下他走出他家门时，狂风卷着暴雨，铺天盖地地倒了下来。一般平地上，水到了膝盖还能蹚水走，可博山的街道多坡，水流起来特别急，没到脚脖子的水就能冲倒人，能冲得大垃圾箱到处跑。事后他才知道，那同学刚到街上，山上的水就下来了。一股水将同学冲倒了，还没等他站起来，大水又卷着一个垃圾箱向他冲来，他拼命地躲垃圾箱的时候，差点被水冲到孝妇河里去。要真被冲到孝妇河里，人可就完了。

这都是为了他啊！他怎么忍心让同学们再为他受苦呢？那样，他不是太自私了吗？

翌日吃早饭时，孙熙国夫妇发现建博有点反常。往日，建博吃饭“和行军打仗一样”，因为他生怕还没吃完饭同学们就来接他了。今天他却一反常态，吃饭磨磨蹭蹭，明显地在拖时间。往日吃饭的时候，他总是把书包放在跟前，而那天却不知道将书包放到什么地方了。往日吃饭时他有说有笑，那天却沉默不语，像个没嘴的葫芦似的。

刚放下饭碗，同学们呼呼啦啦进来了。和往常一样，为首的同学抓起孙建博的胳膊就要往身上背。孙建博使劲往下一坠，哧溜一下子溜到了地上。那个同学以为是自己的疏忽，一边说着“对不起”，一边再次背他，但还是没能背起。

“你……”同学有点惊诧了。

“从今往后，你们别再背我了。”这句话孙建博说得很平静，却是用了全身的力量才说出来的。说完这句话，他好像终于办完了一件自己长时间以来一直想办的事，心里一阵轻松，全身一下子瘫软下来。

“建博，你这是啥意思？”同学们不解地问。

“没啥意思，就这个意思！”为了让他们一下子绝了背他的念头，他故意把话说得冷冷的。

“别怕，谁欺侮你了？告诉咱，咱和他讲理去！”说着，这位同学还晃了晃拳头，表现出一副十足的男子汉的样子。

孙建博一下子被感动了，但他马上在心里告诫自己：千万不能动摇，稍一动摇，又会给同学们增加多少麻烦啊！

“我已决定退学，你们回去告诉老师吧！”

“为啥？为啥？”那个同学有点急了，“建博，你不要认为给我们添了麻烦，你知道你给我们带来了多少乐趣吗？你样样功课都是第一，让我们感到自豪；你经常给我们演算难题，使我们比以前进步了很多；你经常给我们讲《红岩》里的江姐、许云峰，《钢铁是怎样炼成的》里的保尔·柯察金，让我们知道了很多英雄人物；每当我们背着你前呼后拥地过大街时，心里是多么荣耀啊！我们背你是自愿的！你如果不上学了，我们还有什么意思……”

“到时间了，别耽误了上课。”孙熙国将同学们劝走之后，慢声细语地对建博说，“建博，上学可是你自己要求的，为了上学，咱求爷爷告奶奶，费了多少周折啊！我知道你怕麻烦别人，我和老师说，以后每天我背你来回，行不行？”

他那善良的父亲啊，他哪里知道，他这种出于爱心的劝说，不但说不动孙建博，反而更加坚定了他退学的决心。他成不了才成不了器，怎能再把父亲拖得无法工作呢？

“你自己想一想吧！我上班去了。”

孙熙国走后，孙建博挪到小屋里，从床底下把藏好的书包找出来，将书和作业本摆了满满一床，一次次抚摸，一次次翻动，心里一阵阵地发热，眼眶里一阵阵地发涩，喉咙里发出一阵阵咕嘟声，强忍着没哭出来。

他太想上学了！可他怎么上学呢？

他翻开数学作业本，将昨天故意没做的作业一一做完，又仔细地检查了一遍，然后将所有的书和作业本装进书包里。过了一会儿，他又把书和作业本一本本掏出来，在屋里扔来扔去。它们像一只只受惊吓的鸽子，在他头上飞来飞去。最后，他把铅笔折成了两截。关上门后，他抱起空荡荡的书包，痛痛快快地大哭了一场，也算是告别学校的一个仪式吧！

嘭——嘭嘭！门口有人敲门。他疑惑地站起来，慢慢向门口挪去，然后又悄悄地在门后停下来。

“建博，快开门，是我！”

啊？是宫梅，他同桌的声音。他慌忙打开门，只见宫梅和王修贤老师站在门外，融化的雪水湿了他们一身，两人鼻子都冻得红红的，大口大口地哈着热气。王修贤老师的自行车轮，早已被泥糊得转不动了。

他俩把孙建博扶到床上后，宫梅就在地上捡建博的书和本子，收拢到一起后，又一本本地整理、展平，整整齐齐地放进书包里，端端正正地放在桌子上，然后静静地听着王老师和孙建博的谈话。

“建博，你这是和谁生气？”王老师问。

“和我自己。”孙建博答。

“你想过没有，和自己生气会有什么结果？”

“顶多就是不上学了。”

“不上学？你想过没有，这几年，你家为什么搬了三次？外人为什么因这事说你爸爸傻？”

王老师一句话击中了他的要害。这几年，关于他们搬家的风风雨雨，同学们和父母的同事们几乎无人不知，无人不晓。房子越搬越小，条件越搬越差。不知底细的人，还以为他父母傻呢！他们哪知道，这全是为了他。

原来，他们一家六口人，住着三间平房，而且独门独院，屋里还有自来水。后来，为了孙建博上学能近一些，让他少受点颠簸之苦，孙熙国夫妇忍痛割爱，毅然带领他们搬了家。虽然离学校近了，房子却由三间变成了两间，外带一个厨房。住了没几年，孙建博上了初中，一下子离家远了许多，孙熙国夫妇又合计着要搬家。这次却没那么容易了，因为房子紧张，一时找不到合适的。后来，孙熙国终于打听到一户，虽然也有两间平房，可有一间是当厨房用的。病急乱求医，也顾不了那么许多了，上学要紧。搬过来后，孙建博上学近了很多。没想到，刚住了一年多，学校迁校。这可把孙熙国逼“草鸡”了。他万般无奈，硬着头皮去找了宋金英大娘。宋大娘天生的热心肠，加上她丈夫在本地区当干部，经过几个月的奔波，终于促成了他们的第三次搬家。与孙熙国工龄相同的人，甚至工龄比他短的人，都住上了几室几厅的大房子，孙建博家却仍住在两间没自来水没卫生间的小平房里，孙熙国“傻”的名声也就由此传开了。

俗话说，搬家三年穷。他们不仅住的条件越来越差，而且也把家里折腾穷了。这一切，都是为了孙建博，为了方便他去学生活的本领。父母的良苦用心，由此可见一斑。

“建博，你想想，几千年前，孟子的母亲搬了三次家，就是为了选择一个好的邻居，有利于孟子的学习和成长。现在，你父母也搬了三次家，为的又是什么呢？难道他们愿意瞎折腾吗？”

“我……”

“你父母跟孟母的心情是一样的，有这样的父母，是你最大的福气。你还赌气，还不上学，你仔细想一想，你对得起父母的殷殷之心吗？”

“王老师，我错了。”

“我并不是想让你知道错了，而是想让你明白，人一生会遇到各种各样的困难，只要勇敢地走下去，永不退缩，就一定会有收获。”

说完，王老师把孙建博抱到他的自行车后座上，推起车了就走。宫梅背着他的书包，一声不响地跟在后边，一起向学校走去。

暖暖的阳光融化着积雪，远处山坡上的雪快化干净了。尽管温度还比较低，但迎面吹来的风，竟有了一些暖意，也许春天就要来了。

就这样，孙建博那顽固的退学的念头，在王老师的爱抚下，就像积雪见到阳光一样，悄无声息地化掉了。

噩耗：中专不予录取

又是一个莺飞草长的春天。

春天蕴含着生机，同时也似乎蕴藏着一个阴谋；春天孕育着夏天，同时也孕育、积蓄着力量，准备在夏天给孙建博致命的一击。

俗话说："清明日，清明日，燕子来到天井里。"燕子真的又从遥远的南方飞回来了，它们一会儿落到学校的电线杆上，整整齐齐地排成一排；一会儿落到校门口的大树上，把树上那几片度过严冬的枯叶摇得扑簌簌地落了下来；一会儿又在空中追逐嬉戏，叽叽喳喳地叫着，似乎在向人们宣告着春天的到来。

裹了一个冬天棉衣的同学们，迫不及待地脱下厚重的棉衣，纷纷换上轻便的单裤单褂。生性活泼好动的同学们，被冬天严严实实地困了几个月之后，伸胳膊蹬腿地活动起来。这时，同学们最向往的课程就是体育课。

他们学校里没有操场，上体育课时，老师领着同学们跑跑步，然后就自由活动了。从作业堆里爬出来的同学们，便充分利用这个机会，变着法子自娱自乐。有的模仿京剧《智取威虎山》里的杨子荣，在学校里一阵乱窜之后，就等于打虎上山了，然后抓住扮演栾平的同学审讯一番。有的模仿电影《地道战》里的女民兵，说一句"现在的高家庄可不是从前了"，然后上墙爬屋，和"鬼子""汉奸"闹得天翻地覆。更有甚者，分成好人、坏人两个阵营，满大街地追逐起来。学生玩起游戏没完没了，常常忘记了时间，到后一节课快要下课的时候，才满头大汗战战兢兢地回来，被老师大批一顿。

其实，学校里有一块很大的空地，偶尔也当操场使用，只是高低不平，中间还有几个大坑，到处布满了碎石乱砖和各种垃圾，很少有人光顾。

那天，孙建博路过办公室，听到王修贤老师和几个老师在议论，说那块空地如果整理好了，不就是一个很好的操场吗？听到这句话之后，他就多了个心思。同学们天天接送他，对他这么好，他能为他们做点什么呢？他有残疾，不能参加体育活动，可其他同学能参加啊！他要是能组织同学们将那里整理成操场，不也算是对同学和老师们的一种报答吗？

课外活动的时候，他召开了班委会，把他的想法提了出来，大家一致赞同。他们决定，从第二天开始，每天下午利用课外活动时间整理那块空地。这次班委会，是孙建博上学期间唯一没请示老师、自作主张召开的会议。直到十几年后，同学们见面谈起这件事，脸上还浮现出激动的神色。

第二天下午上学的时候，他们班的同学带来了铁锨、镐头、土筐、扁担之类的工具，悄悄藏在那块空地中间的一个大坑里，谁也没声张。想到他们将要自作主张干件大事，许多同学非常激动，有的连最后一节课也没上好。

课外活动的铃声一响，同学们争先恐后地直奔大坑。霎时，空地上站满了劳动的学生。同学们有的挖土，有的抬石头，有的平整土地……孙建博也置身其间，一边捡砖头，一边指挥同学们干活。同学们个个热情高涨，整个空地上笑语不断，尘土飞扬，洋溢着一种令人愉快向上的气氛。

这时，宫梅带头唱起了歌：

我们是共产主义接班人，
继承革命先辈的光荣传统。

爱祖国，爱人民，

鲜艳的红领巾飘扬在前胸。

……

向着胜利勇敢前进，

我们是共产主义接班人……

他们劳动的场面吸引了全校的同学，同学们纷纷围过来，先是观看，接着也加入了他们的劳动行列。那个劳动场面，那种劳动热情，后来一想起来孙建博就激动不已。在他看来，那毕竟是他第一次回报同学、回报学校啊！同时他也想到，他的前途并不是一片黑暗，只要他努力去做，总会对社会有所贡献。

下午放学时，全校的师生都集合在了一起，学校领导表扬了他们班，表扬了孙建博，并宣布把这项劳动列为全校的项目，号召全校师生加入。

放学了，一位女老师在校门口碰到了他。

“建博，你真为学校做了一件大好事啊！”

“老师，我……”

孙建博这个人就怕表扬。如果别人和他打嘴仗，他那逻辑严密、判断准确、咄咄逼人的语言会像泉水一样涌出，让对方只有招架之功，毫无还嘴之力，最后一败涂地，落荒而逃。可别人一表扬他，他的心就慌了，在心里组织得井井有条的语言，一出口就乱了套，有时甚至口吃起来。

女老师看了看孙建博那被砖头磨得红肿的手，掀起裤脚看了看他那条残腿，关切地说：“建博，你擅长组织，不要和同学们一起拼体力，你和别人不一样，要注意自己的身体，你这辈子还要指望它呢！听老师的话！”

女老师语重心长的一番话，使孙建博同时感受到了她人格的魅力和社会的温暖。这又是一个对他一生起过重要作用的人。在此后那些倍加艰辛的日子里，每当他因种种困难而心灰意冷时，她总是适时地出现在他的面前，如春风化雨，令他重新抖擞起精神来。不过，那时她已身居高位，是日理万机的市领导了。

用了将近半年时间，操场平整好了，四周还用石灰画上了白线。在当时来说，也算是标准比较高的操场了，引得周围一些学校纷纷来他们这里参观学习。他们高兴的心情就别提了。

孙建博多想围着操场走一圈啊！可是他走路太困难，走路的姿势太难看了。于是，他和同学们商量好，瞅准一个星期六的晚上，学校里人最少的时候，同学们把他背到操场边。他让他们在一个角上等他，他咬紧牙关，迈着谁也没见过的、在他看来已是威武雄壮的步伐，艰难地顺着宽宽的白线，围着操场走了一圈。当他大汗淋漓地走到终点，同学们扶住他瘫软的身体时，高兴、辛酸、向往、迷惘等复杂的情绪一起涌上他的心头，他一时不知道想哭还是想笑。见此情景，一个个身体结实、虎气生威的同学，都和他抱在一起，一句话也说不出来了。

转眼间，令人心悸的夏天来到了，也许是它的阴谋成熟了，孙建博几乎陷入了灭顶之灾。

那时候当地的中学是四年制，初、高中各两年。上初二的时候，王修贤老师为了让同学们有足够的时间复习，让大家有个好前途，他自己动手，将那辆破自行车彻底修理了一番，主动地揽过接送孙建博的任务，只有在他忙不开时才让同学们接送。

那天的天气很好，学校放学也比较早，王修贤老师用自行车载着孙建博，宫梅在一边扶着他，三人沿孝妇河走着。不知内情的没准会误以为老师是在和儿女散心呢！

孝妇河是淄博市第二大河，古称陇水、袁水，明朝改名为孝妇河。它发源于博山，流经淄川、张店、邹平、桓台，汇入小清河，最后流入渤海，全长一百一十七公里。由于南北横穿博山城，它成了博山的一大景观，明朝诗人有“弱荇摇中池，素涛散成雪”的诗句。秀美的风光，神秘的传说，古老的文化，使孝妇河成为博山人的骄傲。

忽然，王老师停下脚步，回过头问他俩：“你们想参加中考吗?”

这个突如其来的问题把他们问蒙了，因为对他们来说，那实在是件可望而不可即的事情，他们从来没有想过，一时不知该如何回答。

“现在不是前几年了，知识分子再也不是‘臭老九’了。尊重知识、尊重人才渐成风气，国家要发展，民族要振兴，这才是条正路呢!

“咱班里有几个好学生，包括你们两个。考学，是实现你们理想的最好路子。要是就这样被招工，当了一般工人，那就真可惜了你们这样的人才……”

“我家条件差，想尽早就业，为父母分忧，父母也对我流露过这样的意思。至于中考，我……”宫梅坦率地说。

“唉!”王老师长叹一口气，“你本来是干团组织工作的料……”

王老师真会看人，多年后，宫梅果然成为外地一家大型国有企业的团委书记，而且工作干得有声有色，深受群众好评。

“建博的腿不好，有些工作会受限制。你学习是年级第一，必须去考，但还是考个财经方面的学校比较合适，将来当个会计，写写算算，也好有碗饭吃……”

河边的垂柳被风吹动着，像少女的长发随风飘逸，风情万种。河里淙淙的流水清澈见底，细细的波浪将阳光分割成金子似的碎片，匆匆向下游漂去，留下星星点点的光芒。水边一丛丛野花理直气壮地开着，毫不吝啬地散发着阵阵香气……

“老师，我很想考，但我的腿……”

“我们国家需要的是知识，是人才，怎么会以身体优劣去取舍呢？不会的！这一点，请你将心放在肚子里。”王老师打断他的话，挥着一只手大声地说。

事实证明，像王老师这种爱国的知识分子，总是把世事想象得如清水一样透亮，认为有理的事情就是该办的事情。他虽经过许多磨难无奈与尴尬，却至死不肯认同一位伟大的西方哲人说的“存在就是合理”这句至理名言。也许，这正是他们那一代知识分子的可爱之处。

中等专科学校，多么诱人的地方啊！孙建博只是听人家说过，在电影里见过，他多么想亲自走进去啊！同学支持他，老师支持他，父母支持他，他怎么能烂泥扶不上墙呢？实现自己理想的机遇就在眼前，他何必羞羞答答地躲避呢？

孙建博开始认真地准备中考，却未料打击又一次悄然来临。

中考考场设在淄博一中，离他家太远了。考试那几天，他又享受了前呼后拥的待遇。听说他要参加中考，同学们兴奋极了。那些不准备参加考试的同学，组成了一个护送小组。他们各有分工，谁背他、路上轮换几班、中午谁买饭等，都做了严密的计划与安排。他们还专门挑选了个腿快的同学担任通信员，建博每考完一门，就根据自己的判断预估得分情况，通信员再马上跑到他家向他的父母报告。

两天半时间考完了全部课程，然后是焦急的、提心吊胆的等待。记得有一次孙建博问父亲，当兵打仗的时候怕不怕？孙熙国说，打仗并不怕，怕的是战前那漫长的等待。等待时大脑特别活跃，胡思乱想到了极点，可以勾画出许许多多可怕的场面和残酷的结局。待冲锋号一响，端着枪冲锋时，大脑便几乎不活动了。如今，孙建博的等待也是如此，他正处在战前的可怕时期。

射击的枪口已对准他的后脑勺，他却浑然不知，还在甜蜜地幻想着。

终于有消息了！那时的中考和现在的不一样，是先来一个通知，告诉你考的分数已达到了录取分数线，然后再进行查体，身体不合格的人刷下去之后，剩下的就相当于被录取了。

孙建博被通知查体！他们班里近五十个人，被通知查体，也就是过分数线的只有两个。

不知是喜是忧，全家人沉浸在一种不知所措的情绪中。王老师跑进来，又一次把孙建博当作他的骄傲、学校的骄傲，并向他们介绍，社会上许多人了解了他的情况后，在吃惊的同时又对他表示羡慕。王老师越说越多，甚至向他讲起了上大学的注意事项。王老师越是陶醉，他们全家越是无精打采。

王老师冷静下来后，看到他们的情绪不对头，才缓缓地说："我知道你们想的是什么，不要紧，这事我去跑，我去争取……要知道，班里只考上了两个人！太不容易了，太不容易了……"

查体结束了，没有孙建博的消息，王老师说还在争取。被录取的学生走了，仍没有孙建博的消息，据说王老师还在几个部门"上蹿下跳"……

那天特别热，墙根的草叶都打卷了，树上的蝉都闭了嘴，鸡在棚子里烦躁地咕咕叫着，来回地踱着步，狗趴在树下的阴凉里，伸着舌头一个劲地喘。空气像是着了火，人呼吸时都灼得鼻子疼。

傍晚，王老师来了。一看他那垂头丧气的样子，他们已明白了八九分。但是，他们还是期待着事情有戏剧性的变化，期待着有意想不到的奇迹。所以，当王老师说出那句可怕的话时，他们全家人的心还是坠了下去。

"像建博这样的身体，人家说不予录取……"

王老师说完，好像完成了什么重大使命，卸下了不堪重负的担子，浑身哆嗦着，摇摇晃晃地走出屋门，停顿了一下，然后飞快地走了。

孙建博挣扎着向他的屋子走去，董梅英马上起来拉住他。

“梅英，别拦他，他心里难受，让他自己安静一会儿吧！”孙熙国有气无力地说了一句，就再也没有声音了。家里家外又热又静，好吓人！

孙建博坐在院子里，脑子里一片空白，他希望自己能想点什么，可什么也想不起来。他心里异常烦躁，恨不能把眼前的一切砸个乱七八糟。

忽然一阵冷风吹来，使他清醒了许多。接着又是一阵不辨方向的大风。风太大了，将满院子的东西搅得稀里哗啦，把院外的杨树吹得左摇右摆的。被大风带起的浓重的黑云，从四面八方迅速飞来，最终合在一起，把天空遮了个严严实实，好像在他们头顶上扣了一口黑锅。

一道耀眼的闪电之后，随着咔嚓一声劈天裂地的惊雷，头顶上的黑锅似乎被炸开一个大口子，大雨瓢泼似的浇下来。院子里的一切污垢，迅速被大雨冲走，一直冲到孝妇河里。大雨浇透了孙建博的全身，打得他头顶生疼，浇得他睁不开双眼，甚至连呼吸也有点困难。一阵风，一阵雷，一阵雨，搅得山摇地动，就像整个天要掉下来似的。气势像惊涛拍岸，声音如万马奔腾，令人胆战心惊。

孙建博想，下吧！痛快地下吧！猛烈地下吧！把天洗个干净，把地洗个干净，把人洗个干净，让一切都干干净净吧！

冒着大雨，孙熙国夫妇冲出来了，他们一人拉着孙建博一只胳膊，要把他拖进屋里，可他蹲在地上死活不起来。没办法，他俩只好把他抬起来，三人落汤鸡似的进了屋。

三人相对无言，谁也不说一句话，不知是雨水还是泪水，从三人的脸上一道道往下淌。说什么呢？好像什么都说过了，说什么都是多余的。三条僵直的身影，长长地映在墙上。

“建博，这是命啊！信了吧！”

董梅英的这句话，在猛烈的雷雨中，显得那么苍白，那么无力。孙熙国和建博好像根本没听见似的，仍然望着门外的大雨出神。董梅英见她的话没有得到任何回应，便撩起早已湿透的衣襟，擦着满脸的泪水和雨水。

夏日的雨，来得快，去得也快。不知什么时候，雨停了，有了一点清凉，树上的蝉开始叫了，鸡和狗也有精神了。

“信命吧，建博。”董梅英又说。

“不！我不信命！我坚决不信命！命偏心眼，它已经让我成了残疾人，已经让我受了数不尽的痛苦，为什么还要再打击我一次？为什么偏偏和我过不去？顺着它是这样，逆着它也是这样，我为什么要信它？从今天开始，我就要和它对着干！跟它拼个你死我活！不是我进了黄土，就是它一败涂地！”

孙建博不知从哪里来的力量，也不知什么时候学会了这些辞藻，竟说出一串串颇有哲学意味的话来。语言的发泄，也许能排解心中的情绪，说完之后，他心中的郁闷和不平似乎少了一些。

雨停了，孙熙国夫妇回屋了，虫子开始了鸣叫，好像在赞美这清爽的空气和宜人的夜晚。孙建博拿出他的第三本日记本，在上面写着当天的日记：

> 今天，我的生命遭受了又一次打击。人人心里都有个太阳，可我的太阳哪里去了？人人都可享受阳光的沐浴，可我为什么总是在阴影里呢？我要努力地奔跑，要义无反顾地朝前走……不论发生什么事情，只要我还有一口气，我就要去寻找我的太阳……

传说中追日的夸父，最终渴死在荒草野坡。现在他也要去追寻太阳，结果会怎样呢？是会比夸父幸运，还是会更为悲惨？

最后一次治疗失败

“上小学，费了牛劲；考中专，又不录取。全是这条腿惹的祸。这条腿，可把建博和咱全家害惨了！水多了就能浸倒墙，我就不信治不好建博的这条腿！明天咱们再开始。”

孙熙国像一头红了眼的牛一样，在屋里来回走着，呼哧呼哧地喘着粗气，听起来像拉风箱一样。“不予录取”事件，对他打击太大了。他节衣缩食也好，为孙建博治病也好，为的不就是让儿子将来有个饭碗？可眼看到手的饭碗又飞了，他怎能不生气？他比孙建博还生气。但他有个特点，从来不埋怨世道不公平。他始终坚信，有一分耕耘就有一分收获，人的命运永远掌握在自己手中。孙建博也许就继承了父亲的这种禀性。

“建博，收拾收拾东西，明天再上周村！”

孙熙国大手一挥，像给千军万马下着命令，绝不允许孙建博的行动有半点迟缓，更不用说有异议和反对了。

腿长在孙建博的身上，他自己最有数。他心想，这腿大概一辈子也治不好了。可孙熙国并不这样想，他一直信奉“子不教，父之过”的古训。既然生下了孙建博，他就要为儿子负责，只要有百分之一的希望，他就会尽百分之一百二十的努力。他不愿在自己心中留下任何遗憾，特别是关于孩子的遗憾。万一以后的医学证明孙建博的腿当初是可以治愈的，那孙熙国非自杀不可。

对孙建博来说也是如此。正常人不知道残疾人的痛苦，可残疾人太羡慕正常人的幸福了。面对为他付出了太多太多的父亲，他还能说什么呢？再治一次吧，为了父亲再治一次吧，不就是受点疼吗？再说，自己早已受了那么多的疼，还在乎这一次吗？

他默默地收拾好东西，又跟父亲去了周村。与上次不同的是，和他一块毕业的中学同学，闲在家里没事干，便分期分批地陪他去周村。所以，最后的这次治疗，他是在同学们的关怀和友爱中度过的。

到达周村的第二天，孙熙国的单位来电话，让他回去参加关于调整工资的会议。这可是大事啊！

当时社会上流传着这样一个故事：某单位召开调资会议，单位总共有二十人，可分配的调资名额只有十九个，有一个人不能调。每次开会，二十个人全到，都希望有个人能发扬一下白求恩“毫不利己，专门利人”的精神，可偏偏没有这样的人。就这样，会议开了一天又一天，还是定不下来。最后一次，会议从早上八点一直开到晚上七点，还是没有结果。这时，有一个身体差一点的人实在憋不住了，匆匆忙忙去了趟厕所。他以百米冲刺的速度，来回只用了两分钟时间，可坐下后听到会议主持人宣布方案定下了，就少了他这个上厕所的。后来人们戏谑地说他一泡尿冲掉了一级工资。

孙熙国已经多年没调工资了，他们家比别家更需要钱，如果失掉一级工资，也是要命的事。他打电话给妻子，妻子的单位也要开会说调工资的事。怎么办？这可让孙熙国为难了。

这时，陪孙建博的两个同学来到病房：“叔叔，您回去吧，我们在这里。”

“你们能行？”

“保证能行！您就把心放在肚子里吧！”

“万一有急事，你们一定打电话……”

“不会有事的！”

孙熙国一步三回头地走了。可以看出，他对孙建博实在放心不下。

谁知他回去开了一天会，第二天一大早，就冒着失掉一级工资的风险又赶来了。尽管他支支吾吾地说不开会了，但孩子们看得出，他是不放心。不过，当他看到放得整整齐齐的药，看到同学们刚做出的饭菜，看到孙建博愉快的脸，似乎有点放心了。又一番叮咛嘱咐之后，他匆匆忙忙回了博山。

这次的治疗，还是和几年前一样，需要将右腿的皮肉切开，将每块骨头整好形状，按正常人骨骼的结构排列好，以求恢复正常功能。与之前不同的是，这样的手术要在两个月里做两次，以保证取得良好的效果。令人遗憾的是，他们是以常见病症为例制订医疗方案的，而孙建博的病比较特殊。

第一次手术时，医护人员一边七手八脚地把他往手术床上抬，一边大声喊道："请病人的家属签字！"

家属？他哪有家属在？兄妹们没来，父母也远在百里之外。为了生活，大家都在四处奔波。能让他躺在这里治病，已是尽了最大努力了，哪有时间陪他？他们实在陪不起啊！

"往哪里签？"一个声音冒了起来。孙建博扭头一看，原来是护理他的同学。同学尽量装出沉稳、老成的样子，生怕别人把他当小孩，不让他签。

"你是他什么人？"

"弟弟。"

"你们家的大人呢？为什么没来？"

"我们家只有我们兄弟二人了。"

"你看这上面明明白白写着，签字可是要负责任的。"

"怕负责任，我就不伸这个头了。"

说着，他从护士手中拿过笔，把他的姓改成孙建博的姓，与他的名字合在一起，大大方方地签在了手术通知单上。那个小护士笑着看了他一眼，好像很欣赏这种敢做敢当的男子汉风度。

被推进手术室的时候，孙建博叫停了医护，问：“还拍电视吗？”

“拍电视？什么电视？”有人不解地问。

“不拍了，不拍了，放心吧！”那位麻醉师恍然大悟地拍拍脑袋，向同事们介绍起几年前那次差点要了孙建博的命的手术，引得新来的医护人员一片愤慨。

手术进行得很顺利，大约四个小时后，孙建博被推出了手术室。一见到他，签字的那个同学一下子扑上来抱住了他的头。因为他身上挂着吊瓶，鼻子上扣着氧气罩等东西，护士一把将他拉开，大声斥责了一通。

在病房里，等医护人员走了之后，他又一次扑到孙建博床前，边哭边说：“建博，可吓死我了。从第二个小时开始，我就沉不住气了。要是你再不出来，我真要拉裤子里了。”

“你怕啥？我都不怕。”

“我在手术室门口等你，一个看见我签字的病号说：你签了字，他的命可就攥在你手里了，你没看清手术通知单上列出的五条可能吗？每一个可能，都能要他的命。要是出了事，你可就吃不了兜着走……”

“那你怎么还敢签字？”孙建博笑着问。

“我当时想，要是叫你爸爸来，误了他调工资，咱不得后悔一辈子？要是你哥哥妹妹来，他们还不如我胆大。我要是不签，你的腿可又要耽误好几天……”

孙建博一句话也说不出来，病房里静极了。他的两滴清泪滴落在枕头上，能听见吧嗒吧嗒的声音。多么好的同学啊，为了孙建博，他能承担人命关天的责任。并不是他年幼无知，而是他太看重人与人之间的真情了。

转眼间，他们毕业已一月有余，同学们有的被招工，有的干了临时工，都寻找个人的归宿去了。孙建博多次劝陪着他的几个同学回去，可他们总是不慌不忙。他们已经照顾他几年了，他可不能为了自己，误了他们的前途啊！最后，他只好以绝食相威胁：“好，你们再不走，我就不吃饭了！”

他的话同学们根本不放在心上。没办法，当他们又买好饭端上来的时候，他狠了狠心，一扬胳膊将饭打翻在地，搞得他们手忙脚乱的。

在他不近人情的拒绝之下，同学们才恋恋不舍地离开医院。临走时，他们几个都无声地流着眼泪，连同室的病友都为之动容。

当第二次手术将要开始的时候，宫梅同学又风尘仆仆地从博山赶到了周村。

宫梅走进病房时，孙建博正在发愁，马上又要进行手术了，身边也没有个人陪。没人照顾他生活暂且不说，让谁在手术通知单上签字呢？父母的工资也不知调上没有，至今也没有音信。再就是听到同学们就业的消息，他的心情坏极了，并不是嫉妒同学，而是为自己的前途忧虑。他怎样生活呢？靠什么挣钱孝敬父母呢？想着想着，禁不住悲从中来，潸然泪下。

“建博！”

听见呼唤，他茫然地向门口望去。看到宫梅的身影时，他既高兴，又有点不好意思，让同学看见自己哭，是件非常丢人的事，何况站在面前的还是个女同学呢。

“宫梅，你干啥来了？”

“干临时工。”

“你在哪里干临时工？”

“在一家医院的病房里。”

“干啥？”

“帮人家护理一个病人……”

“你爸妈怎么让你干这样的活？”

“他们不愿意，是我自己偷偷跑出来的。”

孙建博有点不高兴了。初中毕业，也该替父母分忧了，哪还能这么淘气？按王老师说的，她早已到干团支部书记的年龄了，怎么还这么幼稚？

看到孙建博大惑不解和有点生气的样子，宫梅毫无顾忌地哈哈大笑起来。笑了一阵，她正色说道：“实话告诉你吧，我是来照顾你的。”

“你……一个女的……你……”

“女的咋了？我看你人不大，封建思想倒不少！护士不是女的吗，你为什么还用人家？你妈妈不是女的吗，你怎么啥也指望她？”

孙建博一时语塞。

“是王老师叫我来看你的。”

“王老师咋样？”

“他最近身体不大好，医生说可能是脑血管有问题。”

听到这个消息，孙建博一阵沉默。

宫梅又说话了：“我爸妈正在给我联系就业的事，说现在社会上乱，不让我出来乱跑。我想，怎么才能来照顾你呢？我就和爸妈说，我想找点事做，不愿闲在家里。他们同意后，我就跑出来了。怎么样？我的战略战术还可以吧？”

宫梅向来如此，活泼、大方、干脆、麻利，心里存不住话，想干的事谁也挡不住。

第二次手术还算顺利，只是中间出了个小插曲，将医护人员吓了一跳。

宫梅来周村前，到建博家问他父母有什么要交代的，董梅英把存了多年的两个野生乌刺大海参让她捎来了，嘱咐手术前让建博吃了，补一下身子。也许因为那时的海参货真价实，营养丰富，早晨吃了，下午手术正在紧张进行时，他的鼻子忽然流血不止。医护人员搞不清是什么并发症，好一阵手忙脚乱。待他说出“早上吃了俩海参”之后，鼻血也停了，他们才放心地继续手术。

在医院不远处，原来有一家镇政府机关。机关搬走后，那个大院就空起来了。后来，有些像孙建博这样的穷病人，在治疗的恢复期，为了省钱，就搬到那里去住，万一有事再去医院，还挺方便。待刀口恢复得差不多时，他也搬了进来。

临出院时，医生再三嘱咐说：“你的腿要经常活动，每天早晚各一次，否则，会长成一条不能打弯的棍子。”

于是，宫梅便每天早晚扶他出来在院子里走一走，然后再把他扶回去。

就这样，每天一早，他们一同迎来朝阳；每天傍晚，他们又一同数着星星。

久而久之，建博对这种“溜圈”厌烦了。反正治好病没有希望了，还费这些事干什么？还搭上一个人陪护，让人心里愧疚。

一天晚上，他们和病友们一起，坐在院里乘凉。

那是一个没有月亮的晚上，周围一片漆黑，天上的星星格外稠密，不停地向人们眨着眼睛。天空中偶尔有被他们称作“贼星”的星星划落，拉起长长的尾巴，并不能带给人间半点亮色。周围是无边无际的玉米地，风吹得玉米叶唰啦作响，好像有人在商量险恶的阴谋。院墙边的几棵梧桐树，像几团张牙舞爪的黑影，心怀叵测地蹲在那里，真可谓“石奇神鬼搏，木怪虎狼蹲”。

“建博，你听说过吗？天上的星星……”

“没听说过！”孙建博没好气地打断宫梅的话。他的心情太灰暗了，前途渺茫，工作没有着落，哪有闲心议论星星的事？

可宫梅不管这些，依旧说着：“听说天上的星星和地上的人一样多，每个人在天上都有颗对应的星星。人死了，星星也就坠落了……”

“那怎么有亮的，有暗的?”建博似乎来了兴趣。

“大人物的星星亮，小人物的星星就稍暗一点，平常人的一点都不亮……”

“那你的星星咋样?”

“唉，我的也就是那肉眼看不到的小星星。”

“我的呢?”

“你将来一定会有出息的，那些我们能看到的小星星中就有一颗是你的。”

“我这种人，天上不会有我的星星的!”

“你是咱们班里学习最好、威信最高、老师最器重的人，也许，将来咱班里最有出息的人就是你。信不信?”

“我……顶多是颗‘贼星’，说不定哪天就掉下来了……”

“要不，咱俩打个赌。”

“赌啥?随你说。”

“赌……将来你要出了名，每年请咱全班同学聚一次!”

“不，万一有那一天，我就帮助残疾人!”

“好，这个主意好!”

“可我……这辈子怕是完了……”

“建博，咱俩一块入的团……”宫梅的这句话，使他精神一振。

初中入团的人很少，全班没有几个。当时，孙建博面对团旗，举起拳头，还是热血沸腾的。当时他心里暗暗想，啥时候才能入党呢?想过之后又有点自责，这不是骄傲自满吗?咱是啥条件，还想得那么高?

“建博，我想，老师的眼光是不会错的，他既然把咱们看得那么高，咱们一定要长出息，干出个样子给他看看!”

“我的身体实在不争气，和你不一样……”

这时，宫梅又给他讲起了他早已熟悉得不能再熟悉的保尔·柯察金、吴运铎……

不久，宫梅就业了。临走时，她特意赶到医院，又给孙建博讲了一通人生和理想，给了他一些奋斗和搏击的鼓励。王老师说得对，她真是个当团干部的料。她那脚踏实地、不尚空谈的性格，她那忘我奋斗、百折不挠的精神，对他能活下来、走下去、干出成绩，起了很大的鼓励作用。

孙熙国来接建博出院了。由于失望的次数太多了，所以，这次治疗无效已激不起他心中的半点涟漪了，他平静地和建博回家了。

孙建博知道，一个接一个的打击还在等着他，但是，他不怕。

收酒瓶子的人

孙建博的就业问题，像一团吹不散的阴云，笼罩着他，笼罩着全家。在家里，不论任何时候，看到的总是愁眉苦脸，听到的总是唉声叹气。

“担重任乘东风急回村上……”

一天下班时，孙熙国哼着现代京剧《龙江颂》的段子进了门。他已多年没真正哼过曲了。看他面有喜色，还摇头晃脑地唱着，董梅英马上猜到，可能是孙建博的就业问题有着落了。她心情一开朗，动作也跟着麻利起来。她一边给丈夫倒洗脸水，一边试探着问：“咋？建博的事有门儿？”

“不光有门儿，而且是个大门儿呢！”

“去哪儿？”

“去我们单位！”

“真的？”

“军中无戏言！”孙熙国一边擦着脸，一边向妻子报告这激动人心的消息，“我们单位有五个职工子弟到了就业年龄，我们五个同事一起去找领导，领导实在没办法了，就答应了我们的要求，决定让五个孩子先去单位干着，其余的事以后再说……”

人家仅仅是答应“干着”，孙熙国就已经心满意足了，可见孙建博的就业问题迫切到了何等程度。他的几句话，将家里的沉闷气氛一扫而光。

那年月，并没有现在这么多的经营方式，只有国营渠道一条。

加上物资匮乏，很难满足人们日常生活的需要。而在商业部门工作，能通过各种办法买到别人买不到的东西，享受一点小小的特权，所以非常令人向往。有顺口溜为证：“听诊器，方向盘，杀猪刀子，售货员。”孙建博将要干的工作正是其中的一种，真是一下子抱上了个金娃娃，激动的心情可想而知。

晚上，他怀着万分激动的心情，挑灯夜战，趴在桌子上给郑桐写信：

郑桐：

我已经找到了工作，而且是非常热门的工作，就在我父亲的单位。以后如需要买什么紧缺的物资，尽管说就是……

这封信写了半宿，足有几千字。他把终于解除了心病的痛快，把对未来美好前途的憧憬，把如何做好工作的打算，一一向老同学倾诉……

朝阳初升的时候，孙熙国把孙建博带到了他的单位——不！是孙建博的单位——山头商店。一个科长似的人对他们五个职工子弟进行了教育，“站在家门口，看到全世界”“全心全意为人民服务”之类的话讲了一通，然后开始给他们分配工作。

他拿着花名册，戴着老花镜，点一个人的名字，就来一个人将其领到工作岗位去。待四个人都点完时，他把目光对准了孙建博。他将孙建博浑身上下仔仔细细打量了三遍，经过一番深沉的思考之后，非常严肃地说：“孙建博同志……”

同志？孙建博从小到大第一次听别人喊他同志。在此之前，都是在他的名字后加“同学”二字。有人喊他同志，证明他已经参加工作了，人家是把他当成工作人员对待了。因此，他禁不住心里一阵激动，两眼有点发涩了。

“考虑到你的身体，经过多次会议讨论，我们决定照顾你一下，让你在商店门外的路边收酒瓶子……”

还没等他说完，孙建博的心就凉了半截。这也叫工作？这不是收破烂吗？哪有这样就业的？风吹日晒，丢人现眼……不去！坚决不去！宁肯再回家等个十年八年也不干这工作！激动过后，他开始冷静下来。哪有要饭吃还嫌饭孬的道理！那不成了瞎驴牵到槽上——敬你不知敬你了吗？孬好，不也算是个饭碗吗？多少，不也算是有了收入吗？再说，谁让自己是个残疾人呢？这本身就是照顾了，哪有什么理由挑肥拣瘦？他终于说服了自己。他想，三百六十行，行行出状元，北京那个掏粪的时传祥，还受到国家主席的接见呢！自己如果好好干，也许能有条好的出路呢！想到这里，他不但对收酒瓶子的工作充满了信心，而且觉得这份工作神圣起来。

“孙建博同志，有什么意见吗？”

“没意见，坚决服从分配！”

也许孙建博的回答出乎那人的意料，他可能本来准备好要对孙建博做一番细致的思想工作来！听了孙建博的回答，他如释重负般出了一口气，竟朝孙建博笑了起来。

谁知，就是这份可怜的工作，这份最让人瞧不起的工作，时隔不久，也被残酷地剥夺了。

收酒瓶子的地点，就在商店外面的一个丁字路口。每天早上，孙建博从商店领出一大包零钱，装在一个破旧的黄书包里，挂在脖子上，坐在路边的一块破纸盒子上等顾客。顾客少时，他必须时不时地咋呼几声：“收酒瓶子啦！”

因为那时收破烂的人没现在这么多，又加上他们是定点收购，因此还挺忙活。中午，妹妹给孙建博送饭来，他就坐在那里吃，吃完向商店里讨口水喝，尽管有时风刮得碗里净是沙子，但他的心情还是很愉快的。下午下班时，他再拖着一条腿，将收到的瓶子一趟趟搬到商店的后院里。不论刮风下雨还是节假日，他总是准时出现在街头的小摊上。那些日子，他的脸和手被太阳晒得黢黑。加上那一带又是矿区，大街小巷到处是煤灰，大风一刮，落满一身一脸，其形象可想而知。

与孙建博的摊位相邻的是个钉鞋的摊位，摊主也是个残疾人，不过孙建博现在已记不清他到底是哪里残疾了。时间一长，他们便熟识起来。

第一次发工资时，孙建博将领到的钱数了又数。他想，这是他凭自己的本事挣到的第一笔钱啊！它们的价值，远远超出了票面价值。他把它们紧紧攥在手里，兴奋地向家里走去。手心里攥出的汗水，把钱都打湿了。

怎么花呢？他边走边想。想出无数个方案，又一一推翻了。记得有人说过，一个百万富翁得到一百万元，他的财产只增长了一倍；而一个乞丐得到一元钱，他的财产则增长了无数倍，其兴奋程度远非前者所能比。乞丐得了一元，他可得了十几元啊！到底怎么花，自己实在没了主意。经过一番周密的思考之后，他决定：买两块钱的油条，其余全部交给父母。

油条买回家之后，兄妹们高兴极了。孙熙国马上出去买了煎饼，他们兄妹四人每人一个煎饼卷一根油条，大口大口地吃起来，霎时，家里咬嚼的声音压过了一切，成为“主旋律”。

“爸爸妈妈，你们一起吃！”看到父母舍不得吃，孙建博拿了两个煎饼卷好油条，很潇洒地送到他们手里，满眼自信：吃吧，我还能挣呢！

但谁也没想到，这来之不易的工作并没维持多久。命运对他的又一次打击，已经开始酝酿了。

一天午后，突然下起了大雨，酒瓶子不怕雨淋，他就过去帮那钉鞋的收拾摊子。收拾完毕，他俩落汤鸡似的跑到临街的屋檐下躲雨。大雨一个劲地下，看看生意已无法再做下去，他们便拉开了呱。

“小老弟，你一月开多少钱？”钉鞋的问他。

“十七块五。你呢？”

“我？好的时候能到三十元，不好的时候连吃饭也不够。”

“你挣得真不少！”他羡慕地说。

“多这一点有啥用？管了头顾不了腚。你挣得再少，那也是国营呢！”

“国营有啥好处？”

“这年头，谁不想干个国营呢？那是铁饭碗，石头也砸不碎的。小老弟，你真有福气。要是让我干国营，掏大粪也恣死我。”

孙建博没想到，还有人羡慕他的工作。他的工作真有这么好吗？真值得人这么眼热吗？人也真怪，一旦知道有人羡慕自己，不论客观情况到底怎样，自己马上感觉良好起来。

那时，流行一首悲戚戚的歌曲，叫《酒干倘卖无》，唱的是和卖酒瓶子有关的事。孙建博的心情一好，就趁人们来卖酒瓶子的间隙，用小树枝敲着酒瓶子，哼哼叽叽地唱起来：

没有天哪有地，
没有地哪有家，
没有家哪有你，
没有你哪有我？
假如你不曾养育我，
给我温暖的生活；
假如你不曾保护我，
我的命运将会是什么？
……

唱到动情处，他竟想起了含辛茹苦的父母，想起了自己坎坷、悲惨的命运，禁不住悲从中来，热泪盈眶，把那钉鞋的也搞得鼻子一抽一抽的，连连说：“别唱了，让人心酸得受不了！”可能是同病相怜的缘故吧！

不料，灾难又要降临了。

正当他唱着《酒干倘卖无》，起劲地收酒瓶子的时候，单位开始办待业证了。办了待业证，就是正式的待业青年，一旦招工或有就业机会，马上就可以转为正式职工。而没有待业证的人，是无法转正的。对孙建博来说，这是非常关键的一步，也是从刚开始就向往的一件事。

当时孙建博心里非常高兴，只要发了待业证，就业的事就算落实一半了，也就是“曙光就在眼前”了。

可发证的工作进行得特别慢，照片交上半个月了，还没有消息。过去一个月了，还是杳无音信。父亲沉不住气了，就四处打听，可人家说这事暂时保密。又过了些日子，父亲才得到消息说，上级部门不批准发给孙建博待业证，原因只有一个：“孙建博是个残疾人！”

孙建博非常生气，叫上父亲一块去商店里和人家理论。

商店里的领导深表同情，做出一副爱莫能助的样子：“手心手背都是自己的肉，健全人和残疾人都是咱们的子弟，没有亲疏远近之分。可上边这样规定，咱也没办法。我去找过几次，人家就是不松口。不过，不管有没有待业证，商店一样对待，你可以继续干……”

“可我心里总是不踏实……”

“建博，实话告诉你吧，你的工作做得很好，领导和群众都很满意。咱的职工要是都有你这种不怕苦不怕累的精神，还会有干不好的事？可你这身体，我不好说话啊！你……你为什么是个……是个残疾人呢？”

面对着这样的领导，听着这样暖心窝子的话，孙建博还能说什么呢？退一步，有没有待业证还不是一样挣钱吗？他在心里劝慰自己一番后，又去继续他的“酒干倘卖无”了，也更加珍惜他的工作了。

“收酒瓶子喽——”晴天，他这样吆喝着。

“收酒瓶子喽——”雨天，他这样吆喝着。

但是，灾难终于降临了。

在一个溽热难耐的中午，商店里的一个小头目告诉孙建博，街上收酒瓶子的人多了，也挣不了几个钱，又因为商店要搞什么达标，在门前收酒瓶子有碍观瞻，决定取消这项工作。于是孙建博也就理所当然地回家了，在商店里就业的美梦就这样破灭了。想想给郑桐写的信，他顿时觉得羞愧不已，也许，人家正盘算着找他买什么紧缺的商品呢！

临撤摊子的时候，孙建博的心情非常沉重。商店里的一些同志对他恋恋不舍，同时又为他抱不平，可他们的话能有多大分量呢？收拾好所有的酒瓶，连那块场地都扫得溜光之后，他将那个装零钱的旧书包送给了钉鞋人。

“咋？不想干了？”钉鞋人问。

“不是不想干，是人家不让干了。”孙建博神情低落地回答。

梆！钉鞋人一不留神，一锤子砸到指头上，疼得“哎哟”乱叫。待疼得扭曲的脸稍平复一下之后，他关切地问：“那……你回去干啥？”

“干啥？很简单，睡觉！等死！”孙建博压抑不住肚子里的委屈和邪火，竟朝一个毫不相干的人发作起来。

谁知钉鞋人不但没生气，反而停下手中的活计，长篇大论地开导起孙建博来：“老弟，别说气话。在家等死，不如出去寻活。猪往前拱，鸡往后刨，各有各的想法，各有各的活法。活人还能让尿憋死？此处不留爷，自有留爷处！你腿不好，不是还有两只手？天老爷饿死懒汉，可饿不死勤快人。只要你能吃苦，还愁挣不来钱？钱是人挣来的，路是人走出来的……”

没想到这个其貌不扬的钉鞋人，对人生还有如此精辟的见解。他这一套富有哲理的话，对孙建博的思想触动很大。

“我这样，还能干啥呢？”

“小老弟，只要你能吃得了苦，砸石子也行。那是个苦活、累活、笨活，别人不愿干，但凡别人愿干的活，还能轮到你我的头上？”

一夜无话。

第二天，孙建博便在家里摆开了砸石子的摊子。他找来几块破木头，支起个三脚架，上面盖一块破塑料布，扯上一个电灯泡，就正式开工了。哥哥给他往家推石头，父亲负责联系买主。他一手拿铁锤一手拿铁套圈没日没夜地砸石子的岁月开始了。

夏天，太阳晒得石头火热，浑身冒出的油汗与落到身上的石粉一掺，稀泥似的，在身上、脸上淌出一道道泥沟。冬天，石头和锤头都是冰冷的，北风一吹，雪花一飘，浑身上下都冻透了气。脚冻得没了感觉，腿像两根直直的棍子，一迈步就要摔跟头。手上的冻疮几个月好不了，被锤头一震，脓、血一起流下来，疼得钻心。

对他来说，砸石子已经不单是一种谋生手段，还成了他排解郁闷的途径。特别是忧愁难解的时候，不论是白天还是夜里，蹲在石块旁，听着那单调的锤声，看着一块块破碎的石头，望望那不断增大的石子堆，一个劲地砸、砸、砸……就像和尚念经一样，无数次的机械重复，或强迫自己进入一种思维定式，或使自己的思维麻木，进而使自己进入一种境界，烦躁的心情一会儿就平静如水，不！应该说静如死水了。

一个寒冷的冬夜，天阴得墨黑墨黑的，空气干冷干冷的。为就业的事，孙建博又失眠了，辗转反侧，不能入睡，心里烦躁得难受。

他便悄悄起来，提着铁锤，来到屋后砸石子的地方，摆好摊子砸了起来。

北风一个劲地吹着，吹到电线上打起忽高忽低的呼哨，吹得墙上那残破的大标语发出一阵阵飒飒的声音。残缺不齐的路灯，像老人那浑浊的眼睛，发出一点蜡黄的微光。偶有晚归的货车，一阵轰响之后，更显出夜的寂静。

梆——梆——他一下下砸着石头，铁石相撞，有时飞出长长的火星，就像那年看到的拖尾巴的贼星。石粉升腾着，在灯光的映照下，如雾，似烟。

风，不知什么时候停了。

下雪了，雪花大得像鹅毛，无声无息地飘落下来，又无声无息地化掉。雪越来越大，在灯影里上下翻飞，像漫天的白蝴蝶在飞舞。不一会儿，大地一片白色，房上一片白色，他的全身也是一片白色，只有眼前砸石子的地方，还保留着原来的颜色。

“建博，天冷了。”

孙熙国不知什么时候站在了建博身后。他一边拍打着建博身上的雪花，一边把那件翻拆了几次的军大衣披在儿子身上。之后，他从身后掏出一把铁锤，和儿子一起砸起来。他本来是想劝儿子回去的，但他知道，只要建博来到这里，谁劝也白搭。只有砸累了，心里平静了，才会回去。

梆！梆——夜里，声音传得很远。

“建博，想啥呢?”

“我在想，人的命运是谁掌握着呢?”

“那个日本医生说，是上帝。”

“真有上帝吗？他在哪里住呢?”

“这……我……”

“真有上帝的话，他应该是公平的，应对所有的人一视同仁，如果他的天平稍一倾斜，不知有多少人要遭难啊！”

“瞎想那个干啥？”

“要真能知道他住在哪儿，我一定去找他，叫他来看看人间的不平，让他下个命令解决这些问题。看看……”

梆！梆——在寂静的雪夜里，他们父子二人砸石子的声音，单调中带着凄凉，无奈中隐着抗争。

石子十二元一个立方，孙建博一天能砸六七筐，在当时，这是最快的速度了。他砸石子还有一项意外收获，就是把手劲练大了。掰手腕，一般人都不是他的对手。

早晨吃饭时，父亲突然给他三十元钱。

“建博，这是你砸石子挣的，想买点什么，你自己决定吧！”

“我……”

“拿着，和爸还用客气吗？”

他攥着这三十元钱，心里像打翻了五味瓶，酸、甜、苦、辣、咸搅在一起，说不出是什么滋味。他挣钱了，还挣了不少。如果没有全家人节衣缩食为他治病，如果没有母亲给人家洗衣服换煎饼，如果没有父亲背他去张店、上济南，如果没有哥哥承担更多的家务，如果没有这些如果……父亲干了几十年，还没买上手表，自尊心特别强的他，在同事面前从不捋袖子，孙建博曾多次在心里发誓，将来条件允许了，他一定先为父亲买块手表。现在，是实现愿望的时候了……

晚上，当孙建博把一只廉价的锃光瓦亮的钟山牌手表举到孙熙国眼前时，孙熙国的眼睛湿润了。他颤抖着手，慢慢地将手表戴在手腕上，听着那欢快的滴答滴答的声音，喃喃地说：“这孩子……这孩子……”

灵堂前的哭声

正当砸石子砸得起劲的时候，孙建博又遭受了一次感情上的沉重打击：王修贤老师去世了！

王老师是一个普普通通的人，但孙建博却觉得他是那么可亲可敬。他的死，就像大山上消失一棵草一样无声无息，除了影响家庭和单位，在社会上几乎荡不起半点涟漪。但在孙建博的心目中，竟有巨星陨落之感。

为了表达他的感激，孙建博组织了一支四十多人的送葬队伍，买了一个当时能买到的最大的花圈，为王老师举行了一个既传统又现代的特殊葬礼。

事情还得从孙建博的就业和砸石子说起。

就业的问题还是杳无音信……

砸石子正砸得天昏地暗……

“建博！”那天，孙建博正在低头砸石子，听到这熟悉的声音，不用抬头，他就知道是王修贤老师来了。王老师到学校上课，这里是他的必经之地。每次上课或下课，只要时间允许，他总会在孙建博的石子堆旁待上一会儿。有时和他拉几句呱，有时帮他砸一会儿石子，有时干脆和他对坐着，一句话也没有……

“建博，休息一会儿吧！”

说着，他便使劲拍打孙建博身上的石粉，同时攥攥他那早已被锤把磨得坚硬无比的手心，然后抚着他的手说，“这双手，本来应该舞文弄墨的，却做起了这种粗活……”

"王老师，您又瘦了！"

王老师的话触动了孙建博那根最敏感的神经，他心里一阵难受，马上转移了话题，免得再提及就业的事情。对他来说，就业已经成为心上的刀口，一不小心触碰到它，就会疼得钻心。在家里，尽管父母继续没白没黑地为他的就业问题找门路，但当着他的面，谁也不提工作两个字。

"唉，都说我瘦了，我自己也觉得身体一天不如一天，也许没啥大问题，我才四十多岁嘛！"

"您还是去查一下，查查放心……"

"哪有时间？当班主任，又教主科，现在家长对孩子抓得这么紧，咱也不能松劲啊！"

"那您也得为身体着想啊！俗话说得好，有山才有树嘛！"

"唉，不说这些了。郑桐和宫梅有信来吗？"

一提同学，特别是混得比较好的同学，孙建博就自惭形秽。就因为他是残疾人，他就该下十八层地狱吗？他只有把自己封闭起来，不和任何人比较，不与任何人往来，心里才能平衡一些；一旦以别人为参照，心里就有一些疼痛感。也许他是心比天高，命比纸薄。想到这些，他就气不打一处来："我谁也不想联系了。我是残疾人，已经成了二等公民；现在找不到工作，又成了三等公民。我怎么能站到人前去？只能和蚕一样，做个茧把自己包起来……"

听了孙建博的话，王老师张了张口，终究什么也没说。陪着孙建博砸了一会儿石子之后，他连句告别的话也没说，拍拍手上的石粉就走了。看着他那单薄的身影，望着他那被风高高吹起的早生的白发，孙建博心里禁不住一阵心酸。

没想到，那竟是他们的永诀！

砸石子的劳动是单调的，但也是打发光阴的好办法。看看渐渐堆高的石子和渐渐缩小的石块，不知不觉一天就过去了。动手不动脑的日子一长，大脑好像关闭了似的，很少再想什么问题。即使有什么新的想法，也会随着铁锤碰击石块的梆梆声而烟消云散。以前，孙建博瞧不起四肢发达头脑简单的人；现在，他却深为自己也将要成为这样的人而庆幸。西方大诗人歌德曾经说过：“自从有了思维这个恶魔，人生就备受折磨。”没了思维，只剩下吃饭、睡觉、干活，人是多么幸福，多么愉快。他甚至羡慕起这种人来了。

可是，他毕竟没有修炼到家，思维仍在活跃着。那几天，突然有个念头跳进他的大脑，怎么也难以抹去了。

怎么好几天没见王老师了？他上班应该从这里走啊！难道他搬家了？不可能这么快，事先也没有任何消息啊！难道他病了？不可能，那天走时还好好的。四十多岁的人，也不能说病就倒下起不来啊！

一种不祥的感觉袭上了孙建博的心头。

这天，他正在砸石子，王老师的儿子急匆匆地从他身边走过，头上流着大汗，手里提着一个散发着中草药味的大包。

“你干啥去了？”孙建博问。

“给我爸买药去了！”

“王老师病了？什么病？”孙建博有点急了。

“病得不轻，大夫说是心血管方面的病。”

“咋样了？厉害吗？”孙建博急急地追问道。

“光说头痛，躺在床上动不了……”

话没说完，他就骑上车子走了。临走撂下一句“我得抓紧回去熬药”的话。

晚上，孙建博和哥哥说起王老师的事来，哥哥听后心情也不好，王老师也教过他好几年呢！他们哥俩商量了一阵，决定这批石子卖掉之后，多买些好吃的东西，去看看王老师。

为此，孙建博砸石子砸得更有劲了，每天早晨不出太阳就蹲在那里，晚上出了星星才回家，也不觉得累，也不觉得饿，速度明显加快了。

他想，过几天就和哥哥买上东西去看王老师，一定和老师说，留得青山在，不怕没柴烧，身体是革命的本钱……

这天早晨，孙建博提着锤子要去砸石子，出门没多久的孙熙国推着自行车跑了进来。他放下车子，将孙建博拉进屋里，沉重地告诉他："建博，王修贤老师病故了！"

"什么？您再说一遍！"

"王老师去世了！"

孙建博终于相信了他的耳朵。当时，他大脑里一片空白，只觉得天旋地转，两眼冒金星。那条好腿也一下子软了下来。他扑通一声坐在地上，吓得身边的鸡咯咯叫着飞得老远。

"这么好的人，才四十多岁，咋就死了呢？太可惜了！好人无长寿，好人无长寿啊！"孙熙国无休止地絮叨着。

孙建博恍惚中提起锤子，挣扎着到了石子堆边，坐在地上又砸起了石子。与王老师的交往，像电影画面一样，一幕幕在他眼前闪过：学校门前的自我介绍，派人去医院给他送书，开导他和宫梅为实现自己的理想而努力，为他中考不被录取而忧心如焚、"上蹿下跳"，只要有空，就尽量在石子堆旁多陪他一会儿……孙建博这个粗心大意的人，要早知那天见面是最后的诀别的话，他一定会多留他一会儿，一定会多和他说几句话。为什么对他发小孩子脾气呢？为什么……

梆！锤子落在另一只手上，把手腕子砸得鲜血直流，一块肉皮翻开来，有杏核那么大。

他突然清醒了，还愣在这里干什么？王老师对他、对同学们倾尽了心血，老师的病，都是为他们累的。王老师对他们如此关爱，他们一定要报答他。尽管君子施恩不图报，但知恩不报非君子！他生前，自己没有能力治好他的病；他死后，一定要为他举行一个隆重的葬礼，让他在九泉之下看到，他有一帮值得骄傲的好学生。

他马上回到家中，找块布将手包起来，拖着腿走到离他家最近的同学家门口，抬头一看，铁将军把门。这时他才想起，人家已经上高中了，怎么能在家呢？于是，他从街边捡了一只烟盒，掏出笔给同学写了一封信，告诉他分头通知同班同学，明天下午放学后到他家去，商量一下为王老师送葬的事。然后，他捡起三根鸡毛插在信上，表示这事十万火急。他把信叠好，从门缝塞进了同学的家里。

第二天傍晚，太阳压到了西山口，晚霞开始飞升，院子里的所有景物都被夕阳镀上一层柔和的金色。

同学们陆续来了，有正在上高中的，有上了中专的，有干临时工的，也有在工厂上班的，呼啦啦站了一院子，男男女女足足有四十多人。按常理，同班同学见了面，应如燕子似的叽叽喳喳，互相询问近况，相互交流同学间的逸闻趣事。可是，那天却没有一个人说话，大家都沉默着。一院子的人，像一院子的木桩，悄无声息，都在等孙建博说话。

“同学们，咱们的王老师去世了！生前，他待咱们可不薄啊！他忍着病痛给咱们上课，疼得扶着讲桌满身是汗，这可是大家都看见过的啊！明天，我们要买一个最大的花圈，送咱王老师上路，寄托我们的哀思……”说到这里，孙建博再也说不下去了。

“我们都听班长的！”同学们不等孙建博说完，就异口同声地说。

孙建博把当月父亲交给他的钱全部掏出来，放在院子里的一块大石头上，然后一遍遍擦着流不完的泪水。

“不！建博的钱来得不容易。大家是看得见的，不论刮风下雨，他总是像个石头人似的蹲在石堆里，抡着一把铁锤受罪。他的钱是辛苦钱，是血汗钱，是卖命钱。他的钱，不能要！”

不知是谁这样说，博得了大家的同感，大家一齐大声说着，坚决不收孙建博的钱，并有人将钱拿起来，准备掖到他的口袋里。

“同学们，要是别的事，吃你们的，喝你们的，我都不会客气。可今天这事，不是钱的问题，这代表着一份感情，代表着一份敬意……”

“你学习好，又是班长，我们说不过你。干别的事，我们可以依你，但是，动钱的事，你要听我们的！”

“我求求大家了。我以老同学的名义求求大家，我以老班长的名义命令大家，让我交上这一份钱吧！要不，我的心不安啊！”

同学们再也不说什么了，默默地凑着钱。最后，钱凑好后，委托一个同学去买花圈，准备第二天早晨赶到山头中学，参加王老师的追悼会。

第二天，山头镇的街头上，出现了一支特殊的送葬队伍。

最前面是一个大大的花圈，花圈上黄、白两色花朵相间，显得庄严又肃穆。花圈那白色的挽带上，用楷书写着“敬爱的王修贤老师千古”，另一条挽带上写着“您的虔诚的学生们”。两个学生抬着花圈，缓步而行。

花圈后面，是拖着一条腿的孙建博，后面是四十多名排得整整齐齐的男女学生。他们肃穆中有庄重，虔诚中有敬仰，所有人的表情像经过商量似的，一模一样。整个队伍的行进速度由孙建博的速度来决定。他从没走过这么长的路。他迈开左腿以后，用左手撑着左腿，将身体的重心全部压在左腿上，然后用右手抓着右腿，将右腿拿到前面，他走路，就是这样无数次重复上面的动作，等于自己慢慢地一下下地将自己的身体向前搬运，其困难程度可想而知，速度就更谈不上了。

尽管孙建博紧赶慢赶，甚至跌跌撞撞，但速度却远远不如健全人，一会儿，他浑身的衣服就湿透了。

这时，一个同学说：“班长，我背你走吧！”

“不!”孙建博只说了一个字。

“看你实在太累了。我……”

“不！今天，我就是在地上滚，用四肢爬，也要自己赶到王老师的灵堂!”

同学们没办法，只好让两个同学站到了孙建博左右，万一他摔倒好马上搀扶。

王老师不但教学重师德，为人也中正谦和，在乡亲邻里中有一定影响，人们敬重他，也就更怀念他。这天，他们都自发地来参加王老师的追悼会，吊唁的人挤了满满一院子。

看到这支特殊的送葬队伍进来，他们自觉地向两边退去，闪出了一条小道，情不自禁地议论着：“这几十个人，听说都是王老师教过的学生。”

“听说是前面那个腿不好的人组织的。”

“王老师要是九泉之下有知，也该知足了。”

“这真是些讲义气的人，可惜现在这种人太少了……”

这支特殊的队伍在人们的议论和注目下，缓缓走入灵堂。灵堂里静悄悄的，一丝声音也没有。他们看着王老师的遗像，还是那双睿智的眼睛，还是那种略带伤感的表情，他是因为他们这些没给他丢人的学生而感到欣慰，还是在检验他们为人处世时是否遵守了他的教诲?

望着他的遗像，同学们心潮翻滚。事先同学们委托孙建博，在遗像面前代表大家跟王老师说几句话，孙建博也做了准备，可一看到王老师那严肃中透出慈祥的眼睛，想起他课堂上对他们的严厉和平常对他们的关怀，孙建博满肚子话竟然不知从何说起了。

他稍稍平静了一下，然后大声说：“王老师，我们来送您了。您放心去吧！同学们中，有谁违背了您的教诲，我们一定会让他向您请罪的。人生的路，尽管充满崎岖和荆棘，但我们一定会走好的……”

还没说完，他已泣不成声，扑通一声跪在王老师遗像前，鼻涕和眼泪一起流到地上。同学们见状，像收到命令似的，四十多人齐刷刷地跪下了。

然后，在孙建博的带领下，同学们向着王老师的遗像磕了三个头。当磕到第二个时，女生们已哭出了声。磕到第三个时，同学们全哭了。磕完头，有的同学都站不起来了。

人们本来就为王老师的英年早逝而难过，如今又受了他们这种行动的感染，灵棚内外顿时发出一片悲泣之声。

孙建博是被同学们背回家的，因为他实在无力走路了。王老师的死，不但给他的精神以沉重的打击，对他的身体也是一次摧残。他的确感到身心交瘁。当时他反复在想一个问题：为什么好人无长寿呢？老天为什么这么不公平呢？

追悼会之后，孙建博病倒了，好长时间不吃不喝。父母要找大夫给他瞧瞧，他不同意。因为他知道自己的病根在心上。躺在床上，他想得特别多，想得特别远，想得特别细。这些年来遭的苦难，受的打击和委屈，一下子涌上了心头，他禁不住悲从中来，泪水滂沱。

那些日子，他早已分不清白天黑夜，想累了就睡，睡起来就想，整日里和床做伴。由于不吃不喝，也就省去了排泄的麻烦。就这样，他在床上躺了整整五天，父母劝了他整整五天，同学们轮流来看了他五天。

第六天早晨，没等父母劝，他早早起来，洗脸刷牙后，大口大口地吃了早饭，然后提起铁锤，又去砸石子了。整个过程，他一句话也没说，别人的问话也装作听不见。父母看他精神恍惚，怕他有意外，就让妹妹请了一天假在家里盯着他。他走到哪里，她就跟到哪里，寸步不离。直到确信他没事，妹妹才上学去了。

在砸石子的梆梆声中，他打发着岁月，消耗着青春，锻炼着所谓的劳动技能，挣着少得可怜的来之不易的辛苦钱……

人们都说他变了，变成了一块木头、一个哑巴，成了一个与世隔绝的人，一个不食人间烟火的人……

可同学们总是放不下他。他们怕他孤独，怕他难受，一有时间就变着法来逗他开心。他们知道，王老师去世后，他的心情忧伤而痛苦，于是就想办法让他高兴。

星期天一早，太阳刚露出东山顶，孙建博已早早坐在了石子堆旁边。七八个同学来到他家后，先告诉他父母一声，然后便不由分说地把他的锤子从手里夺下来，拍打干净他身上的石粉，背起他就往外走。一路上，同学们前呼后拥，争着背他，使他恍惚间觉得又回到了学生时代。

当他们来到一个叫老婆顶的小山头时，太阳已经老高了。由于孙建博常年封闭在石子堆旁边，满眼只有冰冷的灰色，一见到这多姿多彩的自然风光，他的心不禁为之一振。一轮火红的太阳高高悬挂在天上，像一个红色的花心，四周放射出的橘黄色光芒像长而有力的花瓣；东方一朵朵形状各异的云霞，像一簇簇浅红色的叶子，将太阳簇拥在中间。此情此景，令人心旷神怡，大有豁然开朗之感；又令人心驰神往，一心想奔向那红得热烈的国度。

同学们背着孙建博在山坡的草地上转了一圈，草尖上的晨露打湿了他们的裤脚，有一种沁人心脾的滋味。惊起的蚂蚱由于双翼上沾满了露水，飞起时啪啪作响。最后，他们选定了一处墓田作为他们的活动场所。

那里到处是粗得一个人抱不过来的松树和柏树，叶子油亮油亮的旺得发黑，有的树枝上还有灰喜鹊用无数枯枝做成的巢。灰喜鹊们匆匆忙忙地进进出出，四处捉虫子喂它们的宝宝。松柏树遮天蔽日，树下根本见不到阳光。地上落满了一层厚厚的松针，连一点土也见不到，踏上去松软舒适。

同学们把孙建博放在一个石供桌旁，便四散而去了。

坐在松柏树荫里，孙建博感到身上一阵阵凉爽。夏日的这个时间，林外的人早已热得汗流浃背了，可林子里还透着一阵阵清爽，让人有一种初秋的感觉。树林真好啊，他想，将来要是让他管山，他一定要栽上很多很多的树，让大山全变成绿色的，变成让人享受的地方。

同学们很快又聚拢过来了。他们有的拿着西红柿，有的拿着黄瓜，各种各样的蔬菜堆了一桌。

“你们从哪里买来的？”孙建博惊奇地问他们。

“哎——人家是‘城里有人好做官’，咱们是‘园里有人好吃菜’。我爸爸在山跟前帮人家看菜园，我们去砸了他的杠子……哈哈哈……”一个同学自豪地边说边笑。

其他同学七手八脚地在山泉边将菜洗净，掏出随身携带的各种作料，霎时间坟前的石供桌上摆了十几个菜。一个同学还从包里拿出一瓶当时非常时兴的桂花酒，一一倒在杯里，他们喝了起来。

三杯酒下肚，平时滴酒不沾的同学们，话开始多起来。有的说单位同事之间的“过节”，有的说单位领导与打字员之间的关系，有的说单位的采购员在南方见到的男女跳舞的事……

单位单位，都是单位，他的单位在哪里？他的单位就是那堆石子吗？他的同事就是那把铁锤吗？同学们一提单位，又触动了孙建博那根关于就业的敏感的神经。在同学们肆无忌惮地开怀畅谈的时候，他沉默了，他又钻进那片浓得发黑的难以排解的阴云里去了。也许，同学们是想说些令人发笑的逸闻趣事，让他开心。但是……

忽然，林子里寂静下来，没有了一点声响，连天空中飞得很高很远的鸟叫声都能听到。当孙建博斩断思绪回到现实的时候，发现同学们都缄默不语了，拿筷子的，端杯的，看上去姿势都有些僵硬。可能是有的同学发现了他的沉闷，才示意大家安静的。

他想，今天同学们约他出来，是为他排除烦恼的，他若再不开心，怎么对得起他们的良苦用心呢？他也应该让他们欢乐起来。怎么办呢？

突然，一个主意跳进了他的脑海："哎，你们知道这山为什么叫老婆顶吗？"

听到这个有趣的话题，同学们的好奇心被搅动了。大家七嘴八舌，每人说了一个或长或短的故事，但又互不服气。

这时，有个一直没说话的同学忽地站起来，坐到一边的一个坟头上，认真地给大家讲解起来："相传很早以前，有个人特别怕老婆，但这个人脑子聪明，学业优秀。当他考上县官以后，大力提倡修桥兴学，深得一方百姓爱戴。但是回到家里，看见老婆就像老鼠见了猫一样，受尽了窝囊气。

"有一天他突发奇想，想调查一下这附近到底有多少怕老婆的人。于是他差手下贴出告示，让男人们于某日在这山脚下集合，怕老婆的站在山脚下，不怕老婆的上小山顶上。

"这一天，该县官一早就坐轿来到山脚下。他见山脚下站满了人，而山上只孤零零地站着一个人。看到这个不怕老婆的人，他钦佩之至，马上下轿步行上山，亲自与那人谈话。县官问，你不怕老婆吗？那人说，回禀县太爷，我怕老婆。县官惊奇了，你怕老婆，怎么不站在山下呢？那人说，老婆让我站在上边，我不敢站在下边。县官惊呆了：这人太怕老婆了，县官的话敢不听，可老婆的话却不敢不听。从此，这座小山就被命名为老婆顶了。"

同学们听完，一阵大笑，有的人还评论故事的真假优劣。这时，另一位同学不服气了："你听谁说的？"

"我爷爷，我爷爷是听他爷爷说的！"

“完全不是那么回事……”提出质疑的同学又讲了起来，“据说在很久很久以前，附近有个村里的人特别怕老婆。这个村阴阳颠倒，女人外出交往，男人在家做饭；女人忙地里的庄稼，男人在家带孩子；男人每晚还要给女人洗脚。

“哪里有压迫，哪里就有反抗。男人们不堪忍受女人们的压迫，趁村里女人外出赶集的空儿，在这山脚下召开不怕老婆誓师大会。为了确保大会安全，他们专门派了一个自称不怕老婆的男人，趴在这座小山顶上观察情况，一旦女人们赶集归来，马上给山脚下的会场发信号。

“大会开始了。大会主持人刚说完‘从今以后，我们再也不怕老婆了’这句话，山顶上不怕老婆的男人就大叫道：‘坏了，她们回来了！’山脚下的会场马上秩序大乱，男人们一哄而散，四下逃去。他们多次回头往山上看，只见那人还以原来的姿势趴在那里。他们想，这家伙真大胆，竟连老婆也不怕。

“待女人们扫荡过后，他们爬到山上一看，原来那人早已被吓死了。于是，这小山顶就叫老婆顶了。”

这次爆发的笑声比刚才更强烈，吓得树上的灰喜鹊扑扇着翅膀向远处飞去，闪下没吃饱的小喜鹊，趴在巢里吱吱乱叫。

愉快的气氛，融洽的感情，使孙建博的心情好了许多。他和大家一起唱起了他们最喜欢的一支博山民谣：

东旮旯秧，西旮旯秧，
谁家那小狗喝了俺那喂狗汤。
一道庄，两道庄，
一直找到那王家庄。
王家庄上一条老狗，
汪哧汪哧咬俺两口……

也许，孙建博的命运注定受尽磨难。命运之神不知发什么神经，每时每刻都在为他设计着通向地狱的道路。正当他们在山上无忧无虑地唱歌时，一张让他再次遭受磨难和打击的大网，悄悄地向他张开了。

被开除的临时工

孙建博又一次当上了临时工。

由于他是残疾人，注定他这次当临时工的生涯也是短暂的，而且是在受尽了折磨、历尽了羞辱之后被开除的。

那是个初夏的夜晚，圆圆的黄黄的月亮像个玉米饼子似的，早早贴在了东南方的天空上。那晚的月亮很亮，连月亮里的桫椤树都看得很清楚。月亮的清辉洒下来，大地如同白昼。初夏的夜晚，是清静而热烈的。

他们全家人在院子里吃晚饭，沐浴着月光，心情都挺好。吃完饭后，董梅英去刷碗了，孙建博刚要去拿锤子砸石子，孙熙国叫住了他："建博，我给你找了个临时工的工作。"

"在哪里?"

"附近的一家陶瓷厂。"

"啥时候上班?"

"厂里让你明天先去一趟，看看再说。"

"又是谁的关系?"

"咱一个老乡，最近刚调到这里，他正管着这个陶瓷厂。我通过别人引见，找了他六次，他终于答应和厂里说一说。这不，下午我又去找他，他说厂长尽管不痛快，但还是答应让你明天去……"

这事，孙熙国是当喜讯告诉孙建博的，但孙建博却无论如何也高兴不起来。残疾人的心理是健全人体会不到的，那种令人痛不欲生的自卑心理，那种时常要爆发的抗争心理，那种执拗的求生心理，交织在一起，形成了一种心理学家也难以下定义的特殊心理状态。

所以，对这次干临时工，孙建博是做了最坏的打算的。而那些人所干的事竟比他想象的更坏，以致在事情发生时，他因心理准备不足而手足无措。

第二天一大早，孙建博就来到陶瓷厂，战战兢兢地叩响了厂领导办公室的门。

“谁啊?”一个鼻音很重却官气十足的声音传了出来。

“我是孙建博，来干临时工的。”孙建博小心地说。

门开了，一个胖大的身躯出现在门口，正好把门严严实实地堵住。孙建博在门前的台阶下仰视这位领导，顿时感到了自己的心虚和渺小。

那位领导打量了一下孙建博的腿，鼻孔朝天出了口气，藏在肉里的下巴往一边一撅：“你去政工科吧，我交代好了!”

嘭的一声，办公室的门又关上了。孙建博又跌跌撞撞地来到政工科。科里有个小头目模样的中年人，听他说明来意后，同样打量了一下他的腿，用冰冷的口气说：“你来干临时工，要考试。厂领导交代了，要考算盘。你回家准备一下，四天后上午八点来这里考试。”

说完，也不管孙建博是否听明白了，便自顾自地回过头去，捧着《参考消息》津津有味地看了起来。

孙建博当时有点蒙：这不是难为人吗?谁不知道当时的学生不学算盘呀?他的孩子不刚刚上完中学吗，这事他能不知道?真是来向和尚要梳子!事后孙建博才知道，这个厂领导根本不愿要一个残疾人，可上级安排了，他又没办法，就琢磨了这么个点子来难为他。其实，当时不用说招用临时工，就是正式的招工就业，也没有考试的。他的意图很明显，万一孙建博考不过，那就只能怨自己了。还没进厂，孙建博已经体会到这个厂领导的刁钻。当时，他的心里就有了可能干不长的预感。

孙建博有个毛病，就是喜欢碰硬。你越刁难他，他越不服这口气！

回到家，孙建博让妹妹出去借来一本珠算教材，去邻居家借来一把算盘，把小屋的门一关，练起算盘来。每天，都是妹妹把饭端到屋里来，他吃完一推碗，又继续练起来。现在看来，那时练算盘，是出于一种求生的本能，就像落水者抓住了稻草一样。往往是在这样的关头，人的潜能才不自觉地发挥出来。

每天夜里，那屋里噼里啪啦的声音一直响到天明……

四天时间，计算起来，他只睡了八个小时的觉。尽管手磨疼了，眼熬红了，突击却卓有成效。珠算课本后边那些最难的题，他都能很快地算出来。最后那一天，父亲让一个老会计出了许多题，他一一算了出来。老会计说，没想到这孩子这么聪明，行了，干个会计够格了。

考试的地点是陶瓷厂的政工科。

这天，孙建博背起算盘，满怀信心地向厂里走去。由于腿的原因，他身子一歪一斜，算盘珠随之发出噼噼啪啪的声音，像是打着鼓点给他鼓劲。

监考的是政工科的那个小头目和一个老会计。看了试卷，他差点吓蒙：密密麻麻的四大张试题，他要在一小时之内算完。那些试题，珠算课本上根本没见过。他心里明白，这些刁钻的试题，可能出自那个刁钻的厂领导之手，据说他早年干过会计。

面对刁难，孙建博想起父亲经常说的一句话——每临大事有静气。他正襟危坐，想起砸石子的梆梆声，一会儿就像老和尚入定一样，心情平静下来，进入了一种忘我的境界。

那天也真神了。他在心里把一道道试题看作一个个阴谋，只有把阴谋戳穿了，自己才有生路。心里憋着劲，手指也灵活起来，在噼里啪啦的算盘声中，一道道难题迎刃而解……

做完试卷，仅仅用了五十分钟！

交卷后，老会计一道题一道题地挨个验算，又对照答案仔细核对。然后，和政工科的小头目出去了，剩下孙建博一人孤独、焦急地等待。

这时，一阵显然是压低了的说话声，从隔壁厂领导的办公室里传出来。

“小家伙得了多少分？”是厂领导的声音。

“九十四分。”政工科小头目回答道。

“倒霉！他咋那么聪明呢？真倒霉！”

“那咋办？要他？”

“不要他还能怎么办？本想这样就把他卡住了……”

“让他干啥？难道真的让他去开票？”

“原来是这样说的，可太便宜他了。让他去车间干统计吧！各车间里跑跑，让他遛遛腿。”

听到这些话的时候，孙建博说不出来是一种什么心情，只觉得掉入了一个阴谋中。干吧，来到一个如此险恶的环境里，面对一个如此刁钻的领导，难受的日子肯定还在后边；不干吧，父亲为争取到这份可怜的工作，给人家赔了多少笑脸，磕了多少头，作了多少揖啊！

更令他不安的是，不久前母亲为了他的就业，做出的一次阴差阳错的牺牲。

那场牺牲，孙熙国夫妇已经酝酿好长时间了。

为了孙建博就业的事，他俩绞尽了脑汁，费尽了心思，能走的路都走过了，不能走的路也走过了。可最终结果还是竹篮打水——一场空。万般无奈，他俩才出此下策：董梅英提前退休，由孙建博接替她的工作。

董梅英为此哭了一宿，她是多么热爱她的工作啊！父亲从部队转到兵工厂之后，她也从老家来到兵工厂工作。后来，她虔诚地投入到博山水泥厂的建设中，并一直在那里工作。她把她的工作看得非常神圣，每天都是早上班晚下班，几十年来没有一次迟到早退。她总觉得，要不是共产党掌天下，自己哪能出来工作，怎会拥有城市户口，吃上商品粮？说不定还在农村，出门耕耩锄耙，进门鸡鸭鹅猪呢！因此，她把每天的工作都看成是对党的报答和奉献，从不敢有半点马虎和懈怠。她想，就是把这一生全搭进去，也报答不完党的恩情。

可她万万没想到，为了孩子，她竟要提前离开工作岗位，她只有四十五岁啊！现在就退休，大好的年华不就白白浪费了吗？一边是心爱的工作岗位，一边是孩子终身的饭碗。一个被穷日子压得抬不起头来的母亲，经过一番痛苦的选择之后，终于忍痛割爱，选择了后者。

早晨起来，她擦干了眼泪，像往常一样上班去了。工余时间，她向同班组的姐妹们透露了自己的想法，她们虽感到万分惋惜，但也都表示理解。其实，她下了决心的事，谁也改变不了，她征询姐妹们的意见，不过是寻求一种心理慰藉罢了。

母亲抽了一个工休的时间，找到厂里的领导，向他们提出自己提前退休让儿子接班的事。其实，母亲耍了个小心眼。她想，只要你们同意我退休，同意儿子接班，我就先办手续，待所有的手续办好之后，我再把儿子领来。到时，生米做成了熟饭，不论是瘸腿的瞎眼的，你要也得要，不要也得要了。善良的母亲哪里知道，就业还要查体呢？

领导听了母亲的诉说，很体谅她的难处，便答应了她的请求，并很快帮她办好了退休手续。当她又去问儿子就业的事时，人家给了她几张表，要她拿回家让儿子填。

那天，董梅英的高兴劲就甭提了！她先是跑到丈夫的单位，将好消息告诉了他，又来到孙建博砸石子的地方告诉了儿子。中午吃饭时，大家凑在一块，当孙熙国说招工就业要查体时，董梅英的笑容一下子僵住了。

过了一会儿，她放下煎饼跑出去了。没等家人吃完饭，她又一头汗水地跑了进来，说去问过厂政工科，就业是要查体。人家还说，查体不合格的话，就业根本就没门。

几年来家里第一次出现的欢乐气氛，一下子一扫而光。孙建博想，作为残疾人，待业证都不给办，怎么会让就业呢？一查体，一切也就结束了。接班的事，只得想别的办法了。

“既然如此，也不能瞎了这个名额。我看，就先让玉梅顶上吧！”孙熙国无可奈何地说。

除此之外也没别的好办法，只好让正在上高中的妹妹玉梅辍学，接母亲班了。为这事，董梅英还多次和建博解释。其实，建博心里明白得很，他理解母亲的良苦用心，也知道自己作为一个残疾人的短处。他不会那么不懂事地怨天尤人。

谁也没想到，董梅英后来又为这事后悔起来。那已经是几年后社会上讲究学历的时候了。董梅英经常和家里人说，也和外人说，玉梅没学历，调不了好工种，都是我的错啊！她学习很好，要不是让她早接了班，说不定现在已经是大学生了。

正当孙建博漫无边际地瞎想的时候，给他监考的政工科的小头目进来了。他像不认识孙建博似的又重新打量了他一番，公事公办地说：“明天来上班吧，到车间干统计员。这可是我们厂领导对你的照顾，你心里可要有点数……”

毕竟孙建博年纪轻轻，涉世未深，不清楚他的话里有什么深意。当晚上回家他把政工科的小头目的话转告父亲时，为儿子就业的事而四处奔波才长了见识的父亲，判断出这是让他们送礼的暗示。当天晚上，因为这月的工资还没发下来，父亲到邻居家借了钱，买了些东西，匆匆忙忙到厂领导家去了。

应该说，统计员的工作，比起装窑、做坯子的工种来说，算是比较好的了。每天到厂里的六个车间跑一遍，统计成品、半成品数量，核算成本，计算出每个人计件部分的工资，汇总之后报到财务科，一天的工作就算完成了。

但是，最让人受不了的，就是对临时工的歧视。

有一次，孙建博去车间统计，和一个工人打了个照面。因为两边是高高摞起的待装窑的杯盖坯子，中间的路很窄，他们两人错身子时，不小心碰下几个坯子，摔坏了。当时也没人说什么，可不知谁把这件事反映到厂领导那里，厂领导马上郑重其事地找孙建博谈话："孙建博，听说你弄坏了坯子？"

"是，当时，我们两人……"

"别解释了，你只说你有没有责任？"

"我有责任。可他……"

"别狡辩，有责任就得赔钱！"

"为啥不让他赔？他的责任比我的大！"

"笑话！为啥让你赔不让他赔？这不是秃子头上的虱子——明摆着！他是正式工，是国家的主人！而你，只不过是个临时工……"

孙建博的肺一下子炸了！这不明摆着欺负人吗？临时工怎么了，临时工就不是人？正式工就是金铸的，临时工就是泥捏的？临时工就不活了？临时工也是人，是与你一样的人！孙建博想和他讲理，讲他个理屈词穷；想和他对骂，骂他个狗血喷头；想和他拼命，拼他个鱼死网破……

当时，孙建博真想拿起他桌上的茶杯砸在他头上，把他砸昏，让他再也不能欺负人。孙建博的手抬了好几下，最后还是忍住了。

他想，父亲常说，端谁家的碗，受谁家的管。咱不是吃人家的饭吗？站在矮檐下，哪能不低头？忍了吧！这时，他想起鹰有时候比鸡飞得低，但鸡却永远不会像鹰飞得那样高。等着吧！到时候我给你干出个样子来，叫你懊丧，叫你后悔。

想到这些，孙建博的火气似乎没有了，甚至还朝他笑了笑，慢慢地退出了他的办公室。

自然，当月发工资的时候，他并没有忘记扣孙建博的钱，并在工资单上写明了扣钱原因。这件明摆着欺负人的事，任谁一辈子也忘不了！

开职工大会的时候，又是孙建博难过的时候。

每次开大会前，厂领导都会给他布置打扫院子的任务。别人在会议室里看着报纸听讲话，他抱着一个大扫帚，满院子地打扫。也许现在的人体会不到这中间的苦楚，可那时就不一样了。那时，只有那些有政治问题、作风问题、经济问题的人，才会被剥夺开会的权利。他在别人开会时被派去干杂活，不就成了有问题的人了？开不开会是次要的，关键是这种歧视和羞辱，搞得他心里非常难受，时常想找个借口发泄出来。但是，为了饭碗，他又忍了。

谁知，偏偏在这时发生了一件事，终于让他忍无可忍了。不过，这次顶撞领导的代价是惨痛的。

那天，孙建博照例去车间搞统计。

当他走到一个制坯女工面前时，发现她脸色蜡黄，豆粒大的汗珠一滴滴滚落在坯泥里，双手一个劲地哆嗦着，还在坚持干活。孙建博看她太难受了，就问她怎么了，为啥不休息。她只是摇摇头不说话。

这时，一边的老工人说话了："她病了好几天了。请假，厂领导不准，只好这样硬撑着。你看……"

"你若实在撑不了，我和厂长说说。"孙建博说。

说完他马上后悔了，他算个什么呢？厂长不欣赏，工作无保障，连自己都是泥菩萨过河，又怎么能帮得了别人呢？说这句话，完全是出于同情弱者的本能，而他这个弱者又有谁同情呢？

“别，别……”女工的声音细得像蚊子哼哼。

老工人又说话了：“她不知咋得罪了领导，领导要治她呢！”

“别怕，我找……”

没等孙建博说完这句话，大家的目光突然像被一条线牵着似的，直往他身后瞅。他回头一看，原来是厂领导来了，只好闭上嘴，无奈地等待事态的发展。

厂领导过来并没说话，只是来回地踱着步子，仔细瞅着女工做的坯子。

忽然，他发现几个坯子不合格，立刻大怒，顺手操起一条硬板子，在坯子垛上前后左右砸了起来。顿时瓦片横飞，坯子破碎的乒乒乓乓的声音令人心惊肉跳。

那女工双手捂着脸，蹲在地上一个劲地哭。瓦片落在她的头上、身上，她的耳朵被瓦片划出了血，流到肩膀上。面对厂领导的淫威，没人敢说，没人敢劝，更没人敢阻止。

“住手！”

孙建博实在看不下去了，一忍再忍的火气终于冲上来了。孙建博大叫一声，过去夺下他手中的木板，大声地和他理论：“她病了，你看没看见？有几个坯子不合格，你完全可以采取别的办法……”

“慈不领兵，善不理财！对你们这些扒泥捣弄水的工人，还讲什么理？坯子做成这样，我还要烧香磕头请你们来干活？这还算是客气的呢，不信，谁再来一次试试！”

“你这不是欺负人吗？”

孙建博以为，听到他这句话，厂领导一定会暴跳如雷的。因为他早就看孙建博不顺眼了，孙建博这次当众顶撞他，不正好给了他惩治这个“不顺眼分子”的借口吗？谁知，这位厂领导真有大将风度，他笑了一下，看了孙建博好长时间，哼了两声，拍打拍打身上的土，没说什么慢慢地走了。车间工人都很纳闷，从来说一不二的厂领导，今天怎么变得这么宽宏大量了？面对一个顶撞他的人，怎么没“表示”一下就匆匆走了？太反常了！

但孙建博感觉到，他的笑是阴冷的。

第二天早上一上班，孙建博刚拿起本子和钢笔要到车间去完成昨天耽搁的统计工作，政工科的小头目过来了。他先是盯着孙建博的脸看了一阵，然后又一副公事公办的样子：“孙建博同志，到我办公室来一趟。”

“干啥？”孙建博不解地问。自打那天入厂考试之后，大半年了，从来没有人叫他到政工科办公室，他成天泡在车间里。由于他的统计公道而透明，工人们特别喜欢他，所以，有事没事，他总愿意往车间里跑。

“干啥？好事，来了你就知道了！”

“我先去车间做好昨天那份统计再去行吗？”

“不行，马上来！”

孙建博只好放下手中的东西，一瘸一拐地跟他到了政工科。

进了办公室，那人抬了抬手，示意孙建博坐在他对面的椅子上，然后做出一副很威严的样子，装模作样地咳嗽一声，照着本子念起来：“孙建博同志，根据工作需要，经厂领导研究，决定让你担任地磅监磅员，今天马上去报到上班。希望你在新的岗位努力工作，做出更大的贡献……”

也不知本子上是否有这些字，反正他装得有模有样，念完后，还非常民主似的问孙建博：“咋样？有意见吗？”

“我服从分配。可是，那里太远……”

“太远？早知道太远，昨天何必……”

没等他说完，孙建博就知道什么原因了。在这个厂里，得罪了厂领导，不就等于得罪了阎王爷？阎王爷叫你早上死，你肯定等不到晚上！孙建博不再反驳，因为没有用。既然掉进了人家的网里，还不就任人家随便摆布？他慢慢地走回家，把这件事告诉了父亲。父亲同样一句话也没说，只是一连抽了三支烟，然后出去给他买了一辆廉价的小三轮车。因为从家里到过地磅的地方，足足有十里路还多呢！

当监磅员，可比在车间干统计辛苦多了。厂里是七点上班，这里五点就要赶到，因为拉原料的车都来得很早。晚上下班也晚，等赶到家时，已是昏天黑地了。尽管工作又苦又累，特别是对他这个一条腿的人来说，单是每天来回二十几里路，已经是痛苦的折磨了，但他还是战战兢兢，如履薄冰，一心一意地去干好。不要说幻想转为正式工了，单是保住这个临时饭碗，就够他忙活的。

谁知天有不测风云，人有旦夕祸福。这时又出了一件令人啼笑皆非的事情，无情地砸碎了他那可怜的临时饭碗。

事情发生在一个燥热的早晨。

早晨应该是凉爽的，可那个早晨却热得要命，好像注定要出事似的。本该出太阳以后才叫的知了，早早地就开始轰鸣起来。一夜的露水并没有使气温有半点下降，门口被昨天的阳光晒热的石头，早晨一摸还热乎乎的。石头上铁盆里那漫过盆底的水，一夜间就都蒸发光了。树枝不摆，树叶不动，天地间像个大蒸笼。

早上，他们一家人刚围着饭桌坐下，还没开始动筷子，孙熙国的一个老乡就风风火火地进来了。他看了看他们全家人，没说什么，只是又抬手又点头，示意孙熙国夫妇跟他出来，到孙建博的小屋里去。看来，他们是有要事相商，也许与孙建博的工作有关。于是，他们兄妹几个都干坐在那里，等父母回来一起吃饭，连最任性的小妹也不动筷子。

从他们谈话的那间屋里隐隐约约有声音传出来，不过声音很低，听不清谈话的内容。出于好奇，他们兄妹几个都伸长耳朵，想捕捉点什么信息。过了一会儿，不知为什么，那屋里的声音高起来。

“这事，我说不行就不行！”是父亲的声音。

“熙国，梅英，你俩还是仔细想一下再说吧！这事，许多人家还巴不得呢！这可是天上掉肉包子的好事，你咋……”这是那老乡的声音。

“咱人穷志不短，这样的事……”

“熙国，你这辈子就是吃了这个火暴性子的亏。要不，你可能早弄个官当当了。再说，人家也是看得起你。”

“啥看得起看不起？他走他的阳关道，我走我的独木桥，咱井水不犯河水还不行？他还能来给我扒了房子掀了床？”

“熙国，气头上的话不算数，我要是这样传过去，人家会咋想？好了，你们吃饭，我有空再来。人看事要看个长远，不能只看眼前。”

那人走了，孙熙国夫妇也气呼呼地回来了，一个劲地催孩子们快吃饭，他俩却端着饭碗直叹气。孩子们还小，不便过问大人的事，只是从听到的只言片语里，感受到人家要父母干什么事，而他俩坚决不同意。特别是孙建博，并没有意识到这事的严重性，更没想到会与他有关，当然也没想到他那临时饭碗端不了多久了。

孙建博知道父亲一生吃了不少亏，大都是脾气太硬所致。这次他甚至也这样想：您软一下，事情不就过去了？哪有说不过去的事？您梗着脖子和人家硬犟，还会有好果子吃？其实，当时他根本不知道，父亲是在维护他们家的尊严。

之后，一连五天平安无事。也许孙熙国那根紧绷的弦松下来了，也许他在沾沾自喜，陶醉于自己想象出来的胜利之中：哼，对这种人，就得来点硬的，要不，他会踩着鼻子上脸。但是，生性耿直的孙熙国哪里知道，那张早已织就的大网，已严严实实地将他罩在里面了。凭他的能力，想拼个鱼死网破是完全不可能的，就是鱼死三次，网也不会破的。那张网，不知织了多少年了，是张撕不破、烧不烂的特殊的网。

第六天晚上，那老乡又来了。这次，他没有再要求孙熙国夫妇出去悄悄商量，而是当着他们全家人的面，把问题彻底摊开了。原来，他是受人之托，来给孙建博妹妹介绍对象的。而托他的那个人，就是孙建博所在的陶瓷厂的领导的上司，介绍孙建博去厂里干活的那个当官的老乡，他想让孙建博的妹妹嫁给他的儿子。

“我看咱们也别再多磨牙了！”孙熙国截住那老乡喋喋不休的话头，当面锣对面鼓地告诉他，“现在是新社会，孩子的事咱能包办吗？再说，我已征求了孩子的意见，她根本没那意思。你也别来回跑了，干脆直截了当点，你回去告诉他，就说我们全家都不同意这事！”

“人家那头可是干部家庭，眼下正红火着呢！”

听到这句话，孙熙国的火气又上来了：“这不明摆着说咱的家庭比人家差吗？要是成了这门亲事，不就是沾了人家的光吗？既然比咱好，为啥还三番五次地托人来缠磨？”

“建博的工作可是人家给找的……”这位老乡的话，明显地带着威胁意味了。

孙熙国的话已经非常难听了：“他家吃天鹅肉喝香油，是他的口福；俺吃煎饼就咸菜，是俺自己乐意。他能对其他人指手画脚，是他有本事；俺坐在院子里看蚂蚁上树，是俺没能耐。”

事情就这样结束了，似乎又没结束。

人家那样有地位的人，哪能在他家的墙上碰一鼻子灰？孙建博只是人家脚下的蚂蚁，人家根本不屑于动脚，只轻轻一口唾沫，他就会遭受灭顶之灾。这件事，厂领导很快就知道了。如果说他以前对孙建博大施淫威还有所顾忌的话，那么这回他可以放开手脚大干一场了。

从此，孙建博的工作越来越难干了。早上七点上班，他五点就去，人家还嫌晚，并当场扣了工资。有时明明是别人的错，却硬加到他的头上，还要扣工资。他还经常被叫到办公室里，不明不白地被厂领导狠批一顿。

这天下午刚上班，那位厂领导满嘴酒气地来到了过地磅的地方。大家都很惊奇，因为这个又脏又累又受日晒雨淋的地方，他是从来不擦边的。

他在这里转悠了一阵，然后叉开双腿，倒背着双手站在孙建博面前，阴阳怪气地说："小孙同志，最近怎么样？"

可能是孙建博对就业的事想得太多，看得太重，所以只要有一点机会，他就尽全力争取。看他那居高临下、不屑一顾的神态，孙建博真想一拳打他个满脸开花。可一想到就业，他的心又软了下来，只好低眉顺眼地说："我在这里干得很好，多谢领导关心。"

这时，和孙建博一起值班的那位师傅，也在一旁给他帮腔："建博这孩子聪明，帮着咱解决了不少难题。这孩子也仁义，我们这里谁有个头疼脑热的，都是他替班。他对工作也很负责，从来没有半点马虎。这孩子做事也周全，同事们谁家里娘生日孩子百岁的，他手头再紧也都尽力表示表示……"

"我没问你！少在这里多嘴多舌！"厂领导不满意了，把那位师傅痛骂了一顿。

"小孙同志，昨天有车原料过磅不准，少得太多，是不是你的责任？"

后来孙建博才知道，那年月经常整人。一个单位的人，平时都称呼"老张""老王"，从不喊同志。若在一定场合，有人郑重其事地喊你"同志"，就是要整你了。这样，既显得他是在"惩前毖后，治病救人"地帮助你，又显得他完全是为了革命的利益，毫无私人恩怨。

听到他这样无中生有的栽赃，孙建博委屈地辩白道："跟我没关系。"

"好啊！你还敢抵赖？"

"不信你问问大伙，我昨天的确休班。"

"我不听你狡辩！我吃的盐比你吃的面还多。你们孙家有个孙猴子，他一个跟斗能翻十万八千里，可他能跳出如来佛的手心吗？你以为干好了就能转正吗？身体健全的大活人还就不了业，何况你这个胳膊腿儿不全的人？死了那条心吧！我宣布，从今天起，不准你再到厂里来上班了！"

说完，他趾高气扬地走了。而孙建博，却因为莫须有的"错误"，被不明不白地被开除了。

晚上，同学们来看孙建博，对这件事都非常气愤。他们当天晚上组织了四十多个同学，背起他就往外走。孙建博不知道他们要带他去哪里，一个劲地往下坠。可他们似乎铁了心，一定要达到某种目的。不一会儿，他们来到了那位厂领导的家。这时，他明白了，他们是要找厂领导说理。既然同学们这样讲义气，自己也不能当缩头乌龟，要和他理论一下。一年多来明的暗的，受了他多少欺负啊！

同学们把那人的宅子团团围住，然后把孙建博放在他大门口外边，由四个人保护着。

"开门！快开门！"一个同学上前拍着门挂高叫着。

其他同学马上喊号子似的和起来："开门！快开门！"

喊口号似的声音，在夜空里传得特别远。好一阵之后，门闩响了几下，厂领导出来了。他一见这阵势，满头的汗马上冒了出来，嘴唇也哆嗦起来。镇静了一会儿之后，他慢慢走到孙建博身边，边扶他边问道："建博，做啥来？有事好说……"

"我就问你一句话，你为啥欺负人？"

“我没……”

看他还想抵赖，孙建博耐着性子，把在厂里一年多来受的委屈，受的挤对，一桩桩、一件件地给他摆了出来。那天，孙建博的口才好极了，说得有理、有力、有节，不时引得同学们感叹、愤怒、唏嘘。当时，他一边说，一边在心里为自己的口才喝彩。

“建博，我决定欢迎你回厂，工种你自己挑……”

“我为的是让你认个错！你就是八抬大轿来抬，我也不去你那个厂了！此处不留爷，自有留爷处！”

说完，同学们背上孙建博前呼后拥地回家了。今晚孙建博确实出了口气，酣畅淋漓了一番，可明天他干什么呢？

连孙建博自己也没想到，他将要走上绝路了。

天无绝人之路

命运之神将孙建博赶上了绝路，他只有自杀了。

他从一个旋涡中挣扎出来，马上又坠入另一个旋涡，而且一个比一个凶险。他尝试了每一条路，却都是死胡同。命运对他围追堵截，欲将他置于死地而后快。他挣扎过，反抗过，但每次都以彻底失败而告终。

至此，他的前面是万丈深渊，他已经精疲力竭了。

人们常说“困兽犹斗”，为了让父母无憾，也为了让自己无憾，他只好最后做一次困兽了。然而，困兽都有锐牙利爪，甚至虎背熊腰，而他只是一只无助的羔羊，所以，他挣扎的结果是可想而知的。

在最危难的时刻，他又想起了曾经多次帮助他们的宋金英大娘。那时，她已经是他们那里的民政助理了。对他们家的事，她一直关心，特别是孙建博就业的事，她更是每时每刻替他们打听着。

早上，孙建博骑着父亲给他买的那辆三轮车，悠悠地来到了宋金英大娘办公的地方。宋金英大娘热情地接待了他，她先扶他坐下，又给他倒上水。没等他开口，她就抢先问道：“建博，是为你就业的事来的吧？”

孙建博不好意思地笑了笑，无可奈何地点点头，算是回答了。

宋金英大娘一边劝他喝水，一边攥着他的手，非常关心地宽慰道：“建博，放心吧！没有过不去的火焰山，愁啥？有我喝的汤，就有你吃的饭，大娘正给你联系着呢！大厂不要，咱去小厂；国营不要，咱去集体；实在不行，咱先干着临时工……”

“大娘，我再也不干临时工了！”

一听到“临时工”，孙建博浑身起了一层鸡皮疙瘩。干临时工受的种种凌辱，遭的种种虐待，一下子涌上了他的心头。再让他去干临时工，无异于送他进火坑啊！

“建博，招工就业的事也不是大娘说了算，但大娘有信心给你办好这件事，你还信不过大娘吗？回家等着吧！一有消息，我就告诉你……”

面对通情达理又多次帮助过他家的宋大娘，他还能说什么呢？他丝毫不怀疑大娘的诚意，但“残疾人”这三个字，也会让她羞于开口的。她就是有三头六臂，还能让他再长出条腿来？

他骑着三轮车离开了宋金英大娘工作的地方，顺着大街往北走，马上就要走到在商店干临时工时收酒瓶子的地方了。远远看去，原来他摆摊的地方，支了一个冰糕箱，一个老太婆在那里卖冰糕和汽水。那个和他建立了友谊并给他很多启发的钉鞋人还在，他正在那里专心致志地补着一双破得不能再破的黄色解放鞋。

死神就是在那时盯上孙建博的。

那段路是一个南高北低的陡下坡，又陡又短，上面还布满一层细小的沙砾。下坡时，得提前很长一段时间刹车，要是等到了坡底再刹车，那就很难刹住了。巨大的惯性，往往会使车子制动失灵。所以，那里经常发生交通事故，以致交通部门在那里竖了一个大牌子，上写“此处易发生交通事故”。

孙建博骑的那辆简陋的三轮车，没有正常的制动设施，只能将踏脚反转，通过链条的反作用使车子停下来。这种落后的制动措施，不知造成了多少次意外。走在平地上问题还不大，一旦从陡坡上骑下，很可能会发生车毁人亡的事故。

他骑着车子一路走一路想，看来这次找工作又泡汤了。这是他最后一次求人了。一旦两腿一伸，两眼一闭，走到另一个世界，就不需要为就业而奔波，为生存而努力，可真是过上万事不求人的生活了。那个世界的日子应该是很好过的，要不，有些人的棺材头上怎么写着“清静神仙府，安乐水晶宫”呢？

正当他胡思乱想的时候，三轮车的速度突然快了起来。飞速行驶的车子带起的冷风，一下子使他清醒过来。等他惊魂稍定之后，求生的本能使他双脚往后紧紧地蹬住踏脚，以使链条刹住飞转的车轮。

咔吧！一记清脆的响声，轻轻传到他的耳朵里。他双脚踩着的踏脚，失去了依托，空转了几圈。他马上意识到，链条断了。几乎是同时，空转的链条哗啦一声掉到了地上，车子飞快地朝坡底冲去。

说老实话，他自杀的念头就是在那一刻产生的。

车子像脱缰的野马，向坡底飞驰着。路两边卖冰糕的、卖水果的、卖陶瓷的等等，所有的摊位和景物都模糊了，变成两条说不清颜色的带子，急速地向他身后退去。飞车带起的冷风迎面吹来，使他的头发直直地向后飘去，灌进两个耳朵的，全是呼呼的风声。路边人们的惊呼声，一点也听不清楚了。

突然，在他快冲到坡底的时候，从坡底的丁字路口一下子拐来一辆空货车，正冒着黑烟，突突地往坡上爬。司机发现孙建博的时候，车已无路可退，而且时间也不允许他再退了。由于路窄，他连躲车的地方也没有。

“快刹闸！快刹闸！”路边的人大声地吆喝着。

孙建博那紧张的情绪突然消失了，求生的本能彻底丧失了。他想，人们都说好死不如赖活着，但又有谁知道活着有多么艰难呢？庸庸碌碌苟活，不如轰轰烈烈一死。真是天赐良机！他突然想起那一年，与宫梅在周村医院里数星星的事，也许，他的那颗星星今天就要消失了。

想到这里，他坦然地调整方向，让三轮车飞驰着向坡底的货车撞去。

货车司机似乎看出了他的企图，瞪着惊恐的双眼，慌忙将方向向右打去，车子一下子冲到了路灯杆子上，碎铁和玻璃哗啦啦落了一地，车似乎还往前拱了几下，就一点声音也没有了。

也许是天意，孙建博自杀的阴谋没有得逞。正当他朝货车飞驰时，路中央一块碗大的石头将车子的前轮硌了一下，车子迅速向右前方驶去，随着咣当一声响，车子撞到路边的什么东西上，他便什么也不知道了。

据现场目击者后来回忆说，那早已吓得浑身是汗的货车司机见他撞倒，马上跳下车奔到路对面，一把掀起压在他身上的三轮车，扔得老远，然后拖起早已昏迷的他，大声吼着："龟孙子，不要命了？"

说着，抡起蒲扇大的巴掌就要揍孙建博。说时迟，那时快，就在他扬起的巴掌刚要往下落的时候，一只又粗又黑的大手，一下子把他的胳膊攥住了。

货车司机回头一看，是那个钉鞋的。

"你要干什么？"货车司机问。

"你要干什么？"钉鞋人反问道。

"我要打这个不想活的！"

"你的指头长齐了没有，你敢打他？"钉鞋人大声咋呼着，故意把"他"字说得很重。

"打他咋了？他是什么大官不成？"

"他是残疾人！"

"谁规定的残疾人就应该撞车？"

"你知道他吃了多少苦，受了多少罪？"

"他再吃苦，再受罪，也不能和我过不去啊！他这是在往监狱里送我啊！"

这时，钉鞋人放开货车司机的手，慢慢地蹲下，把孙建博抱在怀里，拍打干净他身上的土，开始用袖子擦他头上和身上的血。卖冰糕的老太婆见状，马上抽下搭在她脖子上的毛巾，也为他擦起血来。不一会儿，白毛巾变成红的了，卖水果的老头马上递过了他的毛巾。

货车司机看到这景象，大惑不解:“他是你们什么人？你们这样……”

“他不是我什么人，只是个残疾人。他在学校里学习最好，毕业后啥活都能干，可就是没有单位要他。他心里苦啊……”

钉鞋人说完这几句话之后，鼻子一抽一抽的，眼里渗出了泪水。货车司机也似乎被感动了，不声不响地整理他的车去了。

钉鞋人和大家一起把孙建博送到医院，包扎之后，由两个人抬着他那被撞坏的三轮车，连他一起送回了家。

“建博，咋了?”

孙熙国夫妇看见他头缠绷带被人背回来，吓了一大跳，一边叫着，一边扑上来，晃着他的身子大声问着。没说上几句话，两人的汗水唰地下来了。

“今天，差点没了这个人!”

钉鞋人简单地说了下当时的情况，然后，招呼一起来的人呼啦啦走了，他们还要照看自己赖以维持生计的小摊呢！焦急的孙熙国夫妇连句感谢的话也忘了说。事后，他们买上东西去感谢那几个人，可他们坚决不收，嘴里还说着“谁碰不上个沟坎”之类的话。

“建博，你醒醒!”

“建博，你醒醒!”

父母轮流叫着他的名字，盼他早些醒来。

其实，在人们背孙建博去医院的路上他就醒了。当时他很沮丧，怎么就没死呢？活不好，死也这么难？都怪路中间那块该死的石头，要不是它，他早就撞到汽车上了。那样的话，他现在早已没了烦恼，没了忧愁，自己的魂魄可以在荒野里自由自在地飘荡。可偏偏就没死。他想拒绝包扎，但又怕拂了钉鞋人他们的好意。把汽车司机吓得要死，已够他懊悔的了，何必再和他们过不去？这个办法死不了，再换个办法，反正死总比活容易一些。

打定主意之后，孙建博又开始盘算第二种自杀的方法。他怕家里人劝，就决定不说话了。俗话说，只要不开口，神仙难下手。任你们的话多么在理多么动人，找不着交流对象，还有什么作用呢？

他终于选好了再次自杀的方式——绝食！

孙建博开始实施他的计划了。他从床上一下子滚到地上，躺在冰凉的水泥地上，坚决不再睡床。无论谁劝，无论怎样劝，都无法使他离开。父母将他抬到床上，他又翻到地上。没办法，他们只好将他按在床上，使他反抗不得。可等他们一松手，他又跌在地上。他们实在没办法，只好任他睡在地上，只是给他铺上了褥子。但他把褥子扔得远远的，还躺在光光的水泥地上。

“哥，吃饭吧！为你两个妹妹吃一口还不行？我求求你了！”妹妹说着，扑通一声给他跪下了。

“建博，不吃饭也不是个办法。人是铁，饭是钢，咱弄坏了身子，人家就更不要咱了。吃一口，就算是为爸爸妈妈吃的，行不行？”母亲苦口婆心地劝他。

接下来的几天，父母和兄妹们轮流在他身边值班，好话说了几箩筐，眼泪流了一大盆，可他丝毫不为所动。这次如果能坚持下去，就再也没有痛苦了；如果半途而废，无穷无尽的苦难还要继续挨受。孰重孰轻，他还是能掂得出来的。

十几年了，孙建博经常在心里盘算自己是不是多余的人，得出的答案几乎每次都是肯定的。

对社会来说，他早已是个多余的人。不但招工就业没门，就连干临时工也受到百般刁难。除了能得到些许善良的同情，还有谁拿正眼看他呢？对家庭来说，自从他得病以来，家境每况愈下，生活早已在贫困线以下了。他的存在，早已成为父母的精神负担。尽管他们不说，但他看得出来。家人每天愁眉苦脸，唉声叹气。为他生计而奔波失败之后的精疲力竭，因家有残疾人而遭人歧视的白眼，自觉低人一等而养成的低眉顺眼……这一切的一切，压得家人抬不起头来。还不都是因为他的存在？要是没有他，家里也许早就是另一个样子了。他不就是多余的吗？

一个多余的人活在世上又有什么意思呢？

当他绝食到第四天时，大家好像是开会统一了意见，终于决定对他采取强硬措施了。

这天，哥哥阴沉着脸来到他屋里，盯着躺在水泥地上的他。由于心情不好，加上三天多时间粒米未沾，滴水未进，孙建博已经明显地消瘦了。他的头发乱蓬蓬的，里面都是小草棒；两只眼睛陷了下去，眼边有个乌黑的圆圈，两个眼珠也暗淡无光；被牙咬破的嘴唇上，布满一层细碎的燎泡……一副人不人鬼不鬼的样子。要是晚上让人看见，肯定会把人吓个半死。

哥哥伤心了，他用衣袖抹抹泪水，使劲地抽了抽鼻子，愣在了那里。但一想起父母给他的使命，他马上动起手来。

原来，早晨孙熙国夫妇上班时，对大儿子说，无论如何，今天也要劝弟弟吃点饭，至少也要把他弄到床上去。哥哥肩负重要使命，雄赳赳气昂昂地来到弟弟屋里。当他看到弟弟那副惨相时，心一下子软了，人一下子呆了。可是，为了完成父母布置的任务，更重要的是为了让弟弟活下来，他必须把心狠下来。

他颤抖着问："建博，你说明白，到底上不上床？"

"……"

"我再问一句，你到底吃不吃饭？"

"……"

哥哥被激怒了。他一弯腰抱起孙建博，使劲把他扔到床上。还没等他转过身来，孙建博已经翻身滚到地上了。他再抱孙建博上去，孙建博再滚下来。如此反复几次，他俩都大汗淋漓。孙建博已经三天多汤水未进，反抗起来也是极为艰难。

哥哥突然抛下他不管，独自气哼哼地出门去了。孙建博想，他这是咋回事？有着父亲那种执拗性格的哥哥，会善罢甘休吗？不可能。他肯定是去想办法了。

果然不出他所料！

当哥哥第二次进来时，手中拿着绳子和老虎钳，还端着一个大瓷碗，里面盛了满满一碗煎饼汤。这次，他没有再和孙建博纠缠，而是采取了"干净麻利快"的措施。

他将老虎钳和碗放在床头，把绳子咬在嘴里，弯腰将孙建博提起来扔到床上。由于刚才的挣扎，孙建博早已精疲力竭了。还没等他反抗，哥哥就从嘴里抽出绳子，迅速将孙建博的两只胳膊捆到了床腿上。这样，孙建博就只能仰躺在床上，任凭腿乱蹬，上身一动也不能动了。

哥哥擦了一下刚才和孙建博"搏斗"时急出的汗水，将盛煎饼汤的大碗端起来，一手攥着老虎钳，开始问话了："建博，哥再问你一声，吃饭不？"

"……"

"我也是为你好啊！你可别敬酒不吃吃罚酒！"

哥哥终于被激怒了。他用左手捏住孙建博的鼻子，逼迫他用嘴喘气。当孙建博憋不住的时候，只好张嘴呼吸。孙建博的嘴刚一张，哥哥马上把右手的老虎钳塞了进去，使劲将孙建博的嘴撬开。然后，他左手拿汤匙，舀起煎饼汤就往孙建博嘴里灌。

在这种情况下，孙建博再也无法反抗了。由于他不断地摆头，老虎钳把他的嘴撬出了血，一道道的血水和煎饼汤一起，被他大口大口地咽到肚子里去了。

孙建博的绝食自杀计划宣告失败。

晚上，他家像过节似的，来了许多人。有他的同学宫梅和郑桐，有宋金英大娘，有他家的亲戚……坐了满满一屋子。有的劝慰，劝他应该将眼光放长远些，说黑暗过去就是光明；有的批评，批评他不为父母着想，年纪轻轻就萌生自杀念头，很不应该；有的鼓励，说有我们吃的就有你吃的，用不着想不开……

宋金英大娘的话特别干脆，也特别愤慨："说归说，劝归劝，关键还是要解决问题。建博就业的事我包了，我豁上这张老脸，我就不信人家不给个面子……"

晚上十点多钟，其他人都走了，屋里只剩下郑桐、宫梅和孙建博三人。刚才人多的时候，郑桐和宫梅一句话也没说，只是眨巴着眼听别人说，不时观察建博的反应，以判断他的接受程度和目前的心理状态。现在，轮到他俩有的放矢地说他了。

沉默了好长一段时间后，郑桐先开口了："建博，我年龄比你小，按说我不应该说你。你也经常说保尔·柯察金、吴运铎的故事，人家也是残疾人，咋样？我听人家说，'六六六'农药是试验了六百六十六次才成功的。假若第六百六十五次时，科学家灰心丧气不干了，世界上不就没有这种药了？众人拾柴火焰高，有这么多人给你帮忙，总有一天事情会成的。"

宫梅又接上话说："俗话说，树在树下不为树，人在人下能为人。这个世界上就得有当官的，有为民的；有享福的，有受苦的。要不为啥叫花花世界呢？如果遇到困难就不想活了，我看，这个世界上的人要去一大半！怕什么？撞到南墙不回头！要是能把墙撞倒，墙外不就是一条路吗？"

"也是！"

四天来，孙建博终于开口说了一句话，虽然这句话只有两个字，而且带着沉重的叹息、无限的感慨和如释重负的感叹……

记忆这东西，说来也真怪。自己为了打发漫长的黑夜，背过许多至理名言，但很快就忘记了。可宫梅的“把墙撞倒，墙外不就是一条路吗”这句平平常常的话，却深深地印在孙建博的脑子里，几乎成了他的座右铭。之后，每当遇到实在无法解开的难题时，他就会想起这句话。

喔喔喔——

鸡叫了。夜风从窗口扑进来，带着浓重的雾气，屋里沉闷的空气变得清新了，孙建博的呼吸也畅快了。窗外的梧桐叶子唰啦啦地响着，好像正在为不知名的小虫的鸣叫打着拍子。半个月亮镶在开着的窗子中间，像一幅静谧的风景画。

孙建博的话匣子一下子打开了，他要把这四天来攒下的话全说出来。他们三个要好的同学，咕咕哝哝说了一夜，直到红红的太阳从窗口射进来，他们还没有要结束的意思……

“妈，快做饭——”

随着孙建博的一声吆喝，一家人锅碗瓢盆叮当响，过节似的忙碌起来。

“我不下地狱谁下地狱”

一向平静如水的民政局，突然曝出了一个重大新闻，就是关于孙建博辞职的事。

其实，这件事孙建博酝酿好长时间了。当丝丝缕缕的风声透露出来时，人们根本不信。因为这是一份来之不易的工作，也是一份令人羡慕的工作，傻子才会辞职呢！甚至有人打起赌来：“要是孙建博真的辞职，我头朝下走给你看！”

然而，那天早晨，孙建博在局长办公室里郑重地提出来了。

“局长，我要辞职！”

“辞什么？”局长有点莫名其妙。

“辞去团支部书记和收发的工作！”

“建博，你疯了还是傻了？”

面对局长的激烈反应，他一点都不惊奇，因为这都在他的意料之中。

两年前，从社会福利服务部办完调动手续之后，孙建博就是区民政局的正式干部了。经局领导研究，他担任了局里的团支部书记兼办公室收发员，还承担一部分文字工作。

上任的当天晚上，孙熙国特意多做了几个菜，叫宋金英大娘到他家吃饭。宋金英大娘起初不肯来，实在推辞不过，就买了些水果和糖，提着一个当时很时兴的塑料网兜来到他家。

他们在饭桌边坐定之后，孙建博原以为父母和宋大娘肯定会赞扬他一番，说些诸如“建博这孩子有出息”之类的话。事实却恰恰相反，他们说了些他不爱听却非常受用的话。也正是这些话，在不知不觉中影响了他的人生轨迹。

刚开始，饭桌上的气氛是热烈的，因为这毕竟是一件值得庆贺的事。但随着孙熙国和宋金英大娘的讨论，气氛逐渐严肃起来。话头是由孙熙国引起的。

“建博，咋说呢？你在局里当了团支部书记，也算是国家干部了。我看，这是好事，也是坏事……”

当孙熙国说出这句话之后，大家都惊诧不已。因为这是完完全全的好事，怎么能和坏事联系在一起呢？如果当干部是坏事，为什么还有那么多人去抢着当呢？大家都等着他的下文。

“是好事，毕竟是国家干部了嘛，是受人尊敬的职业。咱家祖坟里不知哪个坟头冒了青烟，你大小也算个官了吧！但也是坏事，现在当干部不比当年，以前共产党的官，脑袋都是别在裤腰带上的，现在坐机关当干部，又体面又舒服，整天风刮不着，雨淋不着，时间一长就不思进取了。本来能出息成梁的材料，能长成根檩条就不错了……他宋大娘，你说是不是这理？”

尽管孙熙国的话不中听，在孙建博听来也有点多虑，但确实给人以警醒。而宋金英大娘的话则更为直接：“建博这孩子，心太善，当官怕是不合适。再说，性子又太直，心里没有拐子弯子，当官也当不好。人们常说：‘口无遮掩从政忌，心直口快贵人嫌。’建博，我不是教你学坏，心善是好事，但要看是对什么事；性子直也是好事，也要看是对谁，不然……”

这几句话，把孙建博抛进了五里雾中。这不都是他的优点吗？怎么……后来他才知道，宋金英大娘随丈夫转战南北，在拿枪的敌人面前，倒是能施展一番拳脚，还得到了一个女英雄的美称。可是在过太平日子的同事们中间，面对复杂的人事关系、微妙的上下级关系，以及各种摸不着边、看不到底的纷繁世事，她却因心直口快吃了不少苦头。

"唉，不说这些了！"宋金英大娘长叹一口气，接着朗朗地说道，"建博，俗话说得好，'无志之人常立志，有志之人立志长。'你年纪也不小了，要立下个志向，定下个目标，撒开脚丫子大胆往前奔……"

两位老人的话，使孙建博陷入了深思。送走了宋金英大娘，收拾了桌子，他还没从刚才的思绪中摆脱出来。世界怎么这么复杂呢？为什么有些能干的事不能说呢？为什么能说的事又很少有人愿意去干呢？为什么教育别人去干的事反而自己不干呢？又为什么教育别人不干的事自己却偷偷摸摸地去干呢？许许多多的为什么又让他度过了一个无眠之夜。

的确，民政局的工作优哉游哉的，与原来在社会福利服务部相比，真是天渊之别。当时，有一个形容机关工作的顺口溜是这样的："一杯水，一包烟，一张'参考'看半天。"这句话尽管有夸张成分，但还是有几分真实的。

孙建博的工作是早晨上班，打扫一下办公室，便坐在那里干靠。来报纸了，按订报的登记表分到各科室；来文件了，登记好送给主任；来电话了，记录下来告诉主任，仅此而已。而报纸一天只有一次，文件几天才有一次，下通知的电话则更少。

就这样，日子一天天逝去，年龄一年年增长，舒服倒是挺舒服，可回头看看，没有半点值得骄傲或留恋的东西。有时他甚至产生了这样的感觉：人像一个硕大的布娃娃，日子像水，刚泡进去时还悠然自得，时间一长，就泡得有点变形了。再这样继续下去，说不定会把自己泡烂了。尽管不甘心，却又无力挣扎，只好听之任之。

那时的机关工作虽然人浮于事，但大多数的人还是有工作可干的。有时上班不久便都呼呼啦啦出去了，有的开会，有的下乡，有的串门，有的干私事……办公室里只剩下他一个人。等他把一张报纸反面正面看了几遍，最后连天气预报也看完之后，也就实在没事可干了。这时，他就盼着桌上那部黑色的带摇把的电话机响，好得到个会议通知或叫个人什么的任务，以此打破这无聊的宁静。盼得实在没脾气的时候，他只好两眼盯着窗外的人来车往发呆了。有时，办公室里谁掉到地上个杯子或几本书，发出的声音也会给他带来一阵莫名的兴奋，因为办公室里终于有点生气了。

他越来越觉得自己成了一个大闲人，成了一个混日子的人。渐渐地，极度的无聊又使他产生了一种被人养起来的感觉。当这种感觉产生之后，他心里马上会升腾起一种惭愧，甚至是一种羞辱，继而又转化成一种难以名状的无奈和渴望。

不过，让他产生辞职想法的却是一场报告。

那年月，会议太多了。不论什么事，动不动就开会。大会小会，各种名目的会，差不多每天都有。

一天，电话响起，是区团委打来的，内容是组织团员开会，要听一个人的报告录音。

作为团支部书记，这是他的职责。他开始打电话下通知，没有电话的地方，他就骑着那辆破三轮车一个单位一个单位地跑。其实除了责任心，还有一种终于有点活干的兴奋驱使他如此。

听报告录音那天，团员们来得特别多，特别齐，整个礼堂里人山人海。做报告的是一个女孩，名叫张海迪。她是一位高位截瘫的残疾人。多少年来，她拖着残缺的身体，以超人的毅力，做出了许多令人意想不到的事。她的报告，打动了在场的每一个人。

"一个人只有树立了正确的人生观，树立了崇高的理想，才能热爱生活，珍惜生命的分分秒秒。只有树立了正确的人生观，才能乐于助人，乐于奉献。这样的生命才是有意义的生命……"

偌大的会场里鸦雀无声，人们沉浸在一种悲喜交加的气氛中，为海迪的命运而悲，为海迪的成就而喜。往日开会，上边大讲，下边小讲，上边不讲，下边还讲，而且女同志还飞针走线地打毛衣。

不论台上领导怎么制止，台下仍然我行我素。那天，台上没有领导虎视眈眈的目光，台下也没有维持秩序的工作人员巡逻，平日里的现象却荡然无存。人们的目光、人们的表情、人们的思绪，全被张海迪的报告牵引了。

“人应该怎样活着？我认为，每个人活着都应该努力工作，为社会创造物质财富和精神财富，用自己的勤劳智慧，为他人、为后代造福。这样，才是一个有美好理想的人，有高尚的道德情操的人……”

报告会结束好长时间了，人们早已四散离去，礼堂里显得空旷而安静。空荡的礼堂里只孤零零地坐着他一个人。直到打扫礼堂的老头喊他，他才从报告中走出来，从遐想中走出来。由于注意力太集中，老头那轻轻的呼唤，竟吓了他一大跳。

海迪的报告太让人振奋了，他想多听几遍，但录音带已被人拿走了，因为许多单位的人在等这盒带子。他跑到区团委去问，他们说一个月以后才能转回来。怎么办？这时，他又想起了远在外地的宫梅，他马上写信问她能否买到关于张海迪的书。信发出去后，他每天都在焦急地期盼她的回信。

终于有一天，他收到一个牛皮纸包裹，是宫梅寄来的。他迫不及待地打开，出现在他面前的正是关于张海迪的一本书，里面大都是张海迪的报告、讲话稿，厚厚的一大本。

他翻开书，里面掉出一封信，是宫梅写的，足足五张纸，而且字密密麻麻的。

“建博，收到你的信，我就挨个书店跑，直到今天，才买到这本书。有些迟了，请原谅。其实，我的心情和你的一样着急……看了海迪的事迹，我很受感动。我想你看了会更感动，因为你和她有相通之处。你的情况，我听同学们说过……我想，你会成为海迪式的人物的，这点，我有充足的信心……”

放下宫梅的信，他捧起那本书就看了起来。不知看了多长时间，困了，就用凉水擦把脸再看。他以惊人的速度，很快把书看完了。

那一夜，他又失眠了。

深秋的夜，万籁俱寂。上弦月早早地落下了，星星显得又稠又密。在群星的簇拥中，偏西的三颗星显得格外引人注目。不时有流星划过夜空，在天幕上留下一道又细又长的白光，很快地消失了。

南飞的大雁不舍昼夜地飞着，尽管因天黑看不见它们的身影，他却能感受到它们那种不达目的决不敛翼的执着，能感受到它们虽栉风沐雨却毫不懈怠的信心。偶尔有离群的大雁嘎嘎地叫着，叫声在夜空中传得很远很远。

他的思绪也和空中的大雁一样，在无边无际的时空里扩展着……

海迪大姐残得比他厉害，可她学医为村里人看病，学外语为儿童翻译小说。而他，每天接接电话，发发报纸，被人照顾，这是自己想要的生活吗？当后人问起自己为社会做了些什么时，难道自己要告诉他们社会对自己照顾得很好吗？

嘎——嘎——夜空中又传来几声大雁的叫声，那是离群的大雁在追赶雁群。他疾速地翻开日记本，在上面挥洒着他的一腔豪情：

> 与健全人相比，我是一只离群的孤雁。我不能以自己的残疾为借口，甘心于离群，优哉游哉地飞着。我应该迎风振翅，赶上疾进的雁群；我应该击风搏雨，争做领飞的头雁……

他放下笔，在床前来回走了几步，右腿疼得钻心。就让这条腿拖自己一辈子吗？拖到底，自己不就成了一个碌碌无为的人吗？他用拳头使劲砸了几下右腿，在一种哀其不幸、怒其不争的心情下，又在日记本上写起来：

只要认为自己是残疾人，就会生出一种惰性。我不能把残疾当成一事无成的挡箭牌，失败了，怨它；碌碌无为，也怨它；甚至安于现状也心安理得……

从明天开始，我再也不把自己当成残疾人了！我要用健全人的标准来要求自己。健全人能干的事，我也一定要干出来。我要走出阴影，追寻太阳，即使有一万次失败，我也要有一万零一次的追求！

就这样，没与父母商量，没向宋金英大娘说明，甚至也没给要好的同学透个信，他就向局长提出了辞去职务的请求。

当人们纷纷为他的辞职吃惊的时候，谁也没想到，令他们吃惊的事情还在后边。

“辞去职务之后，你打算干啥?”

局长在说他“疯了傻了”之后，又关切问起他辞职后的去向。孙建博毕竟是他相中选上来的，而且工作上也没给他惹麻烦，对他一向是比较欣赏的。

“承包福利公司下属的陶瓷门市部!”

听完这句话，局长开始重新打量孙建博了。他像打量一个天外来客一样，足足盯了孙建博一分钟，不知是想摇头还是想点头，一时间像蒙了似的。

谁都知道，陶瓷门市部是局长的一块心病，是局里的老大难单位。门市部一共六名职工，全是残疾人，而且早已开不出工资了。继续干，根本没有半点业务；关门吧，六名残疾人又没处吃饭，就这样半死不活地维持着。局里也多次想派人去重整旗鼓，可人们像躲避瘟疫那样躲着它。甚至有人说，就是有三头六臂，到陶瓷门市部也得趴下。所以，听了他的话，局长发蒙并不难理解。

消息传出来之后，孙建博顿时成为议论的焦点，用今天的话说，成了新闻人物。鼓励的，关心的，说风凉话的，一下子把他包围了。

“舍不得孩子打不住狼。建博，下了决心就干到底，你准能干出名堂来！”

“哼，这就叫碟子里扎猛子——不知深浅！”

“建博，咱可别自己往火坑里跳啊！”

“唉，放着好好的工作不干，瞎折腾个啥？”

“建博，一失足成千古恨啊！千万要看准啊！”

……

风也好，雨也罢，对孙建博来说，半点作用也没有了。认准了的路，他一定要走下去。地雷阵也罢，万丈深渊也罢，既然已经上路，他绝不会中途退缩。

调动手续很快办完了。第二天，他便骑着那辆破三轮车来到了陶瓷门市部。

百闻不如一见，尽管有充分的思想准备，但眼前的景象还是让他惊讶不已。

所谓的门市部，连半间房屋也没有，只有几间用木头搭个框架，再用石棉瓦罩起来的棚子，说到底也只能算是个敞棚。里面有一张残破的桌子，一个三条腿的椅子。棚子后边，胡乱堆着一些早已过时的积压陶瓷。由于日晒雨淋，有的草绳已经糟烂了，有的陶瓷产品已经破碎，如垃圾似的堆在地上。

六个残疾人都在，他们或站或坐地排在那里，一个个神情木讷。见孙建博过来，他们大眼瞪小眼地瞅着他，有的傻笑，有的平静，有的还面带敌意……

看到这些，孙建博的心早已凉了半截，来时那满腔豪情，一下飞到九霄云外去了。他浑身一阵躁动，有点跳进火坑的感觉。他做梦也没想到，陶瓷门市部竟是这个样子！但也很奇怪，他竟没有丝毫的后悔，心中只有要做事的冲动。

他马上调整心态，不论怎样，这儿大小也是个单位，自己好歹也算是单位领导了，自己的一言一行，都会影响到他们的情绪，必须拿出一副硬汉子的样子，先让他们有了主心骨再说。

“兄弟姐妹们，从我来到这里起，咱们就是拴在一条绳子上的蚂蚱了，谁也蹦不走，跳不了。要想有饭吃，有钱花，咱就得好好干！俗话说，只有愚死的人，没有憋死的汉。咱没有腿的还有手，没有耳朵的还有眼，没有眼的还有脚。我相信，有一分耕耘，就会有一分收获。我能喝上稠的，绝不会让大家喝稀的。咱要用汗水和成绩向社会证明，残疾人也是人，而且是有本事的人。残疾人不光能吃饭，而且还能挣饭。人争一口气，树争一层皮，咱要让人们都知道，残疾人也能为国家做贡献！”

孙建博这套不伦不类的就职演说，大有“我不下地狱谁下地狱”之豪迈，竟让六名残疾职工以不同方式欢迎了一阵。欢迎过后，他们的情绪也高涨起来。

“建博，你说咋干咱咋干！你说上东，咱决不上西，你说打狗，咱决不骂鸡！”

“这些年，咱看尽了白眼，受尽了欺负，尽管咱没有健全的身体，可咱有志气！”

“山不转水转，石不转磨转，凑到一起就是缘分，咱干出个样子让人们看看！”

激情过后，孙建博的心里忽然一紧：咋办呢？

干事不怕难，就怕背后有人瞎戳鼓，这话一点不假。正当他们七个残疾人干得红红火火，取得了让人目瞪口呆的成绩时，有的人眼红了，有的人愤怒了。局里竟莫名其妙地下令停止了孙建博的工作。由此，孙建博终于明白了这样一句话：干的不如看的，看的不如背后捣蛋的。

孙建博做梦也没想到，自己又陷入了一个危机四伏的泥沼。

初识张海迪

又是乍暖还寒时候。

阳坡上的野草以为春天到来了，自己生长的季节到了，便竭尽全力焕发出勃勃生机，几天工夫山坡上便一片葱绿了。但是，天真的小草哪里想得到，仲春时节还会有寒流呢？一场从天而降的清明雪，不顾小草在挣扎、呻吟或是抗争，恶狠狠地把它们严严实实地罩住了。数日之后，等云开日出雪化时，大部分草叶被冻伤了。

宋朝词人李清照在她著名的《声声慢》词中写道：

寻寻觅觅，
冷冷清清，
凄凄惨惨戚戚，
乍暖还寒时候，
最难将息。

这段词，拿来形容孙建博当时的境况，实在是最合适不过了。他和小草一样，自以为有机会大干一场，便义无反顾地向前闯去。没想到，一场莫名其妙的大雪，把他残酷地封杀了。

新婚的喜悦，丝毫没有冲淡事业给他带来的苦恼。妻子焦翠红的百般呵护，嘘寒问暖，倒水送药，反而在他一大堆难以理清的心事里，又增添了一种对不起她的心绪，使他的心理负担有增无减。

晚上，他躺在床上，瞪大眼睛盯着天花板，苦苦寻觅着：他到底错在哪里呢？天下这么多路，怎么就没有一条他能走的呢？在“冷冷清清”中百思不得其解之后，他只有独自“凄凄惨惨戚戚”了。一个个漫长的夜晚，伴着他无眠的双眼和无穷无尽的长吁短叹。妻子吓坏了，父母也吓坏了。他们围在院子里，围在床前，围在饭桌旁，反正无论他出现在哪里，他们都会围上来，说些“眼光要长远”之类的话。宽慰的话说了几箩筐，但是就像一块石子扔进大海里，连半点波澜都荡不起来。

大清早，一个平日来往比较多的陶瓷客户找上门来，硬把他从床上拖起来，按在了板凳上。他一边揉着因失眠而红肿的眼睛，一边长吁短叹，打不起一点精神。

“孙经理，”他还是按照孙建博停职以前的称呼叫他，“你就这样闷在家里，能受得了吗？”

“咋办？受不了也得受啊！”

不知为什么，他喋喋不休地为孙建博讲起他老家的事来：

“我们老家有一个叫张大头的，原是一个因为偷厂里东西受过处分的职工，哪个单位都不要，只好闲在家里看蚂蚁上树。前几年，他自己租了个门头，专门搞陶瓷批发。没想到，买卖做得出奇好，几年间挣得家财万贯，盖上了四层楼的办公大楼，成天开着桑塔纳，拿着大哥大，再也没人叫他张大头了，都叫起了张百万。当地的头头脑脑们，只要是张百万请喝酒，保准一叫就到。去年张百万的娘死了，人家的摇钱树和纸马，全是用拾元一张的大票子糊的。仅雇用的哭丧人员就有二百多人……”

“他这样又有啥意思呢？这样就有人说他好吗？”

“你的为人我知道，对谁也是山上滚石头——石（实）打石（实）。可你没白没黑地干，连命都快拼上了，又有啥意思呢？又有谁说你好呢？不错，群众是说你好，可这年月，群众的话有什么用啊？领导对你咋样？领导整死你的心都有呢！”

是啊！职工对他再好，领导不待见他，又有什么用啊！他永远也不会忘记和局领导的那次谈话。

那天，孙建博骑着那辆破三轮车赶到局里时，局长已经等得不耐烦了。他轻轻地仰了仰下巴，示意孙建博坐下，然后将手里的几封信扬了一下，又故作神秘地把信锁进抽屉里，最后才装出非常关心的样子说："建博，群众反映你经营中有问题，当然，我不会轻易相信的。但是作为年轻人，以后的路还长着呢，你可要走正道啊！"

"领导，我哪个地方不走正道了？"

"哑巴吃汤圆——自己心里明白。哪里不走正道，你自己心里有数，还用我提醒吗？"

"我实在不知道我有什么问题。"

"哈哈哈——"局长大笑一声后，用与刚才同样关切的口吻打击他，"这不是秃子头上的虱子——明摆着的事情吗？那么多陶瓷经营单位，为什么人家卖不出去，却有人来买你的？那么多经营单位，你为什么非将陶瓷卖给个体户不可？个体户是些什么人？是些不走正道的人！再说，挣了那么多钱，难道你一点也没贪污？几年来，你向局里汇报过几次工作？你眼里还有没有这一级组织……"

孙建博一听，这分明是鸡蛋里挑骨头，气立刻不打一处来："我是卖货的，不管国营个体，谁买我都卖，只要能给国家创造利润就行。说我贪污，要有证据。俗话说，干屎抹不到人身上。我每年按时超额上缴承包费，这就是对局领导最好的尊重，也是对上级组织最大的尊重！"

他的这段话，把局长所有的质问全顶回去了。局长一时张口结舌，说不出话来。

也许这事原本局长是想让他认个错，服个软，就过去的。可他根本就没有那根弦，在他看来，没有错，还认什么错呢？他忽略了一个连孩子都明白的再浅显不过的道理：胳膊拧不过大腿。

只见领导将手中的烟头狠狠扔到地上，用大脚板使劲一踩，烟头马上粉身碎骨了。几乎是同时，他的另一只手一下拍在了桌子上，茶杯里的水溅得四处都是。

“从明天开始，你停职接受检查，工作组进驻门市部查账，我就不信阴沟里能翻了船!”

于是，几年辛苦，几年血汗，尤其是十几个人的饭碗，领导上下嘴唇几闭几合，吐出几个音节，就全泡汤了。

那位陶瓷业务客户见孙建博陷入了回忆中，使劲拉了拉他的衣角，拎起贴着红喜字的暖水瓶倒了杯水，双手给他端过来，试探着问他：“现在有件事，你想不想干呢?”

“啥事?”

“咱干脆打开天窗说亮话吧！既然领导对你那么不够意思，咱还能在他那棵树上吊死? 此处不留爷，自有留爷处；处处不留爷，爷爷照样活！去年，我们几个人也搞了个陶瓷门市部，本想大干一场的，可不知为啥，越干越不行。一年下来，不仅没挣着钱，连那点流动资金也花光了。万般无奈，我们想起你来了。可当时你干得正欢，我们知道请不动你，就没敢伸这个头。和我们一起搞陶瓷批发业务吧！一来可以挣几个钱，二来也出口气！至于报酬嘛……”

“多少?”孙建博嘴上在问，其实心思根本没在上面。

“年薪两万！咋样?”

两万元在当时可是个不得了的数目，一个老革命的月工资才百十元。但是，这人实在是小看他了，为钱的话，他早自己挑头干起来了。他为的是给残疾人争口气，让全社会知道，残疾人也是人，而且是了不起的人；为的是能对社会有所贡献，让健全人也分享一点残疾人所创造的效益。与此相比，两万元算得了什么！但是他知道，朋友也是出于好意，轻易驳他的面子，很不礼貌。于是，孙建博模棱两可地对他说：“让我考虑一下，你回去吧。想好了我会告诉你的。”

人家走了，他又陷入了无边无际的痛苦之中。

夜里一场大雨，将贴在影壁上的大大的红喜字浇透了，鲜艳的红色变成了淡红，浓浓的墨汁一行行胡乱淌下来，在纸上留下了浓重的痕迹，好似一行行黑色的泪。

其实，他心里也在流着黑色的泪。大千世界，无奇不有，他为什么总是遇上奇中之奇呢？花花世界，五彩缤纷，给予他的为什么尽是灰暗呢？是什么原因，使他踏上这条创业之路的呢？当然，是建功立业的冲动，是立志奉献的向往。但真正把他推上这条路的，还是张海迪那场激动人心的报告。

张海迪？想到这里，他禁不住打了个激灵：她怎么样了？这个激励了全国千千万万青年人的榜样，现在在干什么呢？他遇到的这些问题，她能不能为他解答呢？

对！去找张海迪。

火暴性子使他来不得半点犹豫。第二天一大早，他背上煎饼，用塑料瓶子装上凉开水，只身踏上了博山通往济南的长途汽车。一位解放军战士见他挣扎着上汽车的样子，热情地为他让了座。

一路风尘，到济南已近中午了。下车后，他茫然了。对张海迪，他只知道一个抽象的名字，连面也没见过，更不知道她住在哪里，这么大的济南，去哪里找呢？如果在街上见人就问，费时间不说，说不定人家还会认为他是个傻子呢！在长途车站外徘徊了一阵子，他忽然想起了省残疾人联合会。由于搞陶瓷经营有点小名气，他与省残联的人有过交往。

在别人的指点下，他乘车来到省残联，正赶上人家要下班。残联的一位领导同志认出了他，热情地将他让进办公室，又是倒水又是买饭。问明孙建博的来意之后，他答应下午陪孙建博去见张海迪，并告诉他，海迪现在非常忙，正在写书，身体又不好，谈话时间最好短一些。

下午来到海迪家门口时，他又犹豫了：人家是党和国家领导人接见过的大名人，我是一个一事无成又被停职的小人物，贸然来见人家，合适吗？人家正干着大事，妨碍人家行吗？

同行的省残联领导同志看出了他的踌躇，一边向前推他，一边鼓励他说："建博，没事，海迪最愿意和年轻人交朋友。不过，你要注意时间，不要让她太累了。"

他终于跨进了张海迪的家门。这是一个什么样的家啊！沙发已经破旧，有的地方已有明显的塌陷；桌子是早就不时兴的清漆漆过的那种，地上也是水泥原色，不用说铺地板，连油漆也没刷过一次。这与他想象中的张海迪的家，差距太大了。

省残联的同志介绍完他的情况后，张海迪爽朗地大笑着说："建博，你比我小，喊我海迪姐姐好了。我自作主张，把你当成小弟弟了！"

"海迪姐姐，我有几句话要和你说，又怕耽误你的时间，我只说五分钟吧！"

"没事！咱们残疾人说话，不计时间。"

有她的这句话垫底，他的拘谨一下子飞到九霄云外去了。他开始说他的情况，从求职说到辞职，从干得红红火火说到被停职检查，从对社会的向往说到对一些社会现象的不理解……

孙建博把心里的苦恼、心里的忧郁、心里的委屈、心里的愤愤不平，一股脑全吐了出来。

听完他的倾诉，海迪坐在轮椅上，好长时间沉默不语。

长长的一段沉默之后，她突然探过身子，两眼注视着他问道："建博，你说咱们残疾人要想走出一条成功的路，靠的是什么？"

"是拼搏，是自强自立！"

"对，为什么要拼搏？因为有困难，因为有阻力。所以，人生道路上遇到阻力和困难是正常的，甚至被人陷害或误会也是正常的，关键是看我们怎样对待这些问题。如果向困难屈服了，那你的事业也就结束了。如果自此心灰意冷，那正好中了人家的奸计，人家正不想让你干呢！”

“有人找我，想让我自己干……”

“建博，听你的介绍，看你的举止，你是个有能力的人，你自己干，干到底顶多是个富翁，对别人有什么益处呢？而且你会随着富有而精神空虚。领着大家一块干，富了大家，贡献了社会，你才会觉得无比的充实！”

“可人家不让我干……”

“世上道路千万条，走哪一条由自己选。你是一个大活人、聪明人，总会找到适合你的路的。”

孙建博心里忽然一亮，忧郁的心情疏解了不少，甚至隐约有点要回去大干一番的冲动。

他环视海迪的房间，四处摆满了书，仅她自己写的就有好几本。桌子上，还放着摊开的稿纸和几篇已完成的稿子。他禁不住问：“你已经写了那么多书，怎么还在写呢？”

“我是个残疾人，我闯出了一条属于自己的路。我要把这条路介绍给更多的残疾人，让他们也走出自己的路，也享受成功的喜悦。”

不知不觉间，两个小时过去了。看看海迪憔悴的面容，望着她桌子上摊开的稿纸，省残联的领导同志催孙建博离开。

“请等一下。”

说完这句话，海迪转动轮椅到另一个房间去了，回来时手里拿着两张照片，一张是在她的长篇小说《轮椅上的梦》获奖时照的，一张是她在日本手术后，与和平鸽一起照的。

“建博，女孩子的照片是不会轻易送给男孩子的，咱们有缘分，送你两张做纪念吧！”

说着，她拿起笔，分别在两张照片的背面写下了这样一句话：赠给亲爱的建博弟弟——姐姐海迪。

当海迪给他递照片的时候，省残联的领导同志把这情景照了下来。这张留影是孙建博最喜欢的照片之一，他把它放大后装在镜框里，一直带在身边。

临别时，海迪拉着他的手说："建博，以后就叫我姐姐吧！遇到啥事可以来找我，尽管我帮不上大忙，却也能帮你排解排解……"

没想到，这次的会见，使他们两人结下了不解之缘。之后，每当高兴或忧虑，每当取得成绩或遇到困难时，他都会找海迪姐姐倾吐一番。

走下从济南到博山的汽车，已经是暮色苍茫了。他沿着孝妇河南行，朝家里走去。尽管心里非常轻松，但一天奔波下来，他的右腿钻心地疼。他吞下几粒布洛芬片后，也只能走几步便要停一下，在河边石阶上坐一会儿，然后再起来走。说是走，其实是挪动。有树的地方就扶着树走，没树的地方只好弯腰扶着桥栏爬。幸亏是晚上，看见的人不多。要是在白天，不知会有多少人围观呢！残旧的路灯已没有多少光亮，一瘸一拐的他，随时有摔到孝妇河里的危险。

他一边走，一边想，人的一生，到底会遇到多少坎呢？也许有一些坎是虚张声势，比如婚礼上收到法院的传票，是因为生产厂家原材料断顿，导致他们未能按时供货，误了买方工期，人家才起诉的。当他们看到他瘸着一条腿四处为他们寻找货源，急得嘴上起了燎泡时，便主动撤诉了，并买上东西来看他。这样的坎也算坎吗？

"建博！"

一个熟悉的声音传来，还没等他看清是谁，来人已将他扶住了。原来是他们陶瓷门市部的一个职工。

"你干啥去？"孙建博问道。

“我去你家找你，你爸说你去济南了。我估摸着你也快回来了，就顺着河边来迎你。正好碰上了。来，我背你回家。”

不论孙建博怎么推辞，他就是非背不可。没办法，孙建博只好趴到了他的背上。见到一个多月没见的同事，孙建博心里觉得亲得不得了。他们边走边聊，由此孙建博也了解了门市部和工作组的情况。

工作组进驻门市部以后，正如李孝友所说的，业务往来便停止了，工资没了着落。李孝友他们跑到局里，要求让孙建博重新出来工作，可局里的答复是：问题查清之前，孙建博不能上任。李孝友他们闹了一天，什么效果也没有。李孝友一气之下辞了职，带着媳妇到火车站附近，租了两间破棚子，自己干开了。

“功夫不负有心人”，查账的人粗箩过了细箩过，放大镜看了显微镜看，终于查出了问题：账上明明白白地写着，送给胶东一家公司的经理胡某五套餐具，价值七十五元。这成了孙建博唯一的罪状。但工作组忽视了这样一个事实：几年来，胡某前前后后从门市部买了两千多万元的陶瓷，为门市部做了巨大的贡献，而且五套餐具孙建博回去马上交了公。那么，这算个什么问题呢？“欲加之罪，何患无辞”这句话，真是个伟大的发明。也许，当初创造这句话的人，和他有着同样的命运吧！

同时，这里也制造了一个天大的笑话：为了这根本不成为问题的七十五元钱，竟花掉了近两千元调查费用。这要卖多少陶瓷才能赚回来啊！

但事实终归是事实，这个七十五元，也无法栽赃在他身上。最后，局里只好给出结论，孙建博个人无任何问题。在宣布结论的时候，有人以为他会因此而感恩戴德、感激涕零，甚至有朋友早就教了他好几遍，一定要说一句“谢谢领导的爱护”。但是，那天他不但没说话，甚至脸上连点表情也没有。

“门市部快散摊子了，大家快没饭吃了。那几个残疾人，经常趁没人的时候偷偷地哭呢！”

听了同事这忧伤的话，他能说什么呢？

孝妇河里的水还在一如既往地流着，不知为博山人冲走了多少欢乐，多少忧伤。这么多年来，孝妇河经历了太多的阴晴圆缺，阅尽了无数的人间悲欢。对这一切，它早已波澜不惊了。

死里逃生

一夜之间，孙建博这个曾经多少次求爷爷告奶奶无人要的残疾人，又身价百倍，成了抢手货，他自己都有些无所适从了。

兵家常说："置之死地而后生。"万万没想到，这个用兵之道在他身上被动地应验了。被动也罢，主动也罢，它实实在在地促成了他人生道路上的一次胜利大逃亡，使他在被人置于死地之后，竟然奇迹般地死里逃生。

焦翠红又上班去了。自打孙建博停职接受检查以来，家里的主要经济来源就断了，本来就不富裕的小家庭，更是顾了前心顾不了后背，没办法，已有身孕的妻子只好又骑上自行车干临时工去了。临走时，她给他煮了一碗冰糖银耳汤，嘱咐孙建博一定要趁热喝了。一段时间以来，她看他情绪低落，饭量明显减少，怕他愁坏了身子，就把攒了两个月准备买衣服的十五块钱拿出来，到小摊上买了冰糖和银耳。

桌上的银耳汤由热变凉，渐渐没了热气，他却连尝一口的欲望都没有。浩茫的心事充塞在心间，吐又吐不出来，咽又咽不下去，个中滋味实在难熬。

"建博在家吗？"

一个人大步迈进屋来。他定睛一看，是民政局办公室的人，他以前的同事。他赶紧起身让座，端茶倒水，摆出一副热情的样子，怕人家说他有权了就精神，没权了就疲沓。

"建博，局领导让我来找你。"来人开门见山地说。

“找我做啥？”一听“局领导”，他气就不打一处来。

“叫你回去上班。”

“事情就这样结束了？”

“很简单，你在民政福利公司全体人员大会上做个检讨，事情就算过去了。你看，局领导可真是宽宏大量啊！”

“宽宏大量？明明是他错了，却要我做检讨，这是啥道理？还蛮有风度地让我戴罪立功，不就是门市部垮了，又让我来收拾残局吗？骗鬼去吧，欺负人也没有用这办法的！”

“建博，我也知道冤枉了你，局里的同事私下里也都这么说，可领导的意思谁敢违背呢？唉，人在矮檐下，哪能不低头？难得糊涂啊！我看，你还是糊糊涂涂地认个错，先保住这个饭碗再说吧！”

同事的关心，使孙建博心里一阵热辣辣的，“饭碗”二字，更使他不得不认真对待。

饭碗，来之不易的饭碗啊！这是个多么诱人的字眼啊！没有饭碗，就连命也保不住。但是，为了饭碗，就可以是非颠倒、黑白混淆吗？为了饭碗，就可以屈辱地从狗洞里爬出去吗？他又陷入难以自拔的矛盾中了。

风在轻轻地吹，树在轻轻地摇，鸡在院子里踱着方步，云在天空中悠然自得地飘着。只有他的情绪，在激烈地波动着，与这个风和日丽的日子极不协调。

“建博同志在家吗？”

又一个找他的，这是咋回事？他这谁也不愿沾的臭狗屎，转眼间成香荷包了？这是一个陌生的声音，随着声音进来了一个陌生的人。

看到他家来了客人，局里的同事忙起身告辞，临走还千叮咛万嘱咐，让他一定考虑一下局里的意见，并说了一大堆“过了这个村就没有这个店”之类的话。

“你是……”孙建博盯着来人问道。

“我是原山林场的，我姓尚……”

“噢……尚玉文场长，是吗？”

“对对对！建博，我今天找你有事呢！”

“啥事？”

“我想调你去原山林场陶瓷批发部工作。”

这突如其来的消息让孙建博大吃一惊，他有点不相信自己的耳朵，天上怎么会掉下肉包子来呢？

“我能行吗？这不是刚让人家……”

“别人怎么看你，我不管，我有我的看法。你能行，我做过调查了。我想让你去当经理，领着那帮待业青年干。”

“这样吧，我考虑一下，过两天给你回个话。”

“好，我等你回信。”

尚场长走了，他那信任的目光、企盼的神情，给了孙建博很大的鼓舞。他用两天时间，打听了一下原山陶瓷批发部的情况，又了解了一下尚场长的为人处世。然后，他又用了整整一夜时间，在心里把这两个单位反复权衡一番。第二天晚上，他找到了尚玉文场长，张口吐出三个字：“行，我干！”

那天晚上，在一盏并不太亮的电灯下，尚场长和孙建博聊了很久。尚场长从林场的情况说到批发部，从以林为主说到以商养林，并规划了林场的前景。孙建博简要地说了一下对批发部的设想，尚场长完全同意他的意见。他俩越说越投机，大有相见恨晚之意。

第二天上午，孙建博要调到原山陶瓷批发部的消息就传开了，而且传得沸沸扬扬，大家莫衷一是。有人劝他别踏进这块泥沼，有人说他是自讨苦吃，有人鼓励他闯一闯，试一试。当然，最要命的是消息传到了局领导的耳朵里。

据说，局领导知道后大发雷霆：“孙建博想调走？翅膀硬了就想飞？问题还没查清楚，档案在我手里，只要我不说话，他就等着在我这里退休吧！”

局领导的确说到做到了，仅仅因为几页纸的档案，孙建博就被压了整整半年。不过，那段时间，他是人在曹营心在汉，已悄悄地为原山陶瓷批发部出谋划策了。

他到原山陶瓷批发部的时候，真是大吃一惊。那里的破败景象，远远超出他的想象。

六个待业青年，守着三间能看见天的小平房；屋里放着三大缸蜂蜜，早已变质变味了；一吨卖不出去的大蒜，蒜苗长了一拃长；一大堆用塑料袋子装的茶叶，因房屋漏雨，被泡得鼓鼓囊囊的，像气球似的；另一间屋里，垛满了积压了好几年的茶壶，有的缺了把，有的掉了盖。这哪里像个批发部，简直是一个被遗弃多年的破仓库。

面对这令人心寒的景况，他想起了老客户胡某，用诚心和信誉建立起的业务关系，是永远斩不断的纽带。他一个电话，胡某派来三辆大卡车，将积压的陶瓷茶壶全部拉走，并当场付了现钱，解了他的燃眉之急。资金一下子活了起来，供货方也敢给他们发货了。

然后，他又拖着一条腿，跑遍了博山大大小小的陶瓷厂，求人家先供货，他后付款。由于他是残疾人，又搞过陶瓷，有良好的信誉，人家都给了特殊照顾，业务很快活了起来。往日死一般沉寂的原山陶瓷批发部，很快成为人来人往、笑语喧哗的地方了。

往后的日子，又开始艰难了，而且难得令人难以想象。

这天，又一车从南方来的陶瓷到站。车站让他们限时卸车拉走，否则就要罚款。火车站是有装卸工的，但他们为了省钱，坚持要自己卸货。这一做法，他们已坚持了十几年，直到现在。

批发部只留一人看门，其余的全来车站了。

为了在限时之内卸完车，孙建博也挣扎着爬上车。

“孙经理，你咋上去了？快下来！”有人咋呼着。

“多一个人，就多一份力。”他胡乱应答着。

“你的腿不行，我们不放心！”

“大老爷们儿，别婆婆妈妈的！”

就这样，孙建博拖着一条腿，和大家一起往站台上递送着一箱箱的大花瓶和其他陶瓷工艺品。由于只能一条腿用力，陶瓷物件又大又重，他不但残腿疼，那条好腿也疼得哆嗦起来。

不久，他就支撑不住了，脸色蜡黄，豆大的汗珠从两颊滚落下来，落在陶瓷纸箱上，发出吧嗒吧嗒的响声。但他还是咬着牙，一箱箱往下递，只是觉得两只胳膊没有多少力气了，手也很难抓住东西。

突然，他的两条腿使劲抖起来，一阵钻心的疼痛之后，失去了知觉，脑子也突然麻木起来，伴随着极度的眩晕，他从车顶栽了下来，栽到了满是碎石的站台上。大家惊叫一声，呼啦一下围了上来。

事后，据同事们说，他是一头扎在站台上的，冰冷的水泥站台把他的头碰破了，然后又跌到了下面的道岔上，一条腿搭在铁轨上，一条腿横在碎石里，整个身子仰躺在枕木上，背上和腿上鲜血直流。

他清醒过来的时候，已经躺在自家的床上了，伤口已经在医院经过了简单的包扎。

几天来，头疼、腿疼、浑身疼，连坐起来都难。焦翠红请了假，煮了稀饭，用小勺一口口喂他吃。但他的心全在陶瓷上，有时焦翠红把饭喂到他嘴里，他都忘了咽，流得褂子上到处都是。他多想到批发部去看看啊！但挣扎着刚站起来，浑身疼得一屁股又坐下去了。

“孙经理，不好了，出大事了！”陶瓷批发部的一个职工满头大汗地跑进来，慌慌张张地大叫着。

“啥事，火上房了?”孙建博不满地问了她一句。

过多的坎坷，使他能做到“每临大事有静气”，同时，对动不动就急头急脑的人也看不惯了。

那职工喘了几口粗气，定了定神说："和火上房差不多。"

"啥事？咋了？"

"城管队把咱们的批发部扒了。"

"为啥？"

"说咱违反城市规划。"

"你们没和他们讲清楚？"

"人家啥话也不听！"

孙建博忽然想起来，几天前，城管队的人来说，他们批发部建的不是地方，要扒掉。孙建博当时说，这么多年房子一直没人管，为啥现在才想起来扒掉，再说，这也不是他们建的。但来人不听解释，坚持要扒掉。最终经过商量，他们答应允许批发部一边经营一边另找地方，待找好新地址后再扒。当时说得好好的，为什么转眼间又非扒不行了呢？这不砸了他们的饭碗吗？

孙建博再也顾不了自己的伤痛，让那个职工用自行车带着他去了批发部。到了一看，三间平房已经扒了一间，破砖烂瓦堆在一起，墙上还挑着几根倾斜的檩条。几个青年呆若木鸡，大眼瞪小眼地看着他。

"经理，咋办？吹灯拔蜡？"

"不！扒了一间还有两间，扒了两间还有一间！只要上有片瓦，下有立锥之地，我们就干到底！"

谁知，一语成谶。时隔不久，批发部又被人家扒了一次，这次只剩半间了。

也真是老天眷顾，他们的汗没白流，辛苦没有白费。破房子并没影响他们的生意，而且生意越做越红火。有时候，他们一天能卖十几个拖挂车的货。大量的吞吐，使他们的流动资金捉襟见肘。为此，孙建博写了个要求贷款的报告。报告一路绿灯，可报到省里之后，却大半个月没有音讯。

孙建博决定去省城一趟。

临行那天早上，同事们怕他身体不行，要求与他同去。他说：“眼下买卖正好，这里人少了不合适。请放心，我自己的身体我有数，我就是爬，也要爬个来回。”

谁知汽车半路抛锚，到济南时，已经是上午十一点多了。他马上换乘公共汽车，来到了银行办公楼。一打听，才知道刚刚下班。他问行长在不在，传达室的人说，你进门时，往外开的那辆车就是行长的。一句话说得他心里直懊丧，没办法，他开始打听行长家的地址。

在大街小巷里折腾到快一点，他才来到行长居住的宿舍楼前。这时，他的双腿已经疼得要命，连疼带急，浑身早已被汗水湿透，头发也像刚洗过似的，一种无助的感觉袭上心头，他甚至开始后悔自己来济南了。

找人一问才知道，行长住在五楼。

这下可难住他了，他平时上楼的办法是，用左手抓住栏杆，左腿迈上一级台阶，然后用右手抓住不能走路的右腿，使劲将它搬上与左腿同级的台阶，两步才能上一级台阶。就算这样，也只能上两层，再上第三层，腿就疼得不能走了。

而今天，层数多不是主要的困难，关键是他给人家提了两套茶具。为了方便，他把两套茶具捆在一起，用一只手提着。但是，如果用左手提，就无法抓栏杆；如果用右手提，就无法搬动右腿。怎么办？先试一下再说吧。

于是，他采取了一种从没试过的姿势上楼。刚上了四级台阶，由于重心不稳，身子一晃，一下子摔了下来。他顾不得疼痛，赶紧捡起茶具，使劲地摇了几下，没听到碎瓷片的声音，知道没摔坏，心里才不紧张了。

中午人们都在午休，楼道里静静的，没有一个人。孙建博坐在地上，琢磨着上楼的办法。

倒着上行不行呢？

这个念头一产生，他就觉得可行，接着开始试了起来。

他先背对着楼梯坐下，再把两条腿一屈，把脚放在离身子近的一级台阶上；再用手扶楼梯，让屁股坐到上一级台阶上，然后把两腿屈上来。这个办法虽然慢，但能一层层地上。

就这样，五层楼，他上了整整一个小时！由于大汗淋漓，他身后的每级台阶都像用拖布拖过一样，留下了湿乎乎的一道痕迹。

到五楼时，胜利的喜悦让他一下子放松下来，扑通一声倒在了行长家门前。

也许是行长听到了声音，门开了。见他浑身汗水躺在门口，行长吓了一大跳。镇静下来后，他才悄悄地问道："你是？"

"我叫……孙建……博，是原山……林场陶瓷……批发部的。"孙建博一边喘着粗气，一边挣扎着站起来，双手扶着墙回答行长的问话。

"你来干啥？"行长的话里透出关切。

"我们贷的款……说是要经过您批准……"

"哎呀——"行长一拍脑袋，恍然大悟地说，"原来是这事，我们正准备下午研究呢！"

一听下午要研究，孙建博心里庆幸来得正是时候，他着急地问："那，我们的事行不行？"

"行！行！完全符合要求。材料我已经看过了，没问题。你可千万别跑了，再来，我于心不忍……"

说着，行长让孙建博去他家里坐。孙建博一看自己一身土一身汗，实在不好意思进去。于是行长拿出湿毛巾让他擦了脸，又拿出干毛巾将他浑身上下的土抽打一番，然后扶他下楼，一直把他送到公共汽车上。

当他满怀喜悦地赶回来，准备告诉大家好消息时，却迎头一击，听到了个坏消息：剩下的那两间门头又被扒了一半！

晚上，他来到那残破的门头前，眼里蓄满了泪水，像一位经过殊死搏斗之后受伤的武士，在狼烟遍地的战场凭吊。

房子基本被扒完了，没扒的地方，也写上了“拆”字；那些又黑又黄的檩条，胡乱地堆在一起，像一具具瘦弱的尸体；遍地的废纸箱和碎砖头：活像一个无人清理的垃圾场。

强劲的北风，从孝妇河里毫无顾忌地向南吹去，桥下旮旯里的废纸和残叶，统统被风搜罗了出来，一起扬向天空，又狠狠地摔到不知名的地方。河岸边的电线，一边抖动着，一边发出又尖又细的声音。

他们的门头就在河边，劲风一吹，晚上看货的人冻得瑟瑟发抖。

当天晚上，孙建博找人借来篷布，以剩下的半间房子为基础，扎了一个坚固的棚子。此后，接待客户、谈判、财务结算……所有的业务全在这个棚子里进行。

博山，是个历史悠久的山城。从建县到现在，已经历了一百三十多任区（县）长。小城有着深厚的文化底蕴，有着独特的风俗习惯，民众看问题的角度和思考问题的方法也与众不同。

这不，他们的大棚刚扎起，马上成为众矢之的。因为，在山城博山，死了人才扎个灵棚，供亲朋好友吊唁之用。

“孙建博扎个灵棚干啥？吊丧吗？”

“不论啥事，到了扎灵棚的程度，就是快完事了。看来，原山陶瓷批发部快散摊子了。”

“光有灵棚，咋没人披麻戴孝，没人哭呢？”

他们也顾不了那么多闲言碎语，购货、送货、装车、卸车，累得他们无暇他顾，而迅速增长的利润，也让他们不屑于他顾……

也许，从石缝里钻出的树苗，更知道阳光和土壤的珍贵。他们看重每笔业务，珍惜每一个业务关系，注意每一件产品的质量和交货日期……这一年，他们抱了个大金娃娃。原定上交林场三千元，结果他们坚决要求上交了六万元。

结算的时候，尚玉文场长陪着省林业厅厅长和市林业局局长来到他们的大棚里。他们汇报工作也不按常理，而是六个青年你一句我一句，想起什么说什么，好听的不好听的一起涌出来，逗得领导大笑声一阵接着一阵。

领导被他们的精神感动了，被他们的成绩震动了，当场拍板，答应给他们陶瓷批发部买一辆天津“大发”。

他那辆被汽车撞过又修了多次的破三轮车，终于要进博物馆了。

晚上十点多，他们发走最后一车货后，在大棚里炖了满满一锅猪肉白菜。大家一起回忆着一年的坎坷，憧憬着明年的发展。大棚里热气腾腾，笑语阵阵，下夜班的人纷纷驻足探头，纳闷“灵棚”里发生了什么事。

夜深了，大家脸上挂着极度兴奋的泪水回了家。

被有些人斥为“灵棚”的地方，终于有了哭声。不过，那不是要散摊子的哭声，而是高兴的哭声，激动的哭声，昭示着灿烂前景的哭声……

锥心的"耻辱球"

也许，孙建博本身就是一个产生新闻的人，他注定要生活在好事者的种种议论中。

从所谓的桃色新闻里摆脱出来之后，他又创造出一个惊人的新闻，以致有人说他疯了，说他傻了。但疯也罢，傻也罢，他想干的事情从来没有因为别人的风言风语而停止过，他对自己干过的事情从来没有因为别人的评头论足而后悔过。

事情源于一个不眠之夜。

这天晚上，他躺在床上，回忆着白天的表彰会。会上，他又得了一个荣誉称号，领导还单独和他合了影，许多记者围着他进行采访。此前，许多报刊都曾多次刊登过他的事迹和照片。他的企业和他，在社会上有了一定的知名度。在他的书橱里，大红的荣誉证书厚厚的一摞。在今天的表彰会上，领导还提着他的名字大大表扬了一番。

夜，静得出奇，四周没有半点声音。屋里，钟表的声音好像被无限放大了，滴滴答答，简直像奔腾的马蹄，敲打在人的耳膜上……

在如此美妙的环境里，他纷飞的思绪自由地飘散开来……

他想，论成就和荣誉，他也算成功了。可他是怎样成功的呢？别人心里清楚，他心里更清楚。他自幼患重病，成了一个残疾人，是在无数好人的帮助下和温馨的社会环境滋润下成长起来的。王修贤老师、宋金英大娘、宫梅、郑桐以及所有背过他的同学……领导的关怀、社会的支持、舆论的鼓励……现在，他该对人民、对社会做点什么呢？通过拼搏，自己得到了许多，他拿什么奉献给社会呢？

身旁的妻子翻个身，又迷迷糊糊地睡去了。她下午装了三车陶瓷，太累了。妻子受的委屈太多了。她从不敢和别人握手，为什么？因为她从事装卸工作，又经常用草绳捆扎陶瓷，手磨得非常粗糙，冬天裂满了小口子，一用力就往外渗血水。没办法，她只好用胶布粘住，有时一个冬天能用二十卷胶布。她嫌用胶布花钱太多，就改用绷带绑。

他翻身为她掖好被角，又陷入无边的思绪中。

为了从阴影里走出来，他拼命地追求。现在实现了部分理想，而且活得比别人可能更好一点。但是，一个人如果仅仅为自己活着，他的人生是乏味的、意义寡淡的；如果因为自己的存在而使许多人活得更好，那才是一件惬意的事情。那么，怎样才能让更多的人活得与他一样好呢？

真是无巧不成书。

一次，孙建博去济南谈一笔业务，邂逅了山东体育学院的院长兼书记于扬周和足球老师殷铁生。中午，他们执意要请他吃饭，在同行人的撺掇下，他只好恭敬不如从命了。

席间，他们谈的尽是足球的事，从足球人才谈到足球战术，从我国足球的现状说到儿文图斯杯的战况，时而眉飞色舞，时而仰天长叹。他对足球不太了解，也就没往心里去，和别人谈着另一个话题。尽管话题不同，但席间的气氛还是融洽的。

突然，他们的几句关于省足球队的谈话钻入了他的耳朵。

“于院长，咱们组建省足球队的计划，也该排上议事日程了。要不，咱们就要落到别的省后面去了。”这是殷铁生的话。

于扬周说：“有识之士早就这样说过，咱们也打算好长时间了。可如今，唉，万事俱备，只欠东风啊！”

“东风是啥?”孙建博插了一句。

“钱!”

于院长说这句话时似乎很矛盾，像是斩钉截铁，又像是无可奈何，还显出一副壮志未酬、英雄气短的样子。

席间一时无话，孙建博的心里却盘算开了。他不是一直在找奉献社会的机会吗?机会来了。自己是个残疾人，身体不行，吃够了体弱多病的苦头，他多么想让人人都有一个健康的体魄啊!足球，不正是强身健体的运动吗?俗话说，有山才有树，锻炼好了身体才能工作嘛!但是，他们公司养得起一支省级足球队吗?

“孙总，钱的问题，你有门路吗?”

见孙建博在沉思，于院长似乎摸准了他的脉搏，不失时机地向他提出这个问题。

其实，孙建博还在踌躇。尽管他对社会奉献之情甚殷，但对这件事心里还是不大有底。老人们常说，吃饭穿衣看家当。在这个问题上，一时的盲目慷慨会给双方造成不必要的困扰。

于是，他小心翼翼地提出一个问题:“一年大约需要多少钱?”

“你能提供多少钱?”殷铁生兴趣颇浓地盯着他问，好像要从他的表情里读出点什么。

“我们单位小，按销售额和利润计算，在不妨碍扩大经营规模的情况下，每年可提供五万元。”

“够了!足够了!”

殷铁生激动地端起酒杯，呼地站起来，还没等孙建博端起杯，就碰了一下他的酒杯，自己一饮而尽了。仅从这杯酒就可以看出，殷铁生对足球事业的痴迷和执着到了何种程度，他身上憋着一股劲呢!

这时，于院长也端起酒杯，先和孙建博碰了一下，又和在座的人一一碰过，然后激动而沉稳地说:“困扰咱们的难题终于解决了!

这样，咱们山东省足球队就可以建立了。那么，咱们山东队叫什么名字呢？”

“孙总，你们公司的全名是什么？”殷铁生又站起来，迫不及待地问道。

“山东原山陶瓷批发公司。”孙建博说。

“好，咱就叫山东原山足球队吧！回去我再征求下领导的意见，争取能定下来。”

于扬周说完，又提议大家一起端起酒杯：“来，咱们大家一起，感谢孙总对我省足球事业的支持，祝贺山东原山足球队的诞生。我想，在山东省的足球历史上，咱们今天议的事，会留下浓墨重彩的一笔的。”

殷铁生的工作效率非常高，时隔不久，山东原山足球队组建完毕。于院长还亲自来电话，要孙建博赶到济南，就球队成立的仪式议程进行磋商。

在于院长的办公室里，于院长突然提出增加一项内容：“我看，应该让孙总在成立大会上讲几句话。”

“我不行，一见人多我就晕。”孙建博推辞道。

“你是功臣，没有你，哪有原山足球队？无论如何，你要讲几句，给队员们鼓鼓劲也行。”

“讲什么？”

“就讲讲你们公司的创业史吧！”

“那些陈谷子烂芝麻的事，平淡得很，能鼓啥劲呢！”

“不！你的成功，足以说明你的努力。如果咱们的球队有了那样的精神，肯定能踢出好成绩！”

“……”

“我是代表咱们原山足球队邀请你讲话的。这是咱们自己的事，你可千万别当成一种负担啊！”

话说到这一步，孙建博不好再推辞了，只好硬着头皮答应下来。不过，一想到要面对那么多体育人才讲话，他心里总像揣着一只小兔。这可是大闺女坐花轿——头一回呢！

山东原山足球队成立那天，孙建博又赶到了济南。

没想到山东省体育学院专门为他组织了欢迎队伍，从校门口到训练室，学生们穿着整齐的运动衣，排成长长的两队夹道欢迎。他坐在轮椅上，被人推着缓缓地走着。走到哪里，哪里的掌声就特别热烈，哪里就有热情洋溢的笑脸。他一直被一种昂扬的情绪感染着。

成立大会的会场就设在训练室里。

当被推上大会主席台的时候，他想，自己对社会的贡献微不足道，人们却给予了这么高的荣誉，自己应该加倍努力，争取更多地奉献社会，奉献人民。要不，怎么对得起这些掌声和笑脸呢！

轮到孙建博讲话了，于院长把话筒推到他面前。讲什么呢？他一时手足无措，刚才想好的词不翼而飞，大脑里连一个结构完整的句子也没有了，只觉得脸上脖子上呼呼冒火，手也有点颤抖。

忽然，他想起了这些年的不幸，这些年的辛酸，这些年的挣扎，这些年的拼搏。他像一条小船，经过狂风暴雨之后，经过狂涛巨浪之后，终于到达了风平浪静的港湾，一股豪情顿时涌上心头。表情坦然了，心也踏实了，一句句话语自然地流露出来：

“我是一个残疾人，有人说我成功了，有人说我成名了。但是我自己知道，我只是干了我力所能及的工作。与党和人民的关怀相比，与政府给我的荣誉相比，我个人的努力实在是太微不足道了。”

“总结我这些年的工作，我认为我做事方面有‘三不’。一是不服。有了这种不服的精神，才能有气壮山河的底气，才能有藐视一切困难的气概，才能敢于挑战，敢于向最强硬的对手挑战。即使失败了，也不会灰心丧气，还有继续挑战的勇气。只要不服，即使屡败，也会屡战，直至达到预期的目的……”

殷铁生听后带头鼓起掌来。

“二是不怕。面对困难，只要怕了，就会气馁，就会畏首畏尾。不怕是颗定心丸，有了它，就能在强大的对手面前保持镇静，乱不了阵脚，就能组织起坚固的防线，发起凌厉的攻势。兵家说的‘狭路相逢勇者胜’就是这个道理……”

台下的掌声更热烈了。

“三是不悔。万一被对手打败，绝不能后悔！为了事后不后悔，事前就要紧锣密鼓地准备，真刀实枪地操练。部队上常说的‘平时多流汗，战时少流血’就是这个道理。不要把后悔当成对往事的纠缠，要把后悔改为对往事的反省。如果一味沉浸在对往事的后悔中，懊恼不已，心灰意冷，下一战就还会失败。只有放下包袱，轻装上阵，瞄准下一个目标，奋力拼搏，才能彻底避免再次后悔……”

台上台下的掌声炒豆似的响成一片，掌声里还夹杂着欢呼声，甚至有人扯着大嗓门给他喝起彩来……

“我不懂足球，我只是把我搞企业的一些体会介绍给大家。这三点中，只要有一小点对我们山东原山足球队有帮助，我就心满意足了！”

连他自己也没想到，他竟能把自己的经营体会概括成三点，而且还能不慌不忙地讲出来。

午饭时，一位记者来到他面前，跷着大拇指说：“孙总，真没想到，你还那么懂哲学，能把一些哲学道理深入浅出地讲出来，不简单，不简单呢！”

他还懂哲学？怎么连他自己也不知道？关于哲学，他只知道一个令人啼笑皆非的故事。

说有一个山村后生考入大学哲学系，暑假回来，父亲向他请教何为哲学。后生为难，怎么和父亲讲清楚呢？哲学最基本的问题是存在和意识的关系，父亲显然不懂。这时，正好一只鸡踱着方步过来了。他灵机一动，告诉父亲说，哲学很简单，比如说这只鸡，在你看来是一只有血有肉的鸡，可从哲学的角度看，它就是一只抽象的鸡了。其父一听，一锅黏粥没个豆，大为恼火，一把抓住那只鸡杀了，口中还念念有词："我吃这只有血有肉的鸡，你去吃你那只抽象的鸡吧！"

尽管孙建博不懂哲学，可殷铁生说孙建博那番话对他和队员们有很大的鼓舞作用。多少年后，他还是这样认为。

就这样，山东足球队挂原山的牌子一挂好几年，陶瓷公司一直无私援助。殷铁生每年带球队来他们公司一趟，大家一起联欢。后来山东队声名鹊起，殷铁生他们送来了写着"饮水思源，不忘原山"的大锦旗。再后来，山东足球队家大业大了，他们才慢慢退了出来。

那几年，殷铁生只要有时间，就拉孙建博去他家做客。一次，孙建博见他屋里的一个橱子里放满了踢破的足球，每个球上都写着从什么时候开始用，什么时候踢破的。一个小橱子，生动形象地记录了山东原山足球队的艰难征程，使孙建博对殷铁生的敬业精神更加佩服。

孙建博突发奇想，对殷铁生说："你能不能送我几个足球？"

"这好办，我给你买最好的！"

"不，我要你们踢过的，有纪念意义的。"

"那好，以后我们每踢胜一场，就把当场用的球送给你，这样最有纪念意义。"

"我不要踢胜的，我要踢败的！"

殷铁生一愣，过了好大一会儿，似乎才理解了孙建博的意思。他掀开一个纸箱子，指着几个踢过的球说："这些都是我们的'耻辱球'。凡是有把握踢胜的场次，最后因为我们自己的原因踢败了，这场比赛用的球我们就称为'耻辱球'，我都存着呢！"

"对，我就要这样的。"

“好，今后再有这样的球，我和队员们就签上名字送给你，咱们一起警醒。”

如今，孙建博家仍存着四五个“耻辱球”。对这些球，他没有束之高阁，当成收藏品，而是时刻用来警醒、鞭策自己。真没想到，它们对他的企业，对他的人生，还真起到了不可磨灭的作用。

有一笔大宗陶瓷业务，是诸多公司争抢的对象。当时，孙建博认为以他们的质量、他们的服务、他们的价格，拿到手是不成问题的，而且客户也有与他们合作的意向。可结果大大出乎他的意料，他们的竞争对手采取了一些有力措施，将这单成功拿下。眼看到手的业务飞了，他好一顿懊悔！

他把这件事前前后后分析了几遍，发现他们犯了轻敌的错误，认为有了必胜的条件，就有所放松，这是他们工作的失误。于是，他把这件事写下来，贴在殷铁生送他的一个“耻辱球”上，时刻提醒自己，不要再犯类似的错误。

有人说孙建博帮助了山东足球队，可他却认为是山东足球队帮助了他。因为从他们身上，他知道了很多事情，懂得了很多道理，学到了不屈不挠的精神，也因此有了更高的目标，有了不竭的动力。

八品小官

孙建博做梦也没想到，自己将再次面对危机四伏的局面，即将处于四面楚歌的境地之中。在他的面前，好像一边是熊熊燃烧的烈火，一边是噼啪作响的干柴，大有一触即燃的态势。他好像坐在即将爆发的火山口，里面那暗红的熔岩正在滚动着，翻腾着，聚集着越来越大的能量。随时可能喷出的熔岩，会把他烧得粉身碎骨。

在离一九九七年还有七个小时的时候，市林业局申文良局长代表局党委来到原山林场，宣布了淄博市委组织部的任命：任命孙建博为原山林场场长，孔宝华为书记。这样，他们两人分别从林场下属单位陶瓷公司和印刷厂，来到主管单位——县级原山林场，组建了新的领导班子，并分别任党政一把手。

他俩被“提拔”后，传到他们耳朵里的不是祝贺，而是令人震惊不已、啼笑皆非的流言。

“刘主任为了儿子上学，经常去张店卖血！”

“岳师傅身患重病，宁肯等死也不接受治疗，因为已好几年不报销医药费了！”

“林场三个月不发工资了！”

“园艺场工人十三个月分文未见了！”

然而，爆炸性的消息还在后边。

园艺场的一百多名工人，集资租了一辆大客车，赶到市政府，在政府门前静坐，要求市领导解决问题，保住他们的饭碗。

领导要求，原山林场必须在限定时间内，将这些工人领回原单位，了解情况，解决问题。

人家升官都是眉开眼笑，孙建博和孔宝华却愁眉苦脸，因为他俩被推上了一个尴尬的位置。哭笑不得也好，进退两难也罢，用他们两个的话说："咱是党员，既然把套绳背到了膀子上，咱就得使劲拉，拉到底，尽快走出泥窝道！"

其实，就在公布任命书的前一天晚上，申文良局长与孙建博促膝长谈，已经使他那颗忐忑不安的心得到了些安慰。申局长既是领导又是长者，不论是工作上还是生活上，都对他帮助不小。他还在陶瓷公司当经理的时候，曾因腿疼在医院打吊针，申局长两次到医院看他。他父亲生病，申局长比他去得还早，一句"建博忙，我替他来看望您老人家"的家常话，使他父亲老泪纵横。申局长还经常给他讲一些领导方法，弥补了他工作上的不足。

那是一个令他终生难忘的夜晚。

"建博，今晚，你不是经理，我也不是局长，咱俩以朋友的身份说说心里话，行不行？"申局长以这句话为开场白，和他谈了起来。

"局长，要说什么你尽管说就是。"

"组织上想让你当原山林场的场长。"

"当场长？"

这件事，孙建博没有半点思想准备。陶瓷公司搞得正红火，有好几笔大业务正在洽谈中，从下属单位一下子调到主管单位，而且要当一把手，他能行吗？再说，林场目前的情况大家都知道……

"对！当场长。"

"我……能行吗？"

"能行，一定能行！我们考察过，绝大多数人都推荐你。再说，组织也信任你。"

"局长，能不能换别人？"

"不行，局党委研究后，市委组织部已经发文件了，明天就要去林场宣布。”

“我经验少，身体也不行。”

“建博，说别的都是假的，林场的情况你可能也知道，班子再不调整，就要出麻烦了。群众反应那么强烈，漏洞又那么多，问题挤成了疙瘩，再不处理……”

“可我……”

“我知道你将要面临的是什么，是沉重的债务、涣散的人心、杂乱无章的管理和混乱不堪的局面。可咱是党员啊！党需要咱的时候，咱怎么能退缩呢？”

一提到“党员”二字，孙建博就无话可说了。入党宣誓时早就表态了，“要服从党的组织，遵守党的纪律”，怎能言行不一呢？他这个人，好就好在这里，一听到党的原则，便严肃认真起来；同时，也不好在这里，严守党的原则，来不得半点变通和走样，为此不知得罪了多少朋友和同志。

“建博，组织上还给你配备了一个好搭档，就是你的入党介绍人孔宝华。他当书记，你当场长。相信你们两人精诚合作，会把原山林场带入一个新天地。”

“申局长，请放心。古人说：士为知己者死。在我眼里，你就代表组织。既然组织上看得起我，我就拉一膀子试试。我和孔书记拧成一股绳，拉好了，功在组织；拉不好，我主动辞职。”

“就看你的了！”

“我一定让原山林场这六百口子人吃上饭，吃上好饭！”

这就等于立下了军令状。但是，谁也没想到孙建博上任的第一天是在市政府门口度过的。

窗外还漆黑一团，电话铃急促地响了起来。孙建博打开灯看看表，刚刚五点半。他想起昨天大会上宣布他上任的情景，意识到他今天已经是原山林场的场长了。他想，上任第一天，电话就不同寻常地响起来，准不是好兆头。

果然不出所料，电话是市里来的，说原山林场下属的良庄园艺场的一百多名吃不上饭的职工代表，要到市政府门前静坐，而且已经租车上路了。

放下电话，他马上与孔宝华联系。电话里，他们两人当机立断，商定马上赶往张店。

大概是从后半夜开始的吧，先是一阵毛毛雨，然后下了一阵霰粒子，最后是鹅毛大雪。这样，毛毛雨在路上结了冰，冰上又盖了雪，整条道路滑得要命。这样的道路状况，使他不由得想起他和孔书记的现状：在让人艳羡的官位下，隐藏着深不可测的危机。

他们艰难地行进着。

车速稍一快，车轮就打滑，他们只好将车的速度放得和徒步行走差不多。就算这样，路上还两次出现险情，车子横在了马路上，差点滑到路边的沟里。等他们赶到张店的时候，刚好是上班时间。

市政府门前熙熙攘攘，一百多号人将大门堵得严严实实，连来上班的工作人员也进不了门。上访的职工情绪激动，声音尖利，一副躁动不安的样子。如果不采取有效措施，可能很快就要发生什么可怕的事情。

孙建博和孔宝华下了车，开始分头劝说。

雪越下越大，马路上的 道道辙印，很快被填平了。路边的冬青丛上，大雪积了厚厚一层。梧桐树的树枝上落了一层雪，树枝胖了不少。

人越聚越多，上班的、晨练的、买菜的、赶车的，纷纷驻足观看，加上那一百多名职工，在市政府门前黑压压站了一大片。

孙建博和孔宝华的劝说没有任何效果。在雪地里站了两个小时，孙建博的腿又疼了起来。他从衣兜里掏出布洛芬药片，数了八粒，一下吞进嘴里。孔宝华见状走过来说：“建博，这鬼天气，好人也冻

‘草鸡’了，何况你这腿又不行。我看，我在这里支撑着，你先找个地方休息一会儿。”

“不行啊，孔书记，咱是来解决问题的。问题虽然不是咱们造成的，可现在咱是场里的领导啊，事态不平息，咱的心就一直吊着……”

“我怕你身体撑不住……”

“我没事，咱先让他们吃饭……”

孙建博让人买来几笸箩大蒸包，分给职工们。饭后，又让他们选出十几个代表，随孙建博他们到离政府大门稍远的地方。经过一番艰难的谈判，事情终于有了转机。职工们答应先回去，但场里当天必须有解决问题的实际行动，否则，第二天他们将组织更多的工人再来上访。

上午十一点，孙建博他们租来了大客车，职工们上车回博山。他们上车后，孙建博回头望望一下子清静下来的市政府门口，觉得自己好像完成了一件大事，心里一阵轻松。可一想到下午要与职工代表再次谈判，不由得心里又紧张起来……

中午，他和孔宝华正在办公室里吃饭，职工代表便匆匆赶到了。他们请职工代表坐下，吩咐人给他们倒上茶水。孔宝华先开口了：“今天让大家来，就是为了解决问题。希望大家能冷静一些，反映问题全面一些。大家有啥说啥，自家人不用藏着掖着。”

“孔书记说得对！”孙建博一边捶着腿，一边和大家说，“目前林场存在的这些问题，我们当领导的，有责任解决。大家干了这么多年，到现在还过得这么苦，我心里也不好受。大家要知无不言，言无不尽，说错了也不要紧。我们有一个原则，就是今天一定要解决问题！”

看到领导班子的态度，代表们一下子没了话，你看看我，我推推你，竟扭扭捏捏地不好意思起来。会场沉默了，没有人大声发表意见，部分人在小声地叽叽喳喳。

“我先说几句。”终于有人说话了，是位老工人，“这些年来，咱稀里糊涂地跟着领导干，园艺场被人掏空了也不知道。号召职工集资上项目，资集了，项目却没上，我们的钱上哪里去了，得说个明白。十三个月不发工资了，再有几天就要过年，这年咋过？总不能叫大伙喝西北风吧？”

有人开了头，就像水库开了闸门，大家开始活跃起来，话头就像截不住的急流。

“十三个月不发工资，交不上水电费，家里的水和电都被人家停了。大人可以不用灯，可孩子得做作业啊！只好买来电石，点起了几十年不用的电石灯……”

“工区刘主任更惨，孩子去年考上了大学，没钱交学费，他只好定期去张店卖血。他怕家里人知道，还推说去张店找点事干。原来那么棒的身子，你看现在都糟蹋成啥样子了……”

说的人没说完就哭开了，其他人也开始抽泣，会场内一片悲愤的气氛。孙建博使劲抽了抽酸酸的鼻子，忍住没有让泪水流下来。

“岳师傅病得那么厉害，谁让他去医院他和谁急眼。他知道，为了给他看病，家里借了不少债。药费三四年都报销不了了，他成天对着那一大把单据流泪。他宁愿自己早死，也不愿再给家人增加经济负担了。”

……

人们终于爆发了，纷纷述说着园艺场的惨状、许多职工家揭不开锅的境况……

看到领导流泪，大家马上止住了话头，你看看我，我看看你，像惹了祸的孩子似的不言语了。孙建博和孔宝华用目光交流了一下，一个新的方案诞生了。直到事情过去好久孙建博还在纳闷，怎么两人心里想的就那么一致呢？也许，这就是古人所说的“心有灵犀一点通”吧！

“大家遇到的困难，我过去从没听说过……”孙建博喝了一口水，咽下布洛芬药片，开始对大家说，“既然我和孔书记是林场的领导，我们就有责任……”

“没有你们的责任。”

“谁做的谁认，前面的事不怨你们！”

还没等孙建博说完，职工代表们又插话了。孙建博及时地打断了他们：“谁让我们是领导呢，谁让我们是党员呢，既然坐到这个位子上，就有责任、有义务解决职工的饥饱冷暖。现在我宣布，每个职工发一袋面粉、十斤花生油，集资款先返还一半，外加全部利息，先让职工们过个好年，下午开始兑现，剩下的年后再发……”

“啊？”

“啊！”

职工代表们感叹开了。没等再有议论，孙建博继续讲：“从这个月开始，工资按时发，决不拖欠一分钱！我说的这些，如果哪一条做不到，你们任何一个人，都可以从这把椅子上把我掀下去！”

这一讲不要紧，会场的气氛发生了一百八十度大转变，原本来让他们帮助解决问题的职工代表们，反而为他们着想起来。

“你们俩也不容易，我们不要这么多。”

“你们刚上任，千头万绪，也很难受。”

“我们只要有点活干，有口饭吃就行，不要这么多的照顾，这也太难为你们了。”

“我们肚子里是有气，可不是对着你们的！”

孔宝华说话了：“我和建博场长交换过意见，不论想什么办法，一定会让大家有活干，有饭吃，请大家放心……”

会议在热烈的气氛中结束了。

这时，天色已近傍晚，夕阳压在凤凰山顶上，那长长的晚霞染红了半边天，给山坡上的积雪镀上了一层奇妙的色彩。北风吹来，松涛阵阵，像战马嘶鸣，又似战车隆隆，让人的灵魂在这波澜壮阔中得到一次洗礼。

孙建博招呼孔宝华和其他同志带上钱，拉着面粉和花生油，向良庄园艺场的职工宿舍奔去……

职工们欢天喜地地迎接他们。孙建博冒着寒冷的北风，踏着雪化后的泥泞，忍着钻心的腿疼，和孔宝华挨家挨户地走访，兑现着他们两个小时前的诺言。

当他们把面粉、花生油和钱送到经常卖血的刘主任家时，刘主任扑通一下给他们跪下了："你们是好人，好人哪！我做梦也没想到，这辈子我还会有今天。我代表儿子，代表全家谢谢你们了！"

孙建博一边扶他起来，一边悄悄地抹着眼泪。多么好的职工啊！为国家贡献了几十年，连饭都吃不上，到了卖血供儿子上学的地步，对国家却没有半点怨言。他只是得到了应该得到的报酬，却对他们千恩万谢。有这样好的职工，有这样好的干部，还愁什么呢？还有什么工作干不好呢？

在那个寒冷的冬夜，与其说是他们给职工送来了温暖，倒不如说是职工给了他们战胜困难的勇气和渡过难关的信心。他们畏难发愁的情绪，似乎一下子减少了许多。

从园艺场回来时，已经是深夜了。

办公室里，孙建博和孔宝华相对坐着，两杯茶早已喝得没了颜色，却没说一句话。其实，他们两人的心里都不平静：上任第一天，从早上五点忙到晚上十一点，都干了什么呀！他们没有弹冠相庆，有的只是互道珍重；他们没有听到祝贺的话语，听到的是喊冤叫屈的控诉；他们没有准备大展宏图的愉悦，有的是准备共渡难关的凝重……

"建博，"孔宝华终于说话了，"这壶苦酒，够咱俩喝一阵的……"

"孔书记，记得我入党时你跟我说过，只要为老百姓办好事，为国家多做贡献，就是个好党员。我看，咱脚踏实地地干就是了。”

“场里穷不要紧，关键是人心散了。古人说，得人心者得天下。建博，当前最重要的是把人心聚拢起来。”

“这事今天我想过了。上梁不正下梁歪，群众两眼盯着干部呢！只要咱整顿好干部队伍，这个六百多人的单位也就算有奔头了。”

“问题就在这里，难点也在这里……”

“我不怕！要是前怕狼后怕虎，干脆辞职算了！”

“你千万要注意自己的身体，咱林场的希望在咱俩身上。”

“孔书记，你放心，我的身体我有数。为了场子，为了职工，我这残疾的身体捐出去也毫不可惜！”

夜深了，北风拍打着窗子，雪粒子砸得窗子一阵阵噼啪作响。

第二天上午，他们召开了老干部座谈会。到会的老干部们对林场目前的境况痛心疾首，把林场存在的问题一一摆了出来，把这些问题的根源毫无顾忌地揭露了出来。他们的发言最后集中到一点上，就是在市场经济的大潮中，在五光十色的花花世界里，干部的心乱了，职工的心散了。

最后，孙建博做了总结发言：“昨天晚上，我和孔书记谈工作，面对复杂的问题，我俩是老虎吃天——无处下口。可今天听你们一说，我们心里有数了，路子更亮堂了，知道朝哪里使劲了。请大家放心，明年的今天，咱们还在这里开老干部座谈会，如果林场的情况没有根本的变化，我们两人当场辞职！”

凡是受过屈辱的人，对于屈辱大致会采取两种应对措施：一是将屈辱当成包袱，整日里舔舐自己心里的伤口，很快就在沉默中沉沦了；二是将屈辱化为动力，瞄准自己的既定目标，义无反顾地走下去。孙建博大概就属于后者。

实际上，根本没用一年，仅仅六个月的时间，他们就以林场为依托，成立了山东原山集团，下属十九个企业，六百多职工不但按时领到了工资，还有了奖金。原山集团成了博山地区令人羡慕的单位，成了全省林业系统先进单位。原先人们争着调出，现在却有许多人托关系调进来。

当然，林子大了什么鸟都有，任何事情都不会一帆风顺，而且收拾一个烂摊子要比建立一个新摊子难得多。半年的时间，孙建博发病的次数比以往两年都多；半年的时间，他吃的布洛芬比以往三年都多。那半年，也是他得罪人最多的半年，他可能把一生要得罪的人都在那半年得罪完了。但是，那半年交的朋友也最多，凡是理解他的人都成了他的朋友。因为他们知道，他是为了集体，为了国家。

人们看到的，只是原山集团欣欣向荣的景象，是原山集团一年扭亏为盈，不但职工吃上了饭，而且实现利税四百多万元。但他们吃了多少苦，受了多少累，却很少有人知道。有时开着大会，孙建博会突然离开主席台。只有孔宝华知道，那是他腿疼得实在支撑不住了，只好到办公室里，锁上门，四仰八叉地躺一会儿。有时车停在办公楼门口，他却迟迟下不来，那是他的腿实在抬不动了，得反复揉搓，使血液重新流通才行。有时到上级机关，领导热情地在车外等，他却迟迟从车里出不来，熟悉情况的领导还不要紧，不熟悉的常使他尴尬万分。

为了尽量减少这种尴尬，他经常会增加布洛芬片的剂量和服用频次。用他妻子的话说："你把布洛芬片当饭吃了！"

林老板初进原山

患难是朋友的试金石，这话一点不假。

孙建博接任原山林场场长不久，有天早上上班的时候，他的一双眼皮有些肿，门卫和办公室里的人都看得很清楚。大家知道，他肯定又一夜没睡好。是啊，刚刚主掌了一个欠债四千多万的单位，职工一年多发不出工资，有的职工甚至靠卖血给孩子交学费，银行天天上门催款，债主天天堵在门口骂大街，法院一天好几张传票要求出庭……面对这无数的负面消息，他能睡好才怪！除非他有金刚不烂之身。要知道，他也是个和大家一样有血有肉、有情有义的肉体凡胎呢！

这个官，不好当啊！

昨天夜里，孙建博的确失眠了。其实，也不只是昨天夜里，自从当了场长这个“官”，他就没睡过一个安稳觉。每天心里就像塞着一把蒺藜棵子，扎扎拉拉地难以忍受。就是他放宽心想睡觉，也有人不让他睡。这不，昨天夜里好不容易调整好情绪睡着，一阵急促的电话铃声又把他吵醒了：

“姓孙的，杀人偿命，欠债还钱，这是老祖宗留下的规矩！虽说钱不是你欠下的，但是谁让你是现在的场长呢？年三十下午要是还不上钱，正月初一，我们全厂 173 口人就去你家吃饭，陪你全家过个好年！我吐出唾沫就是个钉，不信你就等着瞧！”

孙建博拿起电话，还没等张开嘴，电话里就喷出了一串串带着冷风的子弹，一下子把他打蒙了。他打了一个愣怔，顿时睡意全无。

当场长几天来，这样的逼债电话接过太多了，说得比这还难听的也不在少数，连一口气骂遍祖宗八辈的都有，但是半夜里打电话的不多。看来这一夜又要在失眠中度过了，他披衣下床，坐在书桌前，翻开自己的电话号码本，从第一页开始查找，看看过去经营陶瓷公司的时候交下的朋友谁能帮帮忙，谁能有情有义地愿意帮忙，谁又有能力帮得上忙。

突然，“林老板”这个名字跳进了他的眼帘。

提起林老板，孙建博面前马上出现了一个瘦瘦小小、精明强干的形象。此人夏天经常穿一件白色的圆领衫，下配一件浅灰色大裤衩子，塑料凉鞋总是断着一根带子。真是人不可貌相，海水不可斗量，就是这么一个看上去稀松平常的广东人，却是陶瓷业务遍布全国的大老板。因为业务关系，他每年都会来孙建博的陶瓷批发公司多次，孙建博也总是以礼相待，和他的业务往来总是很愉快。由于孙建博在业务上经常关照他，久而久之，两个人成了无话不说的朋友。每次喝完酒之后，林老板总是拍着胸脯对孙建博说：“男子汉大丈夫为朋友两肋插刀！孙总，就凭你对我的提携，我林老板要是忘了你，我就是个爬到珠江里的小鳖！有什么需要我帮助的，我就是肝脑涂地也在所不辞！我现在家大业大，帮助人的事，都是毛毛雨啦！”孙建博也总是笑着对他说：“在我们山东大汉面前，你这点小身板儿还敢称男子汉？顶多就是个山东大汉广东分汉汕尾支汉！”然后两人就哈哈大笑一番。

看着他的名字，孙建博似乎是看到了惊涛骇浪中一棵救命的稻草。他想，原山的发展现在遇到了很大的困难，那么多职工没活干，要是林老板能过来投资办个企业，不但他有利润，还能让原山的职工们有活干，这不是两全其美的事吗？想到这里，孙建博顾不得现在是深夜，摸起电话就打了过去。

“浮云散，明月照人来，团圆美满今朝醉。清浅池塘，鸳鸯戏水，红裳翠盖，并蒂莲开……”

电话一接通，突然传出了一段软得让人站不住的歌声，孙建博怀疑自己是不是打错了。这时一个沙哑的声音传来，他一听就知道是林老板。正当他疑惑的时候，林老板那像要咬着舌尖的广东普通话传过来了：

“孙总啊，这么晚还不睡？”

“睡不着啊！”

“有啥心事啊？”

“心事多了去了！你那边怎么那么乱呢？”

“我在和我的客户唱歌呢。孙总咋了，又有什么生意上的大胜利要和我分享啊？这么多年来，我只要听到你的消息，肯定就是好消息，快快告诉我，让我也高兴高兴。”

“我哪像你那么潇洒，夜夜笙歌呢！”

“遇到困难了？快快告诉我！”

“还真是遇到困难了，一筹莫展啊！”

“我现在穷得只剩下钱了，你尽管开口！”

“你能抽空过来吗？等你过来再说吧。”

“好，天一亮我就让办公室订机票。”

“一言为定？”

“男子汉大丈夫说话算数。”

听完这句话，孙建博放下电话差点笑出声来。一是朋友肯帮忙，他的心情一下子好了许多；二是虽然林老板长得小头小脸、小胳膊小腿的，但说话总是喜欢拍着胸脯一口一个“男子汉大丈夫”的，总让人有一种滑稽的感觉。但是，他的痛快、慷慨和大方，足以让孙建博感动得涕泪滂沱。

早上上班之后，虽说还是得听几波债主轮流上门骂街，虽说还是要求爷爷告奶奶地为职工筹集工资和过年的物资，但是他的心情比昨天好多了。因为他有了方向——尽快开办起一个尽量大的企业，让职工能有活干，能有钱挣，能吃上饭，而与林老板的通话让他心里有了底。殊不知，随着时间的推移，人们的追求是会改变的，人心也是会变的，很多事情可能并不像开始时想象的那么好。而那种满怀希望之后的失望，是任何人都难以承受的。

林老板没有食言，从广州乘飞机飞到济南，又从济南打的到淄博，当天傍晚就到了原山林场。老朋友相见，十分高兴，孙建博自己掏钱，带着林老板钻进了一家纯正的博山菜馆。因为林老板经常来博山和孙建博联系陶瓷业务，哪家馆子好吃，哪里的博山菜正宗，他都知道个八九不离十。孙建博特地点了豆腐箱子、肉皮汤、炒腰花等林老板爱吃的有代表性的博山菜。孙建博拿起一瓶白酒，还没等菜上来，就和林老板一分为二，一仰头兀自灌了下去。这种还没上菜就喝酒的方式，博山人叫作“干拔”，一般是遇到知己的时候才这样喝。因为林老板常来博山，所以他也多多少少知道这个风俗。他更知道，这样的场合，基本都是喝得狗熊不认铁勺。他一把拉住孙建博：“孙总，你这是咋了？都知道你身体不好，平时滴酒不沾，今天你可别吓唬我啊，咱们有事说事，拼酒可不是咱们的目的啊！你说吧，想借多少钱？一千万元之内，我要是皱皱眉，我就不是男子汉！”

说到这里，林老板习惯性地拍了拍胸脯，端起自己的那杯酒一口喝了下去。由于喝得太急，禁不住大声咳嗽起来。孙建博一边给他拍胸膛，一边给他捶背。待他稍微缓和了，孙建博又将第二瓶酒打开，又是一分为二。林老板吓得把两杯酒都端到自己面前，用两只胳膊圈起来护住，边咳嗽边大声问道：

“说，你要多少钱？我现在真的很有钱了！”

“一分也不要！”

“那你……”林老板诧异了。

“你来原山投资办个企业吧!”

“办……企……业?”

“对！只要不是污染的，随你的便!”

“这……我要好好考察考察。”

“我们原山林场有樵岭前、薛家顶、凤凰山等好几个营林区，还有良庄园艺场等实验基地，更有刀具、印刷、陶瓷等制造企业，你投资什么都行。我只有一个要求，就是要尽快投产，尽快挣钱，以稳定职工情绪，稳定原山的局面。”

“明天我去山里山外转转再说吧。”

“好的，一言为定!”孙建博使劲攥了攥林老板的手。

在林场的同志的陪同下，林老板仔细地察看了早已因负债累累而停产的几家工厂，并给广东的朋友打电话沟通情况，了解几个行业的生产工序和市场行情。第三天，林老板更加认真，他不顾山里刚刚下过大雪，沿着林区的防火道跑了好几个营林区，几次因为路滑，差点出溜到山沟里去。直到天黑了，他才满身泥水地从山上下来，并坚决要请孙建博吃饭。还是在那家老博山菜馆里，还是上的那几样博山特色菜。所不同的是，林老板从百货大楼买了一瓶茅台酒，他说要和老朋友喝个痛快。不过，这次为了好好拉呱，他们用小杯喝，而且喝得文绉绉的。三杯酒下肚了，林老板还是不提正题，孙建博急了，其实，他早就忍不住了：

“林老板，你考察得咋样?”

“你那几个厂都不行，没有投资的可行性。”

“为啥？你说清楚。”

“这不是秃子头上的虱子——明摆着吗？目前场里的产品基本上都是市场过剩的，而且是低端产品，毫无市场竞争力。像这样的工厂，根本没有投资的必要。”林老板慢慢地晃着手中的酒杯，边看着杯中的涟漪边慢慢地说着，显得很冷静。

“你就不能想想办法吗?”

“建博，你也做过生意，而且做得不小，你很明白做生意是为了什么，说白了就两个字——挣钱。你也知道，资本的最大特点就是逐利性。哪里有明知道赔钱还不顾一切地往里投的?除非是傻瓜或者精神病！我想，以你广为人知的厚道，也不会这样坑我的。”

“别的呢?”孙建博急切地问道。

“别的嘛，倒是有个好项目……”林老板卖着关子。

“我自罚三杯！你快说!”

“有个项目挺挣钱……”

“什么项目?”孙建博两眼放光了。

“有两个项目可以考虑。”

“你一个一个地说!”

“第一个，我发现你们山上有一大片生长得特别好的杜仲树林，杜仲树皮是上好的中药，我找熟悉中药的人来指导你们，你发动职工剥杜仲树皮，晒干后卖给药材公司，肯定会赚很多钱的。工人的工资由我来支付，所赚的钱你六我四也行，甚至你七我三也可以。这样，我们可以互惠互利，也解了你的燃眉之急。”林老板啰啰唆唆地说完这些话之后，两只小眼睛直勾勾地盯着孙建博，仔细地观察着他的反应。

“林老板，你觉得你这主意怎么样?”孙建博问道。

“我这不是征求你的意见吗?”

“你猜我会怎么回答你?”

“你知道什么叫‘不费吹灰之力’吗?这么简单就能把钱弄到手，解了燃眉之急，你肯定是求之不得，一百个欢迎啦!”林老板的广东话，把那个“啦”字拉得老长老长，尾音中还带着得意。

“我坚决不同意!”

“为什么?我很明白!”

“也许，你永远也不会明白。我们护林人就像母亲，树就是我们的孩子。一棵树从下种到育苗，从麻线粗细长到虎口粗，你知道我们费了多少心血啊！雨下小了怕树旱死，雨大了怕把树冲出来，虫子多了怕把树咬死，还要白天黑夜地防着那些盗树贼……一棵树长到那么大，容易吗？我们护林人没白没黑地趴在山上，白天淋一身雨，晚上被蚊子咬一身疙瘩，树上的一枝一叶，都是我们的血汗啊！你见有谁将自己的孩子卖钱的？”

“那……”林老板嗫嚅了。

“快说说你的第二个主意！”

“第二个……是造纸。”

“我们原山人能干吗？”

“当然能！也只有原山人能干！”林老板又得意了。

“这个好！你快仔细说说！”孙建博着急地问。

“今天，你们的几个营林区我都看了，漫山遍野的侧柏、刺槐等没有什么经济价值。现在，新闻纸一个劲地涨价，而我们却大批地进口纸浆，一是浪费了我们宝贵的外汇，二是价格也很贵，导致印刷成本居高不下。这样，用你们现有的厂房，我投资买造纸设备，我们建一个规模大一点的造纸厂，肯定能够挣大钱。到时候，你们的下岗职工全部安排了，恐怕还不够呢！”

“原料呢？”孙建博追问道。

“你们有漫山遍野的树啊！”林老板得意扬扬。

“你认为这些树能砍吗？”

“当然能了！古人不是说靠山吃山靠水吃水吗？你看看，这漫山遍野的树，长得乱七八糟曲里拐弯的，没有一棵能成材的，留着做啥？砍了也不可惜。再说了，我们也不是全砍了，砍不到三分之一，我们的造纸厂就会挣大钱的！你们原山林场的职工们就发了！”

听完林老板的“宏伟”计划，孙建博的脸色一下子变了，红了又黄，黄了又红，最后竟然变得煞白煞白的。只见他端起一杯酒一口灌下去，一把攥住林老板的手，动情地说："林老板，说句心里话，谁不想挣钱？关键是看你挣的是什么钱，干不干净，合不合理，合不合法。原山的树不是经济林，看起来值不了几个钱。但是，它是生态林！生态林，你懂吗？没有它，空气会不洁净；没有它，水土无法涵养；没有它，人类的生活质量就会大大下降，甚至根本无法生活。所以，如果没有了绿水青山，你就是抱着个金山银山，也照样饿死。对我们林业人来说，树，就是我们的命根子。我们既然用血汗种活了它，就会用生命来保护它。原山的树一棵也不能砍，原山的草一棵也不能动。从我当场长的那天起，我就下了一个决心：我们的第一步，就是要把我们的原山变成绿水青山！"

"那……我再也想不出短平快的好项目了。"林老板说。

"林老板，请你原谅我的激动。你能这么用心为我、为原山人着想，也算咱们这个朋友没有白交，我还是要感谢你。也许，等我们原山变成了绿水青山，咱们还会有更大更好的合作呢。我期待着。"

"建博，咱们一言为定！"

"一言为定！"

林老板恋恋不舍地走了。但是，他又重新认识了孙建博，他认为孙建博已经不是经营陶瓷公司时的孙建博了。和原来比，说得好听点，他似乎多了些理想；说得难听点，他似乎比以前更傻了。

离开的时候，看看拖着一条腿满脸疲惫的孙建博，想想多年的朋友情谊，林老板有些心疼了，眼眶里湿乎乎的。他想，原本在全国陶瓷经营行业里大名鼎鼎的孙建博，脑子活、会经营是出了名的，咋一当了官就变笨了呢？一边是嗷嗷待哺的下岗工人，一边是逼债催款的凶神恶煞，他不是抓紧把手中的廉价资源换成钱，以解燃眉之急，而是拼命地去追求心中那个虚无缥缈的"绿水青山"，实在让人难以理解。他是不是被他们逼得脑子出了问题？作为多年的老朋友，林老板有些担心他："建博，咱们买卖不成仁义在。我还是那句话，我现在生意做大了，你个人一旦需要，我拿出一千万支援你是没问题的。公家的事，你不要自己硬扛着，何况你的身体还不好呢。只要你一句话，我马上就会飞到你的面前！"

"等我们原山变成绿水青山时你再来吧。"孙建博说。

"建博，你就不能实际一点？"

"怎么实际一点？"

"抓紧挣钱！"

"我又何尝不想多挣钱、快挣钱呢？但是，狗有狗道，猫有猫道，你为我们挣钱的主意，不是一条正路，甚至根本就是歪门邪道，我们不能走。我们林业人的根本任务，也就是终极使命，就是保护好这片山林，并让它越来越大，越来越好，最终变成绿水青山。"

"唉，我等着吧！"林老板不知道应该点头还是摇头。

绿色银行

孙建博经常对职工说："原山的绿水青山就是绿色的银行。我们要像爱护眼睛一样守护它们……"

森林是原山的衣裳，森林是原山旅游业的依托。它美化了群山那充满活力的躯体，它制造着纯净的空气，使人们身心舒畅。森林重要的生态效益，无须多言。

因此，造林、护林是原山人的头等大事。

每周的周五、周六，是他们原山集团机关工作人员的义务劳动日。有几年北方连续大旱，他们辛辛苦苦栽上的树苗成活率很低。为了保证树苗成活，他们实行了承包责任制，每个机关工作人员都分配了一块责任田，这一举措把每个人的积极性都调动了起来。他们利用早晨、黄昏，往山上担水浇树。

看他们挽着裤腿，挑着水桶，迎着晨星，送走晚霞，很多游人觉得有点不可思议。在这物欲横流的尘世，还能看到如此纯粹、如此投人的劳动，真是令人激动。

此时，游人在欣赏他们，他们也在欣赏游人。游人发现了他们劳动的精神之美，他们则发现了游人向往美的心灵。

这种情景让孙建博想起了诗人卞之琳的诗《断章》：

你站在桥上看风景，
看风景人在楼上看你。
明月装饰了你的窗子，

你装饰了别人的梦。

孙建博从内心爱着这首诗，它太美了。这种你在看我、我又在看你的互相欣赏，使平凡的人生风景顿时大有诗意。

他也试着用游人的眼光来看他们的劳动：“你看那个人，左手拄着锨，右手拖着右腿，从这个树窝走到那个树窝。他在责任田里种树呢。”

不知那个游人能不能感觉到孙建博心里也在说他呢：“喂，伙计，明年，后年，若干年后，你再来这里，就可以在我种的这些树下乘凉了。你会轻轻地自言自语，瞧，这一片树，是那个瘸子栽的呢。”

也许他还会走进你的梦中呢，在你的梦中，有一个瘸子，肩上扛着树苗，手里拄着锨，在山上艰难地走着。

是的，人人都活在别人的目光中。

孙建博对此特别敏感。从小，在别人的注视下，他左手按着左膝，右手拖着右腿，从街上走过，绝望地走过。

但是，如今他在别人的目光中别有一番风景了。他已是从死灰一般的绝望中走出来的有觉悟的人了。

呵，明月装饰了他的窗子，他装饰了你的梦。

有一天晚上，孙建博梦见了神话中的夸父。夸父赤着大脚，腿上的汗毛又粗又黑，他的眼睛像炭火一般燃烧。

“你果真是夸父？”

夸父满脸严肃地望着远方的天际，没有回答。忽然，他迈开双腿，大步向前飞奔，去追赶飞逝的太阳。他巨大的身影横在地上，逐渐变成了大片大片的森林。

“喂，听说你要追赶太阳，人家都笑话你。”

夸父不听孙建博说话，只管大步飞奔。

孙建博像一个小孩，也跟着他奔跑起来。

“太阳是追不上的，人家都笑话你。”

“嗯?”

夸父脸上的黑胡须根根竖立，样子很可怕。

“我没有笑话你。”

“噢，你这个孩子，哈，哈哈……我要喝水，口渴了。”

“听说你喝干了黄河、渭水?”

“那是形容我心中的焦躁。”

“你都这么大年纪了还要奔跑，你真的能追赶上太阳吗?”

夸父脸上的表情变得很严肃，很吓人，他动了动嘴唇，没有说话。建博有点同情他。

夸父的双眼被渴望燃烧得更红了，他甩开大步，朝着车轮般的太阳奔去。他浑身的汗水大雨般淋漓而下，背上散发出浓烈的汗味。

孙建博跟着他跑得可快了，浑身轻盈无比。

夸父的草鞋跑掉了，变成了湖泊。

“喂，传说你累倒了，你的头枕在山上。”

夸父好像没听到孙建博的话，两眼焦灼地直瞪着远方，气喘吁吁。

他对别人的嘲笑毫不理睬，只想用尽全身的力气，把年老的生命能量发挥殆尽。

孙建博更加同情他。

“喂，传说你把拐杖一扔，拐杖立马变成了漫山遍野的桃树，这是真的吗?”

夸父没有说话，更加卖力地飞奔起来，把建博远远地抛在身后。

忽然，轰隆一声巨响，夸父倒下了，他的身躯变成了起伏的山脉。

“夸父，你不要倒下……”孙建博狂喊着向他飞奔而去。

奇怪，孙建博的腿怎么不瘸了呢？看他跑得多么轻快！突然，他的腿猛烈地一震，紧接着是一阵疼痛，他“哎哟”一声，醒了。

他摸摸双腿，还是原来的样子。

梦醒之后，他回味了好长时间，喃喃地说：“我也在追寻太阳，在追寻我的太阳，绿水青山就是我的太阳，是我永恒的追求……”

他睡不着了，悄悄打开灯，穿起衣裳，还在喃喃地说：“他的拐杖化作了漫山遍野的桃林，连生命都奉献给了人类。”

这个梦的含义那么多，真是回味无穷。

突然，他的心头一紧，他梦见了漫山遍野的树林，梦见了夸父炭火一般通红的眼睛，梦见了渭水、黄河，这会不会是种暗示，森林防火不会出问题吧？得给防火值班人员打个电话，询问一下防火情况。

恰在这时，山上出了大事，也许是巧合吧。

“喂，有情况吗？”

接电话的是副场长翟成吉，他分管林业。

“是孙场长吗？有火情。”

“有火情？”

“我们接到报告，瞭望哨用对讲机传来的，着火点在原山的边缘地带。”

“为什么不早告诉我？”

“我们考虑到你的身体……”

“我是第一责任人，你知道吗？”

“知道……”

“知道为什么还瞒着我？”

“我想……我们能处理。”

“你们能处理，还要我这个场长干啥？”

"……"

"别啰唆！马上派车接我！"

"是……"

"行动没有?"

"灭火队正要出发。"

"快！我马上赶到。"

"你……"

"别说了！"

"我怕……"

"怕啥？看你平常还像个男子汉，怎么到了关键时刻，就成了婆婆妈妈的小女人了?"

孙建博啪的一声放下话筒。

原山有自己专门的扑火队，可以说是装备精良，四十五台风力灭火机、八部对讲机、五座防火瞭望台。灭火人员训练有素，有警必接，有火必灭，行动非常迅速，在全省林业部门中是最优秀的。省、市林业领导对他们的灭火队伍也给予了高度评价。

车子在山间崎岖的小路上颠簸而行，孙建博的腿被震得钻心地疼。山路很窄，路上坑坑洼洼的，一边是陡峭的石壁，一边是令人眩晕的深渊。夜间，车子在这样的小路上疾行，是非常危险的。司机怕他受不了，故意开得慢一点，他却喊着催他："快开！"

"场长，你的腿……"

"不要紧，快！"

司机没办法，只好加快速度。

车灯照着盘旋的小路，照着黑魔一般高耸的石壁，照着幽深莫测的深渊。孙建博疼得两手紧紧掐着腿，牙齿紧咬，头上汗珠直落。他在与剧烈的疼痛较劲，浑身神经紧绷，感觉肚子里的肠子都绷直了。

他强忍剧痛，用车上的对讲机跟翟成吉联系：“老翟，你们赶到没有？”

“我们刚刚赶到。”

“情况怎么样？”

“我们和灭火队员正扛着灭火机往山上爬呢。”

“今夜刮北风，风很大，要迅速把火势截断。”

他好像忘记了疼痛，又催司机快开。

司机没有说话，把全身的力量都聚起来，两眼紧盯着盘旋的山路，两手紧握方向盘。

这时，翟成吉打来电话：“孙场长放心，我们有把握很快把火扑灭。”

“好。”

“孙场长，我建议你不要上来了，你那腿受不了。再说，这火在我们的边界之外。”

“不行！”

“很快就会扑灭的。”

“什么也别说了，专心指挥扑火吧。”

很快，孙建博赶到了现场。虽然他不能亲自扛着灭火机在山上灭火，但他在那儿站着，就能鼓舞士气。

将近黎明时分，他们才结束战斗。这次扑火行动非常迅速，在孙建博的带领下，所有机关干部都赶来参加了这次灭火行动。

此时他们相互一看，不禁都笑了起来。时值寒冷的冬天，人人都浑身泥水，满脸黑灰，衣服里冒汗，衣服外却结了薄冰。

下山时，孙建博的腿疼得一点都不能挪动，好像钉在地上一样。同志们只好把他架回车里。

在拂晓的微光里，原山灭火队胜利下山。正当司机发动汽车，准备离开的时候，孙建博突然问：“快月底了吧？”

司机说："快了，还有几天就是新年了。"

他说："停车。"

司机停下车，有点不理解。

他叫司机扶他下车，司机说："你的腿那么疼。"

"我叫你扶我，你就扶。"

他忍着疼痛，走下车来，站在山脊上，他要看一看日出。

冬天早晨的薄雾中，群山还没有完全醒过来，起伏的山脉好像岁月的呼吸。

一颗特别亮的星星，还挂在西边的天幕上。黎明时的天空格外高远，自西向东，由黛色变成灰色，再由灰色连上白色。在最东边的天际，一抹浅红正在慢慢向上升腾着，喷薄着……

他在等待太阳从沉睡的山峦中一跃而出。

不一会儿，太阳露头了。他感觉所有的山脉都在传导着疼痛，那些山脉像一根根神经，在传导着太阳的疼痛。他感觉山脉在微微震颤着，疼痛一直震颤到他的脚下。

呵，太阳，莫非你也受过伤？看你如此疼痛，那些霞光是你的伤口流出的鲜血吗？

太阳从山下艰难地攀缘而上，忍着疼痛，一步步攀到了山顶，在山顶上晃了晃，用自己的精神战胜了疼痛。突然，它挣脱了山峦的羁绊，纵身跃上天空，热烈地舞蹈起来。

呵，他永远虔诚膜拜的太阳，今天又给了他新的启示。

太阳每天都是新的。

这话不错，每一次看到太阳，它都给他以新的力量。在原山山顶看日出，几乎成了他的习惯。他喜欢原山的太阳。他热爱大自然中的阳光，更热爱生活中的阳光。残疾人生活在灰暗的角落里，追寻太阳似乎是本能。

2001 年很快就要到来了。

这新世纪的第一年，他要以最大的热情燃烧，他要让原山集团在新世纪的第一年创造新纪录。

这时，双腿一阵疼痛袭来，他一下子坐在了乱石堆里。要不是左手抓住一根松枝，他肯定会滚下悬崖。

“危险！”司机大呼一声。

汗水浸泡的升级

又是一个月明星稀的深夜，由于白天的劳作，双腿极度疼痛，孙建博无法入睡。他干脆披衣坐起，翻开几天前在北京买的新书，元代著名散曲作家张养浩的一首元曲引起了他的注意：

玉香球，
花中无物比风流。
芳姿夺尽人间秀，
冰雪堪羞。
翠微中分外幽。
开时候，
把风月都熏透。
神仙在此，
何必扬州！

孙建博反复吟诵，颇受启发。开发旅游以来，孙建博经常生活在这样的境界里，他要再现历史的勃勃生机，要发掘原山的文化底蕴，真可谓“衣带渐宽终不悔，为伊消得人憔悴”了。

末句“何必扬州”，使他沉思良久。是啊，只要发挥想象力和创造力，再进一步提升，原山就可以将九州胜景浓缩到一处！是啊，他们这里有美丽的石海，游人又何必去云南的石林！他们这里有姜女泉、齐长城，何须再去北方！他们这里有那么多著名庙宇，有那么优美的景色，有那么大面积的森林，有民族风情欢乐村，有美丽的湖泊，为什么不能创造出张养浩在元曲中描绘的意境，让游人在这儿住下，忘掉世俗的烦忧，找回失去的诗意呢？

如果说大都市是红尘万丈之地，是欲望横流之所，那就让原山国家森林公园成为净土吧。

现代人应该有两个世界，一个是欲望的世界，一个是净化欲望的自然世界。两者缺一不可，互相制衡，同步前进。否则，人会出毛病，社会会出毛病。

这就是孙建博千方百计要将原山建成“4A”级旅游区的真正动因。为创建“4A”级景区，达到国家旅游局的评比验收标准，原山林场从领导到职工，流下了无数汗水。他们组织人员认真学习评比细则，结合实际情况，查缺补漏，逐项逐条进行对比，明确差距，找出不足，然后加以整改。

他们决心把原山国家森林公园打造成最适宜旅游、休闲、度假的森林公园，他们优化升级软硬环境，对景区资源进行重新整合，让原山具备休闲、度假、旅游、会议等各项功能，成为一个全新的符合国家“4A”级旅游区标准的精品景区。

为了达到国家“4A”评定标准，那些日子，孙建博在山上跑上跑下，逐项检查，逐项整改。从公共信息符号牌的规划，到景区厕所的改迁；从导示牌的制作，到古树古木的甄别保护；从古庙宇的修缮，到曲径通幽的道路设计……

那些日子，孙建博不分白天黑夜，围绕着达标忙来忙去。妻子经常打电话问他回不回家，他总说忙完就回。可是忙着忙着，就忘了。他恨不得分身成好几个人，可以在景区各个景点同时忙，就像孙悟空一样。

很多人都看不下去，怕他累坏了，劝他电话指挥就可以了。

“这是在争创国家旅游最高级别品牌，岂容半丝半毫差错、马虎？跑肿了腿我还跑不过来，还怕出错，又怎么能坐在屋里光听汇报？在屋里我能坐得住吗？”

经过辛勤的工作、精心的准备，原山国家森林公园终于通过了国家旅游局的评比验收，成为“4A”级旅游区。

那天，孙建博和同事站在山头，放眼望去，那四万五千亩森林哗啦啦涌动着，他们在心里也跟着树木一起翻腾、欢呼。

世界就是这么奇怪！

有些事情是你永远也盼不到的，而有些事情则是你根本逃不开的。有人说，这是因果关系，要不怎么会有“刮了春风，才落春雨”之说，怎么会有“种瓜得瓜，种豆得豆”的俗语，古人怎么会说“天道酬勤”呢！总之，不论怎么说，反正他信奉一句话：只要努力了，就会有好的结果。

这不，许多他没想到的好事，而且是非常好的大好事，连成串地找他来了。

2003 年 5 月，他被中国林场协会授予“全国首届国有林场十大管理奖”。

2004 年 5 月，他被山东省林业局评为“山东省国有林场十佳场长”。

2004 年 6 月，他在由中国工业经济联合会、人民日报海外版、工人日报社联合主办的第二届中国策划大会暨著名策划评选活动中荣获“中国十大企业策划领军人物”奖。

为此，一家知名媒体这样报道：

原山算不上名山，但近几年却因国内外游客蜂拥而至名噪省内外；原山集团虽然算不上国内一流的大型企业集团，却因规模迅速扩大、经济指数节节攀升而广为人知；原山人并不是福从天降，却因工资高、福利多、住房好而为周围的人所羡慕。所有这一切，都是因为原山集团有一个优秀的当家人——孙建博。

看到这些，他脸红了。

以上这些话并非夸张，说的都是实情，但他心里不愿别人这么说他。

越不愿让别人说，别人越是说，你又不能堵住人家的嘴巴。咳，别人愿意怎么说就怎么说好了。他很不乐意将那些赞美的词句加在自己身上，更愿意想点朴素的事。

很多人当面称赞他时，他都这样说："咱就是一个残疾人。"

他的意思是，千万别把他当什么人物看，他呀，连个普通的健全人都不如。他真是这么想的。

他这人出身于贫穷家庭，家中又为他的腿而四处求医，因而越发穷得叮当响。因为这一点，他从小就对穷苦人有很深的感情。而且，从小作为弱势群体中的一员，他总有一种不如别人的感觉。之所以拼命地做事，目的只有一个，那就是做一个正常的人，除此别无所求。当做出成绩的时候，当媒体争相报道他的时候，他心里总是别别扭扭的，总认为自己有许多短处，没有媒体宣传得那么好。

从 1996 年 12 月上级"封"他为原山林场场长开始，他就发誓，当官是为了让一方穷苦百姓都过上好日子。

自上任后，他最惦念的就是那些贫困的职工。连旧社会都有"当官不为民做主，不如回家卖红薯"之说，更何况他还是个共产党员，还是共产党的一个小"官"呢！

他上任林场场长时，时值隆冬，有一天，天上阴云密布，刚吃过午饭，西北风就呼啸起来了。很快，鹅毛大雪从天而降，寒风吹得门窗咣当咣当直响。

那寒冷的风雪天气，犹如他当时的心境。

老场长因年龄原因退了下来，市里让他接班干下去。就任前，他就知道原山林场的窘况。那时，林场已经三个月发不出工资，市里又将处于绝境的良庄园艺场划归原山管理，两个"老大难"累计债务高达四千多万元。

那天，他望着猛烈的风雪，心想，他这境况跟林冲的遭遇何等相像，老天将林冲睡觉的草屋也压塌了，但林冲凭他的一身英雄气概冲出了绝境。

他问苍天，在原山林场这场悲壮的风雪中，他能带领原山的兄弟姐妹们冲出绝境吗？

在猛烈的风雪中，他的头脑清醒了许多。那年的雪太大了，虽然许多科学家嚷嚷地球在逐年转暖，几年来的暖冬现象似乎也在证实着他们的论断，但是，那年冬天却特别冷，雪也特别大。他们林场的场部在半山腰，每当冬雪之后，他们总是在路上铺些炉渣，不然，山路太滑，外面的人进不来，里面的人出不去，他们真成瓮中之鳖了。

他一下子想起了那些长年坚守在山中的护林员。他们在山上住着破旧的石屋，已经很长时间没拿到工资了，在这样的大风雪里，他们怎么生活啊？

“我要到那里看看。”

他没跟其他人讲，只带了司机，沿着崎岖的山路，悄悄地出发了。雪太大了，以致分不清哪是山，哪是路，哪是坑。司机吓得两手紧握方向盘，脸上渗出了一层又一层的汗珠。

他来到了最偏远的岭西林区。

他让司机把车停到石阶路上，然后扶着他，在风雪中，一级石阶一级石阶地往上走。就这样，他拖着那条木棍似的右腿，艰难地走了两个多小时，才来到老护林员时延会的住处。

在半山之中，厚厚的白雪压着一间石头垒成的石屋。这个石屋有些怪，除了门窗，全由石片垛成，就连屋顶也是由二指来厚、蒲团大小的石片子相互叠压成的，中间根本没用水泥或者泥灰。石屋不但冬暖夏凉，而且多大的雨也不会漏，实在令人费解，城里来的人无不赞叹不已。石屋的破木门前摆着一些锹、镐、锨、镢，这是他们常年护林栽树用的工具。

风雪吹打着咣咣作响的破旧木门，门上有一指多宽的裂缝，寒风直往里钻。

一些树枝，被大雪压断了，树枝上的雪掉下来，呼啦啦往山下滚去，最后越滚越大，滚过的地方成为一道裸露着杂草的深沟。雪球滚到谷底时，竟有半间房子那么大。一棵碗口粗的针叶松，竟被它一下子拦腰砸断了。

眼前这一幕，让他的心疼得流血。

“咱们的护林工就是长年在这样艰苦的环境中生活的啊!”

他一下下地拍起了门：“时大爷，时大爷!”

“谁啊？这样的风雪天，谁还来山里啊？”时大爷发出沉闷的声音，打开了门。

时延会打开门，看门口俩人满头满身的雪，感到很吃惊：“这样的天气，你们也去山神庙进香吗？你们可真够虔诚的。”

“时大爷，这是咱们刚上任的孙场长，他特地看你来了。”司机说。

时延会一时蒙了，他没想到场长会来看他。他愣了一会儿说：“你看，这样的天气也来检查工作，检查工作也要选个天晴的好日子啊！要不，你们这些坐惯了办公室的人，嫩胳膊嫩腿的，累坏了可不得了!”

孙建博赶忙说：“大爷，我不是来检查工作的。”

时延会坚持说：“虽说有一段时间没发工资了，可我仍然坚守岗位。就这风雪天，我也不会往家跑。多少年了，我就是这样，不为吃，不为穿，也不为在领导面前表现，为的就是这做人的良心，为的就是前辈人留下的这片林子。领导你放心，我就是把这把老骨头埋在山上，也不能让咱们的树少一棵!”

司机说："时大爷，你误会了。"

孙建博扯了司机一下，示意他不要说了。

"进屋来吧，场长。"时延会将他俩让进屋。

孙建博走进屋一看，只见光线昏暗的石屋里，有一张旧木床、一把破椅子、一张破旧的木桌子，桌子上放着对讲机，墙上挂着几件油污的衣裳，还贴着一张虽然非常破旧却擦得一尘不染的毛主席像。

"时大爷，你受苦了。"

"苦点也不要紧，只要能发下工资，一家人能生活下去就行了。林子是保证护好的。"

这就是咱们的护林工人！任劳任怨，有责任心，又是那样朴素。他们就和这片山林一样，只知道奉献，从不讲索取，只要有一点点水土，就会给人们带来一片绿荫。

孙建博被护林工人这种既朴素又伟大的精神深深地感动了。

当时，一阵热流涌遍他的全身，他暗暗发誓：在他的任期内，一定要叫他们原山的所有工人过上富裕的好日子！要做不到这一点，怎么能算一个合格的共产党员呢？

孙建博伸手从怀里掏出一瓶酒，那酒瓶带着他的体温，还热乎乎的。他拧开瓶塞，从桌上拿过两个白瓷缸，倒上酒，说："时大爷，我敬你一杯！"

时延会不解，说："这……"

"喝吧，时大爷，这酒还热乎着哩。"

"场长，俺就是一个工人，怎受得了你这样对待？"

"别这样说，时大爷，我还是一个残疾人哩。时大爷，趁着这大雪天，咱爷俩借酒好好说说心里话。"

"场长，俺从没见过你这样的当官的。"

"时大爷，这风雪天气，我知道护林员在山上冷，特地揣上这瓶酒来为你驱驱寒气，雪天里最好喝热酒，这不，我揣在怀里，就当是温酒了。”

时延会感动得流下了眼泪，他颤抖着从一个破纸盒子里拿出一块黑乎乎的咸萝卜，用修树枝的大剪刀剪成核桃大的小块，又用衣袖擦了一下眼前的石凳，把咸菜放在上面，然后端起白瓷缸，说：“孙场长，我先喝了这杯酒，算是敬你。”

孙建博也端起白瓷缸，跟时延会碰了一下。

“我从小也是受穷受苦，这条害人的腿叫我家负债累累。我知道苦日子的艰难。现在，我刚接手这个摊子，场里还欠着好几千万元的债。但是，咱们可不要泄气呀。还记得毛主席说过的那句话吗？一张白纸可以画最新最美的图画。现在的林场，就像一张白纸。我想只要咱拧成一股绳，人人献计献策，就一定能在这张白纸上画出最新最美的图画来。”

时延会又干了一口酒，激动地说：“孙场长，你能在这种风雪天拖着条残腿上山来，可以说比拜山神的还虔诚。你这份诚心，别说人，就是山上这些林子也会感动。我觉得，你不只是来看望我时延会一个人，而是来看望咱全场所有职工，来看望咱所有在等待的无助的职工的。”

“时大爷，有你这句话垫底，我豁出去了。”

“孙场长，我今天不是喝了酒才说这话，冲你这份心，我们就跟定你了！”

“不是跟我，是跟党，跟政府。我接任时，曾向市里领导袒露过我的担忧。可市领导拍着我的肩膀说：‘干吧，建博，只要你拿出和命运挑战的劲头，使出你搞陶瓷经营的本事，没有干不好的。’现在，又有你和全场职工的支持，我相信，咱们一定能很快还上债务，过上好日子的。”

他跟时延会在风雪呼啸的山中，一边喝酒，一边开怀畅谈，俩人的脸上都闪着光芒。下山时，已是傍晚时分了。

虽然漫山遍野一片白色，色调轻快，但孙建博的内心却异常沉重。都这个时代了，日子为什么还这么苦？时大爷这样的人，对党、对政府始终怀着一颗火热的心，在大山里一住就是十几年，有的甚至是几十年，毫无怨言，可他们又得到了什么呢？他们的待遇提高了吗？没有！他们的工作条件改善了吗？没有！

我们这些党员干的什么，我们这些当干部的干的什么！

雪地特别滑，加上思路飘忽不定，孙建博一下子跌坐在雪地上，要不是扶住一棵小树，他肯定会成为上山时见到的那个雪球。

好险哪！

那天，他在日记本上写下这样一段话：

> 共产党员的责任，就是带领群众过上文明富裕的好日子。尽到责任，群众才会给你打个及格的分数；没有责任感，就不是合格的共产党员！多少年来，我们搞了许许多多的运动，目的就是使党组织更加先进，使人民更加拥护共产党。我承认，每次运动都能使党员的思想觉悟提高一大截，但是，检验党员觉悟的标准，是看你是不是为人民办事了，办了多少事，人民是不是拥护你。先贤讲“吾日三省吾身”，我想，我们党员只要每天想想这几个问题，人民就会永远拥护的。

诚然，他在企业策划方面是费尽了心血，吃了数不清的苦，谋划出许多使企业转败为胜快速发展的新招，要不，企业也不会如此兴旺。

但是，他觉得获得什么样的荣誉都不如为贫困职工做一些脱困的事更实际，看到全场职工都能过上文明富裕的日子，是他最欣慰的事。

魂断清明

孙建博的战友赵其东同志去世了！

其实，对他的去世孙建博是有预感的。在他去世前的几个小时，他们两个有过一次推心置腹的谈话，一次刻骨铭心的谈话，一次感天动地的谈话，一次悲壮诀别的谈话……在那次谈话中，赵其东的语气、状态、思维、眼神，已经告诉孙建博，那个让人悲痛万分的时刻终于要来了！他们两人紧紧攥在一起的手像被粘住了似的，久久无法分开……

孙建博回忆起与赵其东刚刚相识的日子。

当时，孙建博负责的陶瓷公司正在急剧扩张，十分缺乏极具创新能力的管理人员。公司曾经面向社会招聘过几次，但是应聘者的条件与公司的要求相差太多，最后只能不了了之。从某种程度上来说，管理人员的缺乏，已经严重影响到他们的市场开拓了。为此，孙建博只好放弃了几个经营不善的边远市场，撤回人员，重点瞄准近处的市场。陶瓷行业利润低，只能靠规模取胜，要想取得更大的规模效益，就需要扩大市场，就需要更多的管理人才。

怎么办？孙建博苦思冥想，一道电光石火突然划过他的脑海：赵其东行吗？

赵其东，1957 年出生，原来是博山区第二职业中专的团支部书记、总务处主任，后来调到了博山区第七中学任总务处主任。了解他的人都说，赵其东这人心直口快，有强烈的责任心，有少年不改初衷的建功立业的雄心壮志。而且他工作态度特别认真，工作中不断创新，深得学校领导的信任与厚爱。

电光石火终归不是现实，人家是中层干部，工作单位是全额事业单位，旱涝保收，风刮不着，雨淋不到，那工作是多少人梦寐以求的啊！而企业，完全取决于市场，别看今天山珍海味，说不定明天就清汤寡水，大起大落，没有保障，过惯了滋润日子的人，谁受得了这个罪呢？孙建博禁不住摇了摇头，觉得自己的想法不现实。

人的念头，产生容易，掐死可就难了。

孙建博明知道此事一万个不可能，但脑海里却总挥之不去，到了最后，他甚至有点魔怔了。

终于孙建博找到一个和赵其东聊这件事的机会。

刚开始，两人先聊了一些别的，见赵其东朴实诚恳，孙建博试着提出他的想法，暗中观察赵其东的反应。

“你愿意跟我搞陶瓷经营吗？”

“愿意！”

孙建博小心试探，没想到，他竟然爽快地答应了。这让建博非常感动，一时不知道该说什么好了。

“可是听说学校里想要提拔你啊？”

“我喜欢的是做事，不是做官！”

“我们这里可是企业啊！”

“我不在乎体制，只在乎能不能人尽其用。”

“就这么简单吗？”

“还有，我知道你的为人。我每天上下班从这里走，观察了你好几年。陶瓷公司从弱到强，从博山走向全国，在很大程度上靠的是你的个人魅力。和你这样的人一块干事，痛快！”

这次推心置腹的谈话，决定了赵其东下半生的命运。

四个月后，赵其东成了原山陶瓷公司的副总经理；两年后，他跟随孙建博调往原山林场成了原山林场的党总支委员；四年后，他又成了以孙建博为首的原山集团的常务副经理。

单看上面的文字，人们可能会觉得这是一份让人羡慕的履历，是一串让人骄傲的足迹，是许多人梦寐以求的升官路径，是梦想与光荣的大集合。

可有谁知道，这是一条实实在在的血泪之路啊！

1997年初，原山林场新的领导班子成立，赵其东跟随孙建博从原山陶瓷公司来到原山林场。当时，职工工资、医疗保险、岗位安置、偿还外债等很多发展问题都亟待解决，各种困难、问题、矛盾交织在一起堆积如山……

就在他们上任的第二天，被兼并时间不长的良庄园艺场就闹起来了。职工要上访，他们就得去平息，有时候开会一直开到夜里两点多。许多事情，孙建博都是交给赵其东去处理。在那种形势下，赵其东和孙建博一样，天天就像坐在热鏊子上，下面还有人不断地添柴加油，谁能受得了？不烙死也会烫死，反正没有什么好结果。那时候，关于赵其东的话题特别多。当然，都是负面的，正面的几乎没有。

“赵其东被法院带走了”就是其中的一个。

那天一大早，下了一夜的雪还没有停下的意思，山上全白了，刚刚扫出的山路又一次被大雪覆盖了。孙建博站在办公室里，从窗口往外看。他看见山路上有一个小红点，越来越大地向场部移动着。随着敲门声响起，推门进来的是赵其东的爱人。还没来得及问她怎么回事，她竟然哇的一声哭了起来。

“嫂子，这是咋了？”孙建博问。

“其东被人家弄去了，一夜没回来！”

“我怎么不知道呢？”

“法院说只通知家属。”

“嫂子，你先坐下，喝杯水。我了解其东，他不会有问题的，我马上问问情况……”

“其东从来都是遵纪守法的，从来不说过头的话，更不做过头的事，法院咋说带走就带走呢？他犯了啥事……”

孙建博的脑子急速地转开了。当时，赵其东所分管的工作主要是协调处理刚接手的三个单位（良庄园艺场、林业印刷厂、原山陶瓷公司）的官司、合同、纠纷等问题，这是一项难缠而且风险极高的工作。债主们三天两头上门催债，素质高的到法院起诉，素质低的直接杀上门来抢东西，还有人进行恫吓……所有这些，都由赵其东直接面对。

孙建博想：会不会是因为这些事呢？若果真如此，我是法人代表，首当其冲的应该是我啊！

经过了解，事情原来是这样。

那天下了班之后，天开始下雪，为了布置扫雪工作，赵其东晚走了一会儿。当他正要出门的时候，遇见了两个来讨要良庄园艺场旧债的人。他们进门就大声嚷着要见孙建博。赵其东知道他们不认识孙建博，为了保护孙建博，便和他们周旋起来："我就是场长，找我算是找对人了！"

“场长不是个瘸子吗？”

“是啊！经过治疗，好了！”

“你……”

“不信？我给你们走两步。”

“你真的是场长？”

“假一赔十！”

“这可是你说的。”

“坐不更名，立不改姓！”

“不管你瘸不瘸，拿钱吧！”

“钱不会少了你们的，但是……”

“我不听你的‘但是’，就这个‘但是’，拖了我们多少年了，给钱，什么都好说，不给钱，今天就带你走，让你坐老虎凳，给你灌辣椒水，指甲里插竹签！然后你们林场拿钱赎人！钱送不到，你就别想回来！”

“我说的‘但是’不是不给钱，是等清算结果出来，我们统一付款。我们原山林场一口唾沫一个钉，说了还就一定会还你们的。尽管不是我们欠的，但是这个账我们认了。”

“少啰嗦！走！”

“打人犯法！”

“犯法也比没钱强！”

就这样，来人蛮横不讲理，硬是把赵其东掳走了。赵其东怕孙建博知道后着急，竟然没和他说。直到快天亮了，才给家里打了个电话。了解清楚情况之后，孙建博马上报了警，警察们赶到现场把赵其东解救了出来。

孙建博和赵其东的爱人在办公室等他回来，左等右等不见人影，便打他的电话询问：“其东，你在哪里？”

“我在去法院的路上。”

“怎么去法院了？”

“有家债主去法院告了我们，今日开庭。我昨天下班时就带上了传票，准备今天去法院。”

“昨晚他们难为你了吗？”

“咱这身体，铁打的！”

听到这话，孙建博流泪了。赵其东受了那么多委屈，甚至是折磨，但是他不向别人吐露半个字！债主的谩骂，同事的不理解，法庭上的呵斥，社会上的误解……他都默默地吞下去。只要对林场有利，他就去做，因为他知道，这些事情说出来起不到任何正面作用，反而会加深领导的忧虑、亲人的担心。所以，他打掉了牙往肚子里咽。就像今天，刚被人从虎口里救出来，来不及调整休息，就又去法院慷慨陈词了。

孙建博擦干眼泪，强忍着满腹的悲痛，安慰了赵其东的爱人。

就这样，在处理兼并问题的几年里，蜂拥的债主，把赵其东搞得心力交瘁；频繁的出庭，使他经常战战兢兢。有时候，他经常从梦中忽地坐起来大口大口地喘气，并将一只手使劲压在胸口上，以平抑心脏的狂跳。

在那段日子里，林场发生了很多意想不到的事情。有一次由于良庄园艺场的遗留债务问题，债主带着上百人气势汹汹地来到园艺场卸机器。赵其东闻讯后立即赶赴良庄，当时现场的情形已是剑拔弩张，流血事件一触即发，局势很难控制。危难时刻，赵其东不顾个人危险，毅然冲进人群，向对方表明身份，诚恳地道歉，并代表孙场长当场立下字据，保证年底一定还钱。对方见状，同意停止拆卸机器，事情终于化险为夷。保住了机器，就意味着保住了职工赖以生存的饭碗。那一天，在场的许多职工都流下了眼泪。

几年来，他代表林场和有关单位及个人签订合同、协议3000多份，没有一份出现纠纷，为林场的发展赢得了空间。

几年来，他代表单位出庭200余次，平均每年出庭50余次，平均7天就被法院拉去过一次堂，这种精神上的压力谁受得了？

几年来，为了处理4000余万元的遗留债务，他先后同126家债主进行过谈判，同230余家债主进行过周旋，并先后与有关单位召开过210余次座谈会，妥善化解了矛盾、风险和各种问题，为原山的发展创造了良好的外部环境。

在以上这些刀光剑影中，有时候是拼勇敢，狭路相逢勇者胜，关键时刻，拿出猛张飞的精神来，大喊一声，能让河水倒流；有时候是拼智力，不战而屈人之兵，摇着鹅毛扇，面带笑容，却决胜千里之外，谈笑间樯橹灰飞烟灭；有时候是拼酒，喝得昏天黑地，吐得翻江倒海，但心中保持清醒，以寻找对方的纰漏出其不意地一击；有时候是假装可怜，在强手面前自讽、自嘲，甚至是自虐，以博得对方的同情，最后达到目的；有时候是拼体力，拼毅力，双方坐在那里，一个小时不说一句话，谁憋不住先开口了，就首先输了半步。为了林场，为了事业，赵其东什么样的招数都用了，什么样的场面都经历了，什么样的委屈都受了。

……

看着他日渐消瘦的面孔，孙建博的心在滴血。

有一年清明节的黎明时刻，他们两人一起跌倒在乱坟岗子里，同两架骷髅滚在了一起，令人不寒而栗、毛骨悚然。现在回想起来，孙建博身上还会生出一层细细的“小米粒”。

清明前后是原山最美的时节之一。树绿了，花开了，各种各样的候鸟也飞回来了。往远处看，蓝天下大片大片的白云压着树梢；往近处看，眼前的雾气轻纱般缠绕在树梢，氤氲在林间，给人一种飘飘欲仙的感觉。尤其是山上的空气，清新无比，呼吸之间，让人生出一种全身通透的感觉。

清明节，是护林人员最悲哀的节日。

博山有个风俗，就是清明节分鸡蛋。清明节那天一大早，家里煮上一些鸡蛋，早晨起来后家人分着吃。富裕人家每人分得多一些，贫困人家每人分得少一些。而原山林场不分鸡蛋，分坟头。林场的职工经常自嘲说：“人家分鸡蛋，我们分坟头；人家烧元宝，我们泼水救！”

清明时节，树虽然绿了，但是树下的杂草和冻死的灌木，厚厚的在地上积了一层，稍微有点火星，便会燃成漫山大火。而在原山，人们有在祖坟前烧纸点香祭祖的风俗。这样，一边是烈火，一边是干柴，十分容易引起火灾。为了保护林木，每年清明节，每个林场工作人员都要承包多个坟头。人家在烧纸祭祖，他们提着水桶站在旁边看着，时刻准备着扑向肆虐的山火。

这是一件很令人讨厌的事。

你想，人家在上坟，你站在人家身后，破坏人家的心情，人家能不觉得烦吗？可如果站远了，又怕一旦杂草燃烧起来，失去最佳的扑救时机。所以，站得远近由自己的身体状况和火势的大小来决定。人家烧完了黄表纸刚站起来转过身，你就冲上去把火扑灭，人家不揍扁你才怪呢！但是扑晚了又怕酿成火灾。因此，何时扑火也是门学问。清明节这天，护林人员被打、被骂屡见不鲜，简直成了一个顽疾，同时，或大或小地着几把山火，也是司空见惯的事。特别是那些藏在密林深处的孤坟，更是令人防不胜防。

所以，逢年过节，人家高高兴兴，林场职工则忧心忡忡；人家走亲访友，他们则孤独守山；人家享用着美酒佳肴，他们则冷锅冷灶；人家满面春风，他们则战战兢兢……

有没有更好的办法呢？

清明节这天，天刚放亮的时候，赵其东搀扶着孙建博上了山。由于松林的遮挡，山路还是黑黑的，只能看清大块的石头和大个儿的树冠，石子、小树、杂草都在一片黑暗之中。孙建博的拐杖点击石板发出的嗒嗒声惊醒了慵懒的鸟儿，它们扑棱着翅膀向空中飞去。

天稍稍亮了，孙建博和赵其东走进了山坳里的一片墓地。由于他们经常看坟防火，所以一看坟头的形状就知道其后人的状况。坟头又大又圆，说明后人人丁兴旺或在附近居住，逢年过节就将新土加在坟头上，名曰“添坟”，久而久之，坟头越来越大。坟头形状不一且偏小，则说明后人不旺或远走他乡了，因为多年没人“添坟”，在风雨的剥蚀下坟头越来越小。

也许是他们两人数坟头数得太专心了，突然脚下一滑，他们一起滚进了一个洞里。微弱的光下，两具散乱的骷髅赫然在目，吓得他们全身的毛发都竖立起来了。惊魂稍定之后，他们环顾四周，发现这是一个处在低洼处的无主坟，长年的雨水冲刷致使其塌陷了。刚才，他们就是从塌陷的边缘滑下来的。他俩慢慢地将白骨归拢了一下，尽量按照人躺着的姿势摆放好，并用坑边的浮土盖好。之后，赵其东往坑上瞅了几眼，便一把将孙建博抱起来，使尽全身的力气将他托出了墓穴。

然后，他又从身边找了一块破砖垫在脚下，使劲往上爬，不承想他挣扎了几下却摔下去了。当时孙建博心里暗自吃惊，按他的年龄、他的体力，爬上这个墓穴应该是不困难的，为什么会这样？赵其东再一次努力，又失败了。看来，他的体力不行了。孙建博趴在墓穴边，伸下了他的拐杖，赵其东又多垫了几层砖，他们上下共同努力，赵其东才好不容易爬了上来。他们两人就势一仰，躺在了坟茔间的杂草中。

“其东，你的身体咋回事啊？”

“没事啊！”

“你是不是病了？”

“我病了？开什么玩笑啊！我从小吃苦受累，没存下钱，没置下地，就收获了一个好身体。我经常觉得，自己壮得像头牛似的，浑身有使不完的劲……”

“抽个时间，去医院查查吧！”

“唉，忙啊！”

“再忙也要注意身体啊！你没听人们常说嘛，身体是个1，事业是个0，财产是个0，权力是个0，家庭是个0……如果身体好，这个数字会越来越大，可一旦身体这个1没有了，就什么都没了！知道吗？”

“这个道理我懂，可是……”

“可是什么？”

“可是……眼前太忙了！原来的债务还没有清理完，市里又让我们兼并实验苗圃和林业培训中心。我大体了解了下，这两个单位欠债也不少，说不定明天或后天新的债主又杀上门来了。再说，建设长青林的事我们才刚刚开始……”

赵其东说的建设长青林，是原山林场党委刚刚做出的决定。因上坟引起火灾烧毁树林的事经常发生，搞得林业消防队疲惫不堪，关键是如果哪把火着大了，国家的森林会受到巨大的损失，为此，他们决定建设长青林公墓，把散落在林地里的坟茔集中起来，便于管理，也便于人们祭奠。

但是，这项工作的难度可想而知。挖人家祖坟是要被骂八辈祖宗的。迁坟虽然不是挖祖坟，但也少不了挨骂，甚至挨打。你想，人家为什么翻山越岭地把坟地选在深山老林里，肯定当时是看了风水的，你让人家移走，谁能痛快地答应？

但是防火也是迫在眉睫的事啊！这个烫手山芋就交给了赵其东。

天已大亮，漫天的红霞从原山山脉最东边的凤凰山上喷出，直落在最西边的禹王山上，从鲜红到橘红，越来越淡，连飞在云中的鸟儿都被镀上了一层淡淡的红色。

他们两人拿出由博山区人民政府、区公安局联合下发的迁坟公告，开始按坟头分发起来。每个坟头上放一张，用石块压住，防止被风刮跑。这样，一会儿来上坟的人就会看到，工作人员再和他们相互留下电话，具体商量迁坟事宜。这里有近万个坟头，工作量可想而知。

都说“世上无难事，只要肯登攀”，但是，这种登攀，可不是一般人能受得了的。对身体素质的考验，对心理素质的考验，对领导能力的考验，对文化水平的考验，都到达了“极限”的层面，真正能撑下来的人不多。说实话，有时还真是蛤蟆垫桌子腿——硬撑。

俗话说：“书到用时方恨少，事非经过不知难。”就说迁坟这件事吧，任你怎么想，都无法想出其困难程度。

那天，迁坟到了最艰难的时刻，只剩下几个难缠的钉子户了。

那些日子赵其东就像长在了山上。每天天刚放亮，他便带着干粮上山，午饭随便吃几口了事，实在撑不住了，中午就找块稍微平整的石头躺一下，有时还被蚂蚁叮咬。晚上，直到天黑透了才下山。与迁坟户称兄道弟，结缘攀亲，甚至在他们面前装儿装孙，目的只有一个，那就是尽早把坟迁完，最大限度地保护好这片山林，保护好博山之肺。

抵抗的方法更是五花八门，层出不穷，有的令人啼笑皆非，有的使人欲哭无泪……总之，什么样的事都有，只有你想不到的，没有迁坟户做不到的。

为了说服几个钉子户，孙建博和赵其东一大早就上了山，当着人家的面，在每个坟前摆上了供品，并且焚香烧纸，以示虔诚。经过千言万语的动员和较量，这个王姓钉子户终于同意迁坟了，可是，不知出于什么心态，他用挑衅的口吻对孙建博说："孙场长，刨自己祖宗的坟头，我们下不了手，还是劳驾您亲自动手吧。这样，祖宗面前我们也好交代，免得赚个不肖子孙的骂名！"

孙建博拖着条腿，从他手里接过铁锨，蹒跚着来到坟前。由于站的时间太久，残腿又隐隐作痛。他怕因此停下来主人再反悔，错过这个良好的时机，于是马上从裤兜里掏出几粒止痛的布洛芬药片，一口吞下去，就要挥锨。

"还是我来吧！"

赵其东大喝一声，冲上去把锨夺了过去，使劲铲起来。

"你算老几啊？"迁坟户责问赵其东。

"我算个民工还不行吗？"

"哪个民工敢掘我家的祖坟？"

"你是啥意思？"

"没啥意思，就是让孙场长掘！"

“把他累坏了，你担得起吗?”

“有啥担不起的?”

“孙场长能让一千多口人吃饱饭，吃好饭，你担得起吗？孙场长外出开会，都有专人用轮椅推着，连孙场长的老婆都不让他干一点活，累坏了他你能担得起?”

“不迁了！不迁了!”

突然，王姓迁坟户声嘶力竭地叫起来。他抓起地上的铁锨，开始疯狂地往墓穴里填土，赵其东在里面东躲西藏地躲避着汹涌而降的土石。

“住手!”

孙建博一把抓住那人的锨把，和他争夺起来。那人双手一挥，就把孙建博摺倒了。那条好腿碰在石头上，疼得钻心。但是，孙建博双手死死地抓住铁锨，不让他再往墓穴里铲一点土。那人疯狂地拽锨，连锨带孙建博拖过石块，拖过草丛，拖过沟坎，也没把锨夺过去。

这时，赵其东从下面爬上来了。只见他浑身是土，连鼻孔里都是，铁锨铲下去的石块打中了他的头顶，他捂着头，鲜血慢慢地渗出，顺着脸颊往下淌。王姓迁坟户见此情景，吓呆了，双手把铁锨一放，坐在了地上。孙建博坐在石头上，捋着被拖得疼痛难忍的双腿，耐心地劝说道：“冤家宜解不宜结啊！只要你同意迁坟……”

“我同意……”那人哭了。

孙建博记得，林地最后一个钉子户更难缠。

“你可是最后一家了!”

“嘿嘿！这我知道，我坚决支持原山林场关于迁坟扩林的决定，我举双手赞成……”

“那就开始迁坟吧?”

“慢!”

“你不是双手赞成吗?”

“对啊!”

“那怎么又不让扒了?”

“我有个小小的条件。”

“什么条件?”

“你给我老祖宗下跪，磕三个响头，还要祷告，说要请他老人家搬新家了……”

“跪了你就迁坟吗?”

“那是肯定的……”

“一言为定?”

“男子汉大丈夫……”

没等那人说完，只听扑通一声，在大家还没反应过来的时候，赵其东一下子跪在了这个孤坟前。他眼里流着泪，虔诚地磕了三个响头，前额上还带着碎草。然后他双手合十，神情专注地祷告道:“列祖列宗在上，请受子孙一拜。你们在这里安睡了这么多年，本不应该打搅，但是近年来火患频仍，皆因上坟烧纸而起，已经严重影响了林木的安全。我想，这肯定也是你们不愿意看到的。我们早已在长青林里为你们建了新的去处，那里比这里好几百倍。今天，我们就把你们迁过去，你们在那里好好享福吧！对不起了，请再受我一拜!”

迁坟户惊呆了。

大家都呆呆地看着赵其东。

孙建博流泪了。

男儿膝下有黄金，跪天跪地跪娘亲。男儿有泪不轻弹，只因未到伤心时啊！赵其东这一跪，跪出了一个共产党员的宗旨意识，跪出了一个大写的人的高贵品德。为了原山的事业，他忍受的太多了。为了他钟爱的工作，他付出的太多了。

迁坟户也流泪了……

其实，早在那时候，病魔已经在悄悄地吞噬他的身体了。

孙建博多次催促他去医院查体，但他总是以忙为理由婉拒。当然，忙是真的，原山人什么时候闲过？节日、假期，别人休息的时刻恰恰是他们工作最忙的时候。别人每周休两天，他们却只能每周四休息一天。而且，就是这个周四，赵其东什么时候又休息过呢？

赵其东晕倒在植树造林工地上后，被送到了淄博市第一医院。检查结果出来后，孙建博简直不敢相信，当着医生的面，当着林场职工的面，他把报告撕得粉碎，并且大声斥责道："什么臭水平？检查得一点都不准！你们还是三级甲等医院呢！"

因为，他实在无法接受这个结果。

癌症！这个字眼太刺激人。

去济南再查。那天，孙建博本来是想放下手头的工作陪赵其东去济南检查的，但市里的主要领导陪省里领导来原山视察，他实在无法分身。那天陪领导视察，他一直心不在焉，时不时地掏出手机来看。

突然，孙建博感觉到兜里的手机轻轻地振动了一下，他马上掏出来看信息，这是他们事先约好的，赵其东检查的结果必须在第一时间通过短信告诉他。当时的短信只有四个字，却像四颗炸弹炸响在他的脑海里：确诊癌症！

他的脸唰地白了，脑袋嗡嗡作响，只觉得眼前的领导像电影里的人一样悄无声息地走来走去，他看着他们的嘴一张一合，却听不到半点声音。事后才发现，他在当时记录领导讲话的本子上，写满了赵其东……

赵其东住院的那段日子，孙建博的心也被拴在了医院。每隔一天，他一定要去医院一趟，先悄悄地去大夫那里了解情况，再去病房和赵其东交谈。即使在外地出差，也是两天一个电话，询问赵其东的病情。

他们向赵其东隐瞒了病情，赵其东也不拆穿假装不知道。当然，这是一种真诚的欺骗，一种充满爱心的欺骗，一种饱含感情的欺骗。

在赵其东去世前两天的一个上午，孙建博来到了医院。那天，赵其东出奇地清醒，情绪也出奇地好，疼痛似乎也稍微减轻了一些。

孙建博坐在病床边，太阳从窗子射进来，阳光洒满了整个屋子，给赵其东那久病的脸上涂抹了一层生动的亮色。他们两人对视着，久久没有一句话。此时此刻，孙建博终于理解苏东坡的那句“相顾无言，惟有泪千行”了，终于理解辛弃疾“而今识尽愁滋味”“却道天凉好个秋”的心境了。

“其东，你苦吗?”

“跟你干，不苦!”

“其东，你累吗?”

“有点累，但是能撑得住!”

“其东，你后悔吗?”

“我做了该做的事，永不后悔。”

“自从把你调到陶瓷批发公司，又把你调入原山林场，你就像军队里的工兵，逢山开路，遇水架桥，为原山修好了通向光明未来的金光大道……你吃了多少苦，受了多少累，我心里跟明镜似的……”

“孙场长，可惜我无法再做你的助手了……”

“不准说这句话!”

“嘿嘿，咱们是唯物主义……”

“我受不了……”

“陈毅元帅的诗写道：‘此去泉台招旧部，旌旗十万斩阎罗。’百年之后，我还当你的助手，和你一起招呼起咱们的老伙计们，在那里再建个林场，让那边也充满绿色……”

赵其东走了！

巍巍青山埋忠骨，涓涓孝水情未了。孙建博的战友赵其东走了，没有抱怨没有后悔，只有那个很绿很美的梦。有人说，赵其东是一座山，是原山人心中敬仰的高山；有人说，他是一棵树，一棵参天翠绿的常青树，永远生长在原山的青山绿水之间。

深夜喜讯

深夜两点钟，孙建博的手机突然响了。这时候来电话，通常凶多吉少。林场的同事知道孙建博的身体状况，晚上十点以后尽量不给他打电话，事情能自己处理的就自己处理了。

孙建博首先想到的是山林火灾。林场的灾害无非两种，一是火灾，二是虫灾。虫灾是有先兆的，而火灾则往往突如其来，无法预料。每个林场，每年都会燃起几把或大或小的山火，这似乎是家常便饭。其次，他想到的是安全事故，偌大一个林场，一千多口子人，下面好几个企业，布局分散，山高路险，出现安全事故的可能性也是存在的。再就是孩子，孩子会有什么突然的事情找他……

孙建博焦急地接起电话。

电话是北京打来的，打电话的是国家林业局的领导。电话那头的声音，急切中带着兴奋："建博，告诉你一个好消息！"

"什么好消息？"

"温家宝总理为你们的改革经验做批示了！"

"什么？你再说一遍！"

"温总理肯定和表扬你们林场的改革了！"

"在哪里批示的？"

"在新华社的一份材料上。复印件就在我手上！"

"真的吗？真的吗？"

孙建博一个劲地问，有那么一阵子，他弄不清自己是醒着还是在梦里。

孙建博再次急切地问道：“温总理怎么批示的？”

“需要我给你念念吗？”

“嘿……嘿……”

孙建博心里很想马上知道温总理批示的内容，但是转念一想自己的身份，怎好让国家林业局的领导给自己念材料。国家林业局的领导听出了他的意思，说：“建博，我给你念念吧！”

“好！好！好！”

孙建博一口气说了三个“好”。

“温家宝总理的批示是：山东原山林场的改革值得重视。国家林业局可派人调查研究，总结经验，供其他国有林场改革所借鉴。温家宝。九月一日。”

“能传真给我一份吗？”

“不能。不过按文件处理规定，你很快就会收到的。”

“好的，谢谢！”

“打扰你休息了，建博，继续做你的美梦吧。”

林业局领导挂断电话之后，孙建博攥着电话的手，久久没有放下。他的耳朵里，还回响着刚才林业局领导念批示的声音。由于过于兴奋，孙建博辗转反侧，无法入睡，满脑子里都是温家宝总理的批示。他只好拿起拐杖，推开房门。

“建博，干啥去？”被孙建博折腾得同样一夜没睡的焦翠红问。

“睡不着，出去走走。”

“去哪里？”

“去山上。”

“天黑，路又不平，我陪你去吧！”

焦翠红的优点就在这里。对于孙建博的身体，她关怀备至，半点不含糊。而对于孙建博的工作，她却从来不问。孙建博有时烦闷了，向她说起工作，她也只是劝解他注意身体，从来不接茬。这既是她的淳朴之处，也是她的聪明之处。

有了拐杖，再加上焦翠红的搀扶，孙建博上山的速度快了许多。山上的露水太重了，不一会儿，路边的草丛便把裤脚打湿了。露水从裤脚流到鞋里，不一会儿走路便打起滑来。本来，孙建博想多走走，多看看原山，但是鞋里一滑，走路便吃力起来，只好在石海栈桥的牌坊边上，找了一块大石头，让焦翠红扶自己坐了下来。

天太黑了，黑得像浓重的墨。

在黎明前的黑暗里，原山多了几分凝重，多了几分庄严，多了几分虎踞龙盘的气势。山下的几盏路灯，远远地眨着昏黄的眼睛。偶尔有晚归或夜行的汽车驶过，单调的喧嚣更衬托出夜的宁静。原山睡了吗？没有！原山还在默默地展示着它蓬勃的生命。松树的根须在贫瘠的山地里肆无忌惮地伸展着，连片片红叶都在生命最华丽的阶段顽强地增添着红色；爬遍了齐长城的爬山虎，正在奋力地扩展着自己的地盘；山崖上的柿子树，正把一个个红灯笼似的大柿子挂在枝头最显眼的位置……

原山，正在焕发着无尽的生命力。

下雾了。

黎明刚刚到来，在原山的轮廓就要看得清楚一点的时候，大雾来了。雾是慢慢来的，刚开始时薄如轻纱，似有似无，缠绕在松树的枝头，悬挂在齐长城的垛口。随着时间的推移，雾变得越来越浓，越来越重，渐渐地把整个天地间，树丛、石缝都充塞得满满的。这时你稍一挥手，眼前的雾便会马上涌动翻卷，云一般地包围着你。雾，浓得撕不开；雾，重得挥不去。在浓雾和秋露的双重作用下，衣服很快就湿了，头发和眉毛上，都挂满了白白的、细细的小水珠。虽然雾里看景有些朦胧，但他还是很喜欢这种感觉的，因为这样可以屏蔽很多枝蔓，只留下主要的部分，一目了然。

对孙建博来说，原山有一股神奇的力量。当他遇到艰难坎坷时，在原山上静坐，就会得到无穷的战胜困难的力量；当他得到巨大荣誉时，在原山上静坐，就会冷静下来并发现自己工作中的种种不足；当他迷茫或困惑时，在原山上静坐，就会扫除迷雾，眼前清亮，心里逐渐明白起来。

久而久之他终于明白，他的根在原山。

“下山吧！这里潮气重。”焦翠红说。

“再坐会儿吧！”孙建博说。

“不行，又是露水又是雾的，坐在冰凉的石头上你的腿受不了。”

“人逢喜事精神爽啊！今天腿不疼……”

“温家宝总理真的给你批示了？”

“这还有假吗？”

“那你这辈子也不亏了！”

“亏啊！咋不亏？我个人何德何能，能受到堂堂一个大国总理的肯定？我才干了多么丁点的工作，就受到温家宝总理的表扬？温总理那么忙，还为咱原山的事操心，让我心中有愧啊！我报答领导的唯一方式，就是做好工作，为领导分忧，为职工造福，为党员争光。反正我这半截身子也没有多大用处了，把它全部献给党的事业、党的工作，我也就心安了。今后，我可能更忙更累了，更顾不上家了，你可要有思想准备啊！”

“你啥时候顾过家？”

“也是啊……”

“天快亮了，我扶你下山吧！”

“直接送我去办公室吧！”

孙建博使了几次劲，都没有站起来。他在冰凉的石头上坐的时间太长了。他那条残腿，一是怕累，二是怕凉。

过去，腿疼对他来说是一种负担；今天，腿一点都不疼了，因为它没了感觉。焦翠红觉出了事情的严重性，让孙建博去医院，他却执意要去办公室。因为他想找出温家宝总理批示的新华社记者写的那篇文章，看是什么原因促使总理做出批示。

焦翠红拗不过孙建博，只好半背半拖地把他弄下了山。不知是因为露水还是汗水，走到山下的时候，他俩的衣服全湿透了，两个人像从水里捞上来的一般。

孙建博从抽屉里找出新华社记者刘国政、吕福明写的那篇题为《山东原山林场闯出国有林场改革新路》的文章，文章写了林场十年的改革历程。

孙建博边看边回忆。

十年的风霜雨雪雾，就这样蹒跚过来了。

十年的甜酸苦辣咸，就这样一一尝遍了。

文章是这样写的：

> 近年来，地处鲁中山区的原山国有林场抛弃“等靠要”的落后观念，大胆改革，不断创新经营机制，坚持“以副养林、以林兴场”，形成了林业、工业、旅游业、房地产业和物流业等五大产业，年总产值过亿元，不仅让1000多名林场职工摆脱贫困过上了富裕日子，而且使原山林场森林面积翻了一番，走出了一条国有林场可持续发展的成功之路。
>
> 原山林场虽然面积只有4万多亩，但在人数上却是一个有着1070人的大林场。1986年，国家在财政上对原山林场实行“断奶”后，林场开始进行事业单位企业化改革试点。然而随后十年间，原山林场却因经营不善，背上了4000多万元的债务包袱。这期间，因林场长时间发不下工资来，许多职工被迫自谋生路，有人则吵着到市里集体上访……
>
> “要保护好这片林子，首先要给工人发下工资。但‘等靠要’的思想行不通了，要摆脱困境只有靠自己走向市场挣钱。”

1986 年就到原山林场创业的残疾人孙建博，由于成功救活原山林场陶瓷经营部，十年后被任命为原山林场场长。他说，林子要保住，林场要搞活，出路只有一条：改革！于是孙建博提出了“走出林场办林场”的口号，将发展副业、旅游业换来的效益投入林业建设与林场保护，并以良好的林业生态进一步推动原山旅游业的发展。他认为，要想彻底解决生态林建设问题，保护好国有林场，要么国家全包下来，否则就走“以副养林、以林兴场”的道路。

……

经过几年的奋斗，这里已发展成为一个集原山林场、原山集团、原山国家森林公园为一体的新型林场。事业有了起步，原山林场的人气也旺了，每年都有上百名大中专毕业生前来竞聘就业。毕业于山东农业大学的集团副总经理王延成说，过去林场招个大学生很难，而现在已引进 120 多名大学生，目前林场的管理层有一半多来自林场以外。至此，原山林场真正走上了“以副养林、以林兴场”的良性发展道路。

看到这里，孙建博有些激动。那是些什么样的岁月啊！

孙建博从机关辞职的时候，父亲大发脾气；他从日进斗金的陶瓷公司辞职，来到债主堵门、朝不保夕的原山林场时，父亲气得躺在床上三天不吃不喝，粒米不进。但是，孙建博想，自己不从机关辞职，那帮残疾人谁管呢？自己不来原山林场，一千多口子人吃什么呢？

担任原山林场场长的第二天，为了劝回去市里上访的职工，孙建博和他们在雪地里对话大半天，口干舌燥，腿疼得要命。他终于赶回来看望父母的时候，父亲正在抽闷烟，喝闷茶。孙建博进来了，父亲不管他一脸疲惫，不看他拖不动的残腿，把刚点上的烟狠狠地捏死在烟灰缸里，头也不抬地大声问道：“陶瓷公司财务状况咋样？”

“去年经营额一亿两千万。”孙建博答道。

“原山林场财务状况咋样？”

“欠外债已达四千六百多万元。”

“你自己比较比较吧！只要不傻……”

“我是心疼那些吃不上饭的职工。”

“你是菩萨吗？”

“我是党员……”

“党员？马克思说过，无产阶级只有解放全人类，才能最后解放自己。你去解放吧！你去拯救吧！你的本事比天还大！你拯救了地球再拯救月球，拯救了水星再拯救火星。多亏你只有一条腿，你要两条腿都好的话，你还要去拯救外星人呢！”

父亲说完，使劲喝了一口茶水，狠狠地把茶杯摔在地上，咚的一声关上门走了。孙建博呆呆地坐在那里，母亲静静地坐在一旁流泪。家里养的小狗也像犯了错误似的，趴在桌子底下一动不动。

孙建博默默地忍着。

很多年之后，父子俩又说起了当年的这段，父亲说：“你知道当时邻居们怎么说？他们有的说，孙建博这辈子就是受苦、受穷的命；有的说，孙建博简直不知天有多高地有多厚……我最受不了的就是有人说你有野心。我想，我的瘸儿子有什么野心？他不就是想让大家都有口饭吃？我决心帮你。但是怎么帮呢？我知道你倔，你拗，我就用激将法激你。只要把你的倔劲激出来，你就会有动力，有办法，就没有过不去的火焰山。现在看来我的方法奏效了。可是你知道吗，那一天我激你骂你的时候，我的心在流血啊！”

真相大白之后，孙建博想，舐犊情深，那可亲可敬的老父亲，算是为自己费尽了心思。

孙建博又继续往下看那篇文章，文章的每一段，都能勾起孙建博刻骨铭心的回忆。

“押金栽树”是逼出来的。

这些年，浮躁之风不知是从哪里刮来的，也不知道是什么时候开始刮的，但它却无孔不入，弥漫在社会的角角落落。就拿栽树来说，真像老百姓说的：“年年栽树不见树，一年树坑栽年年。”

担任原山林场场长的第一年，孙建博拖着一条腿爬遍了所有的山头，走遍了所有的营林区，和那些常年住在深山老林里的护林员半宿半宿地交谈。有时候，一块干馍馍，一块咸菜疙瘩，半瓶老酒，就可以谈个通宵。他终于找出了“年年栽树不见树”的原因，那就是缺乏管理。栽树不管，劳民伤财。

第三年，孙建博采取了“押金栽树”的办法。

所谓押金栽树，就是造林岗位责任制。谁栽的树，谁负责管理，登记造册，建立档案。栽树前，扣下责任人工资的20%作为风险金，一年以后，栽的树全部成活了，风险金全部返还。如此一来，树木的成活率还能不大大提高？

谁知道，就是这么点小小的改革，竟然在林场引起了轩然大波，赞成之声有，但反对之声更强烈。

有的说：“给咱发了两年全工资，孙场长是不是觉得亏得慌？”有的说：“他这样逼迫咱，究竟是要干什么呢？”还有的说：“谁敢保证栽树就能活？自己生的孩子也不敢保证啊！”

还有的人把这事反映到上级领导那里，让领导给孙建博施加压力：“建博啊！事情要慢慢来，不能一口吃个胖子，要考虑群众思想上的承受能力。”

但是，为了国家利益，为了这片山林，孙建博还是顶着方方面面的压力，坚定不移地推行了下去。多少年坚持下来，原山林场的植树面积扩大了一倍。

森林的扩大带来了环境的改善，引起了投资者的兴趣，相关产业得到了迅速发展，职工收入也成倍增加。职工们发自内心地说：“还是孙场长眼光长远啊！”

整理了一下自己的思绪，孙建博继续往下看那篇文章。

> 目前，原山林场被批准为国家级森林公园、国家重点风景名胜区，场长孙建博也因事迹突出，先后被授予“全国首届国有林场十大管理奖”“全国自强模范”等荣誉称号，然而，孙建博并不满足于眼前的成绩，他又带领大家扎扎实实进行二次创业。孙建博谦虚地说：“我没有做什么惊天动地的大事，只是在一个小小林场做了一名共产党员、履行了一名护林人保护林场、发展林场和建设林场的应尽职责。”

看完文章，东方发白了。孙建博坐在办公室的落地窗前，看着早起的护林工人。他们用饭盒带着一天的饭，在太阳还没出来之前，匆匆赶到山里的营林区值班。日复一日，年复一年，在空旷的崇山峻岭中，他们面对着无言的森林，面对着无声的流水，面对着寂寞的日出日落，没人说话，没人交流。久而久之，他们的语言功能都退化了，一个个变得不爱说话，不爱交流，有的甚至喜欢自言自语，有的甚至学会了与鸟对话，与松鼠交流……

孙建博默默地告诉自己，他们才是大山的脊梁，是他们撑起了原山林场的骨架，他们用心血呵护和浇灌着这四万多亩的山林。温家宝总理的批示，是对他们的肯定，是对他们的褒扬啊！没有他们，就没有原山林场的今天，更没有自己的今天。

温家宝总理的批示正式传达下来之后，原山林场召开了隆重的大会，职工们认真学习，反复领会。孙建博带领大家，对照表扬找差距，对照肯定找不足，又制订了新的发展目标，重新规划了未来几年的发展蓝图，并向温家宝总理做了书面汇报。

会后，孙建博将温家宝总理的批示手迹复印了很多份，分发给常年奔波在大山里的护林员们。他们如获至宝，恭恭敬敬地悬挂在大山深处那些孤零零的护林房里。偶尔遇到采访者，护林员们会指着墙上的批示手迹复印件骄傲地说："这是温总理写给我们的！"

父子对话

2018 年迎来了改革开放四十周年。6 月 27 日，北京到处繁花似锦，在夏风的吹拂下，五颜六色的花儿争奇斗艳，香气四溢。在蓝天白云的映衬下，人民大会堂显得分外巍峨雄壮。

再次来到这里，孙建博禁不住心潮澎湃。在他心里，人民大会堂是神圣的地方，他曾在这里受过表彰，在这里开过会，在这里第一次受到党和国家领导人的接见……

今天他是来参加由中国林业职工思想政治工作研究会主办、山东原山艰苦创业教育基地承办的弘扬原山精神的研讨会。

会议在人民大会堂山东厅隆重举行，孙建博作为新中国的第三位“林业英雄”应邀出席，会议还特别邀请了“感动中国十大人物”杨善洲、“时代楷模”朱彦夫、新中国第一位“林业英雄”马永顺三位先模人物的后代，新中国第二位“林业英雄”余锦柱及其后代，孙建博和他们一一握手，热烈交谈。

会上，国家林业和草原局副局长彭有冬做了讲话，他说原山林场是我国国有林场改革发展的一个缩影，是践行绿水青山就是金山银山理念的一个典范。近六十年来，原山林场创造了绿色奇迹，铸就了原山精神。希望大家牢记使命，艰苦创业、求真务实、开拓创新，继续为建设生态文明和美丽中国做出新的更大的贡献。

淄博市副市长王可杰介绍了淄博及原山林场近年来的发展——

原山林场是全国国有林场改革发展的典范，为我国林业改革发展、维护森林生态安全、建设生态文明和美丽中国做出了贡献。林场带头人孙建博是新中国第三位“林业英雄”，他带领原山人将一个巨额负债、职工工资连续亏欠的濒临破产的企业发展成为拥有固定资产十亿元、年收入过亿元、职工年均工资近六万元的企业集团，实现了从荒山秃岭、穷山恶水到绿水青山、金山银山的美丽嬗变。孙建博被授予“全国五一劳动奖章”，原山林场被颁发“全国十佳国有林场”等荣誉称号……

“江山代有才人出”，在这次会议上，几位先模人物做了感人发言，其中就有孙建博的儿子孙斌。孙建博百感交集，注视着正在发言的风华正茂的儿子。

> 我是“林业英雄”孙建博的儿子孙斌，在淄博市园林局从事园林绿化管理工作。众所周知，我的父亲是残疾人，但他是个了不起的残疾人。父亲三岁起便不能走路，但大半生却在“跑”着干事业。可又有谁知道，这个跑着建设林场、植绿护绿、爱树木如爱孩子的人，在跑着干事业的过程中，凭借的是常人所难以企及的坚韧不拔的意志。在我成长的过程中，有几件事令我印象深刻，可以说是刻骨铭心……

听着孙斌的演讲，台下的孙建博心潮澎湃，过去的一幕幕如潮水一样涌上心头：

镜头闪回到儿子考高中的前一天，这是儿子人生中的重要一站，也是他最需要父母鼓励和帮助的时候。忙活了一天，孙建博回到家时已是夜里十一点钟了。在房间里，他拖着疲惫、疼痛的身子，轻走轻动，生怕弄出一点动静而惊醒儿子。

别人家在孩子中考这一天，全家人分工明确，严阵以待，而自己……想到这里，他禁不住一阵内疚。

孙建博轻轻来到儿子的房间。儿子已经睡熟了，桌子上还摆着书本，想必他又复习了一个晚上。

“儿子，爸真的对不住你。”昏暗的光线中，看着儿子熟睡的面孔，孙建博真想坐到儿子的床边，抚摸一下他的脑袋，让儿子在睡梦中感受一下他滚烫的手掌，感受父爱的温热。

可他不敢向前挪动一步，怕惊醒儿子。

好长时间，他伫立在那儿，默默地注视着儿子。

忽然，有一只手悄悄拉住了他的手，是妻子焦翠红。她肯定在身后站了许久了，静静地注视着丈夫的背影和熟睡的儿子。

在黑暗中，他俩互相看了一眼，都没作声。他俩就那样并肩站着，听着儿子均匀的呼吸声。

“爸，爸……”儿子翻了个身，在梦中喃喃地叫着。

孙建博的心中一颤。

“儿子，你莫不是在梦中向我呼救，向我求援？放心，儿子，明天爸爸无论如何都要陪你去考试。”

孙建博和妻子悄悄退出儿子的房间，坐在沙发上，妻子给他倒了杯水，他俩都没说话。

“明天有空吗？”过了很大一会儿，妻子声音颤抖着问。

“我和孔书记说了，明天陪儿子去考试。”

妻子叹了口气，没再说什么。

又过了很大一会儿，妻子又问：“真能去吗？”

“没问题。”

“万一再有突然的事情，和那次一样……”

“明天只要天不塌下来，我就陪孙斌去考试！”

孙建博知道妻子此时的心情。怀着儿子时，她被下山的拖拉机撞倒，母子俩差点丢了命；儿子三岁时，身体被烫伤，孙建博因为工作没能送他去医院；儿子上学后，由于工作忙，儿子考试他竟没有陪过一次；平时，深夜他回家时，儿子已经睡着了，连跟儿子说话的机会都很少。儿子缺少父爱啊！焦翠红知道他忙，又能说什么呢？

沉默了半天，他问："腰还疼吗？"

焦翠红垂下头，没有回答。

这不是明知故问吗？那个时候他身为一家大企业的董事长兼总经理，妻子在集团下属的陶瓷公司工作，却没受到半点照顾。她干的是最苦最累的活，扛箱子装车，当搬运工。陶瓷公司的领导觉得很过意不去，就想让她干点轻松的工作。

他没同意。他说："都说上阵父子兵，冲锋打仗，自己的亲属要先冲上去。要是自己的人怕苦怕累怕死，退下来，退到后方，贪恋舒服，那怎么服众？"

后来，企业要减员增效，他又说服妻子，让她第一个报名下岗，自谋生路。

"翠红，外边人都认为我有本事，以为你们娘俩跟着我享福，哪里知道你们受了那么多苦。"

"只要你明天抽空去关心关心孩子就行了。"

"没问题，明天我一定去。"

夏日的天亮得特别早，大概四点多钟，窗外就开始放亮了。窗外的那棵丁香树，在微风的吹拂下，摇摇摆摆的影子映在窗户上。随着窗外传来的一阵阵鸟鸣声，早起遛鸟的老人从窗前走过。想到儿子今天中考，孙建博顿时睡意全无，早早起来了。

孙建博来到单位，准备安排一下工作，再陪儿子去考试。谁知一忙起来，就把儿子考试的事忘了，直到孔宝华一个电话打过来："建博，你怎么还在这里？快走！"

"什么事呀？"

"你儿子孙斌考试，快到点了，赶紧到考场去给点精神鼓励呀。"

"哎呀，谢谢你提醒。我马上去。"

他正准备离开，谁知又有人找上门来谈业务。他只好给妻子打电话，告诉她，他忙一阵就到考点，儿子考完从考场一出来，他这当爸的就迎上去，送上一瓶矿泉水。

谈业务的人走了以后，他舒了一口气，看看表，心想，这就到考点去，不能让儿子太失望。

他走下楼，急急忙忙向考点赶，途中一个电话打来，告诉他市里有一个旅游推介会，作为董事长的他必须到场。他再次选择了原山。

从考场经过时，看见家长们都在那儿翘首以待，他在心中愧疚地说："儿子，爸这回又失信了。请你理解，今天的旅游推介会，爸爸必须到场，这关系到原山旅游的声誉。儿子，回家后爸再向你道歉。"

赶到会场时，没看到几个熟悉的面孔，仔细打听才知道，人家孩子今天中考，在陪孩子呢。

孙建博一阵心酸，泪水扑簌簌地流了下来……

一阵热烈的掌声响起，打断了孙建博的思绪，孙斌正在讲爸爸的故事：

1996年，在组织和同志们的支持下，父亲被任命为原山林场场长。刚上任就遇到了一件棘手的事情：由于林场下属的一家刀具厂欠债还不上，债主就领着几十个人上门拆卸机器设备抵债，双方为此发生了争执，流血事件一触即发。父亲正在家里吃饭，闻讯后立即赶到现场，拄着拐杖向债主解释："咱们都拖家带口的，上有老下有小，你把他们的生路给断了，他们家里的老人孩子怎么办？这些设备就是大家的希望。你们拆去也卖不了多少钱，还不如留下来让大家继续生产，争取早日还清债务。"父亲向对方承诺一年内还清债务，如果还不上就拿家里的房子抵债。厂子保住了，一位老职工激动地攥着父亲的手说：“孙场长啊，你保下了机器，就是保住了我们的命根子！”

看着熟悉又陌生的儿子，孙建博的记忆又回到了儿子高考后的那段时间。

在一天天的等待中，忽然有一天，传来了儿子孙斌被山东农业大学录取的消息。孙建博听后心中一半高兴，一半沉重。高兴的是儿子被大学录取了，沉重的是担忧即将远离父母的儿子。尽管儿子学习好，明事理，但他一个人远离父母，只身在外，当父母的，任你怎样心宽，都免不了担心。

孙斌临行前一天，孙建博专门抽出大半天时间陪儿子。

他们来到孙建博出生的小院，小院有些破败了，但当年栽下的那两棵梧桐树却枝繁叶茂，几乎遮盖了整个院子。为了让儿子有远大理想、能吃苦，时时心存将来为人民服务的信念，他带着儿子一一走过他当年艰苦创业的地方。

他们来到孙建博刚参加工作时的单位博山区民政局，现在，高大的办公楼已取代了过去的办公室；来到他承包过的经营部，房子早没有了，只留下一点点痕迹；来到他亲手创办的陶瓷公司，工人们正在忙碌地工作着；来到原山林场，办公大楼里人来人往，一片生机勃勃

孙建博向儿子讲述着当年的情景，讲他幼年时为治病忍受的那些常人无法忍受的痛苦；讲他考上中专不被录取的绝望和对命运的不屈；讲他干临时工的情景；讲他被开除之后进了民政局，在民政局工作时，如何发现了一位隐姓埋名的老红军；讲改革开放开始后，他在民政局坐不住了，决定辞去公职自主创业，讲他承包了陶瓷门市部，如何带领那七个残疾人吃尽苦头，最后干得红红火火；讲他第一次见到张海迪时的激动和受到的启发；讲他当上原山林场场长

的第一天，如何在冰天雪地里苦苦劝回上访职工，如何在雪夜挨家挨户给困难职工送面送油；最后讲他来到原山这些年来艰苦创业结出的一串串硕果。

孙斌听完这些事情，看完这些地方后，动情地说："爸，您经受的那些苦，您的创业精神，让我非常感动，也让我感到骄傲。您的用意我明白，我会好好努力，不会让您失望。尽管我年龄小，但我觉得自己已是成年人了。尽管您经常顾不上我，但每天晚上我做完作业之后，爷爷总给我讲您的事，从您治病讲起，讲您的成长，讲您的工作，讲您的顺利，讲您的坎坷，讲您的愉快，讲您的郁闷……当初因为您总是缺席，我确实有点不理解，但随着爷爷的讲述，那些不理解早已烟消云散了。爸爸，我很崇拜您。真的，像崇拜英雄一样！"

孙斌长这么大，第一次和孙建博说这么多的话，孙建博流泪了。讲完这些事情后，他觉得松了一口气，好像完成了一件大事。

此时，太阳已经西下，孙建博和儿子默默无语地看着日落的壮观景象，各自想着心事。

他俩好像都得到了启示。孙建博想，此时儿子那幼小的心灵也在思考着人生、社会和理想吧。

许久，孙建博开口道："斌儿，你从眼前这些景象中看出了什么？"

"非常壮观，感到心中有一种东西在跃动。"

"是啊，面对这种景象，人人都会产生激情。"

"爸，您想到了什么？"

"那些黑云像钢铁，它们投入天地这个大熔炉中，熔成了通红的铁水，然后再铸成新的东西。"

"我多少明白一点您的意思了。"

"天地、社会就是人生的大熔炉啊，每个人都在里面得到熔炼。"

“爸，虽然我与您不是同代人，但我知道理想、信念是最可贵的。”

“为祖国、为社会做贡献。这样说，你也许觉得有些空洞，我再说得具体一些：人若有本事、有能耐，不要只为了自己，要永远想着大多数人。”

孙斌信任地看了他一眼。

“什么是最大的快乐？能够为有困难的人、有需要的人做事，才是最大的快乐。”

孙斌又看了看他。

“将来你这样做了，就会体会到爸说的都是真的。”

孙斌拾起一颗石子，使劲扔了出去。石子在天地之间划了一道弧线后落下了。

孙建博和儿子在山中默默地走着。

“孩子，你是个成年人了，社会是复杂的，太单纯了不行，但也没必要为了适应社会而牺牲自己的单纯。”

“那我应该怎么办呢？”

“我认为，关键是提高心灵的境界。对于心灵的境界，我所能够给出的最高赞语就是——丰富并单纯。我所知道的一切精神上的伟人，他们的心灵世界无不具备这个特征，其核心始终是单纯的，却又能够包容丰富的情感、体验和思想。”

走了一段，孙建博停下来扶着一棵槐树对儿子说：“这是我五年前栽下的，几年来，我经常给它浇水、灭虫、剪枝。这不，都长这么大了，还开了一嘟噜一嘟噜的槐花。”

“爸，您给我上了人生最重要的一课。”

“是啊。”

“爸，我总觉得您太沉重，活得太累了。”

“斌儿，爸没能好好地照顾你，只顾忙工作，现在想起来，很惭愧，对不住你。”

孙斌没言语，又扔了一颗石子。

“为了治好我的腿，小的时候你爷爷背着我，走了那么多山路为我求医。”

孙斌还是不言语，只顾扔手上的石子。

“你爷爷是个好爸爸。”

孙斌把手中的石子全扔了。

“而我没做好你的爸爸。光知道在外面忙，从不顾家。”

“爸，您说这干吗?”

“爸向你检讨。”

孙斌突然盯住孙建博，像审视他一样，说：“那年考高中，几乎所有同学的父母都在学校大门口守着，给他们买汽水、买雪糕，给他们鼓劲。可是，我的爸爸在哪儿呢?我在人群中张望了半天，也没看到您的影子。那天，我是带着深深的失望走进考场的。”

孙建博流泪了，是他让儿子失望了。

“当时，我反复劝自己，爸爸工作忙，赶不过来，等考完试，他肯定会来接我的。”

孙建博羞得转过头去，不敢看儿子了。

“下午考完试走出考场，我看见所有的父母都拥向自己的儿女，问长问短。那时，我在等你。我独自站在那棵梧桐树下，看着他们将自己的儿女接走。”

孙斌又用锐利的目光看着孙建博：“爸，您知道我当时内心有多么失望，有多么恐惧吗?”

孙斌哭了。

“我眼睁睁地看着所有的人都走了，就剩我一个人。那时，我对您彻底失望了。同时，我也害怕起来，我怕同学看到我一个人，没有父亲陪着，孤零零地走出学校。”

“斌儿，我不能再说工作忙、工作忙了，我……我以后要补偿。”

“从那时起，连续两年多，我一直对您耿耿于怀。现在我终于理解了。”

“我……”

“爸，您也别太自责了。真的，我现在理解了。”

“你知道爸爸为什么让你报农业大学吗？”

“知道，还不是为了让我系统地学习最新的农林知识，掌握农林科技，将来子承父业，继续您的绿化工作吗？”

夕阳终于被西山吞了下去，山川大地一片暮色。在这沉重的暮色里，原山上的一株株松树，像一排排不知疲倦的征人，正井然有序地匆匆行进着。在这贫瘠的山岭大地上，它们向大地索取的仅仅是一点可怜的水土，而它们向人类奉献的是无穷无尽的氧气和负离子，它们使博山的天更蓝、水更绿、山更青了……

会场上，孙斌激情的演讲已经到了尾声——

过去我对父亲有许多不理解：我上了这么多年学，有很多家长天天到学校接送孩子，我父亲没去过一次；别的同学家里有事，都是三口人一起，这么多年来，我们家所有里里外外的事都是我和妈妈两个人承担；别人的父亲对自己的孩子都非常疼爱，给自己的孩子买东西从来不心疼钱，我父亲却对我节俭得苛刻。我有时就想：他哪有一点父亲对儿子应有的疼爱！

现在，我终于明白父亲为什么不去学校了，因为他是残疾人，怕别人说孙斌的父亲和别人不一样。这么多年来他恨不能长出三头六臂，把所有的时间都给予这片森林。天旱了，他得去看看树苗渴了没有；下了大雨，他得去看看树苗淹了吗……他哪还有时间管我们娘俩？我也明白了他为什么总是那么节俭，因为父亲干了这么多年，从没拿过工资以外的钱，他也是工薪阶层，根本没有多余的钱。

等林业有所发展后，父亲常对我说：“人类从森林中来，也必将走到森林中去。如果能把森林搬到城市，让人们生活在绿油油的森林中，那该是一件多少美好的事情啊！”他还说，我们保护与开发森林的目的，就是要让生活在这里的市民享受到森林的绿色和清新的空气，让人们觉得生活在这样的环境中健康、舒适、快乐。为此，他还成立了原山绿地花园绿化工程有限公司（简称“原山绿化公司”），用他的话说就是：把森林一点点搬到城市。

原山绿化公司成立于2003年，经历了从无到有、从小到大的发展过程。原山人遵循“干一个工程，树一个品牌”的宗旨，短短十几年把它从一个毫无名气的小公司，发展成年产值过亿元，拥有城市园林绿化一级企业资质，在业界享有一定知名度的绿化公司。最近几年，淄博新区、淄博经济开发区、文昌湖度假区飞速发展，从南到北，淄博市几大湿地公园建设加快，原山绿化公司在道路绿化、湿地绿化中发挥了生力军的作用。

从张博复线的绿荫工程，到孝妇河大型湿地的园林建设，再到城市间的绿色屏障，博山处处绿树成荫，繁花似锦，林场的苗木扮亮了城市道路、公园、社区和大型公共场所，这都源于原山林场的绿色共享理念。有市民欣慰地说：“前几年我还想着搬到海边去住，现在不这么想了。淄博新区绿化得这么好，城市中也有了森林的气息。”

今天的原山，已经成了全国林业系统学习的样板，先后有一百五十多家林场的场长来原山挂职学习，每年上百家国有林场派代表前来参观调研。我知道父亲的事业是伟大的，他常说绿水青山是我们的靠山，我当时不理解，这些树又成不了材，卖不了钱，为什么父亲还宝贝一样地爱惜着，对树简直比对我这个儿子还亲，直到习总书记提出“我们既要绿水青山，也要金山银山。宁要绿水青山，不要金山银山，而且绿水青山就是金山银山”，我才明白，父亲坚守生态优先，呕心沥血保护的这片森林是多么重要。现在，父亲成了新中国第三位“林业英雄”，我才彻底明白，原来父亲一直在用实际行动践行“绿水青山”的理念，原来他一直想让更多的人享受生态文明带来的幸福。

父亲还常说：“我就是原山上的一棵柏树，根在原山，长在原山。原山养育了我，我要把自己的一生交给原山。”我佩服父亲这种不忘初心、牢记使命、无私奉献的精神，我们“80后”“90后”尤其需要这种精神，在新时代的征程中，我们一定会把这种精神传承下去。

雷鸣般的掌声响彻人民大会堂，人们含着眼泪把敬佩的目光投向孙建博的座位，却发现他已经悄悄地离开了：绿水青山的事业后继有人，他放心了……

孙建博一个人悄悄地对着人民大会堂上的国徽发誓：“感谢党和人民给了我这么高的荣誉，别说我还有一条腿，就算只剩一口气，我也会把一切奉献给绿水青山的事业……”

林老板再进原山

又谈崩了，而且还很神秘。

林老板这次是受孙建博之邀，带着巨额投资计划来的。但是不知道为什么，在经过五天五夜的考察、和孙建博艰难的谈判之后，林老板不辞而别，扬长而去。个中蹊跷局外人不得而知，只看到林老板走的时候脸色很不好看，孙建博也没有像往常那样拄着拐杖送到车前。但是，汽车临出大门的时候，林老板还是恋恋不舍地回头看了看孙建博办公室的窗子。而孙建博就在办公室窗玻璃的后面，一直目送林老板的汽车转弯直至不见，眼里还含着泪花。

那是一个秋日的午后。

那个秋天特别明丽，原山国家森林公园的如月湖景区，尤其让人如醉如痴。漫山遍野的侧柏和油松，一丛丛绿得发黑，“远山如黛”也好，“青翠欲滴”也罢，这些词已难以描绘如月湖的美。山坡上那一团团的红叶，小片的像一个个高擎的火把，大片的如一片片红红的火海，点缀在葱绿的底色上，让人禁不住慨叹自然界生命力的蓬勃旺盛。特别是山麓上那十几个形状各异、像珍珠一样连在一起的湖泊，倒映着蓝天白云、红叶绿树和各种颜色不同的飞鸟，让人心旷神怡。那些森林中的精灵——在树顶上奔来奔去的猕猴，在林地里悠闲散步的羊驼，倒挂在树杈上的环尾狐猴，抱着竹子摆出各种憨态的大熊猫……顿时使林子灵动起来。

温总理的批示，多项荣誉的取得，让孙建博高兴的同时也担忧起来，担忧同事们会因此心生骄傲自满情绪，担忧原山林场未来的发展受影响。

于是，他提出要鸡蛋里挑骨头，发动全场干部职工开展大调研，对照党组织的要求找问题，对照英模人物找不足，对照先进单位找差距。职工们在植树护绿的间隙，认真思考原山的不足，人人找自己的差距。这一调研不要紧，经过办公室梳理，不足之处竟多达三十多条。面对这些不足，孙建博提出了原山林场二次创业的想法。二次创业怎么创呢？孙建博还是采用了因循多年的老办法：在不损害绿水青山一丝一毫的前提下，大力发展与林业有关的经济项目，用赚来的钱，反哺林业，提高林业工人的收入，让用他们的血汗浇灌成的绿水青山变成金山银山。

他又想到了老朋友林老板。

上次一别之后，他们各忙各的，没有再见过面。但是，作为老朋友，有时候他们还是会通个电话，互致问候。从一鳞半爪的信息里，孙建博知道林老板的生意越做越大了，而且做到了国外。孙建博拨通了林老板的电话，于是电话里传来林老板的声音："孙总，我和客户来澳大利亚考察服务业了，正在潜水看鱼呢。我要好好为你祝贺啊！我从网上看到，你理想中的绿水青山已经成功了，还得到了国家领导人的肯定。孙总，我真为你高兴。想当年咱们经营陶瓷，你能做到'买全国，卖全国'，在行业里一枝独秀。前些年我还认为你绿水青山的梦想是痴人说梦，没想到你真的成功了。我真佩服你！这次来澳大利亚，我开眼界了，人家的绿水青山保护得太好了，正想回去后去你那里，和你好好交流一下呢！"

"好啊！你什么时候来？"孙建博急切地问。

"我再考察几个酒店和管理公司后就回去，我想学习一下他们先进的管理理念，顺便把我的员工送过来培训一下。大约一周后我就回去，回去后先过去给你祝贺。另外，我正在寻找投资项目，你也顺便为我推荐一下。"

“好，我等着你！”

放下电话，孙建博心里顿时高兴起来。真是打瞌睡了就有人送枕头，原山正想上项目呢，林老板就要来投资，这可真是个好兆头。凭着和林老板的老感情，凭着原山绿水青山的好环境，肯定能达成合作。孙建博的愿望并不是一厢情愿，而是有着厚实的基础。有一年夏天，林老板穿着背心和大裤衩子，趿拉着人字拖，大汗淋漓地跑进了孙建博的陶瓷公司。他告诉孙建博，说他中标了广州一家著名大酒店陶瓷餐具酒具的配备，没想到酒店为了追求个性化服务，要求不同的房间使用不同陶瓷产地的产品。如果他全国几个著名陶瓷产地一家一家地去跑，很有可能违约，那样他不但会赔钱，还在圈内丢了份。因为只有孙建博的陶瓷公司能做到“买全国，卖全国”，能一站配齐，所以他不远千里来求援了，说加价也可以。孙建博马上通知供销科，仓库里有的马上发货，仓库里没有的，联系驻国内各大陶瓷产地的采购员第二天发货，而且所有的货不加价，一律按原价收取。这一单之后，林老板在广东陶瓷圈名声大振，成了能呼风唤雨的名人。他对孙建博感激涕零，一再向孙建博表态，为了“孙哥”的事，他可以肝脑涂地。他第一次进原山的时候，张口就说可以借给孙建博一千万元，就可以看出两人的交情。

林老板到达原山的时候，孙建博正好从林区指挥防火演习回来，满脸的黑灰，林老板差点没认出他来。到了办公室，孙建博还没来得及洗脸，两人就商定，先让人陪林老板考察原山林场所有的营林区，再考察博山地区所有可以投资的地方，敲定了投资的项目，再具体谈如何合作。第二天一大早，向导就领着林老板进山了。

然而，谁也没想到五天后，两个交情深厚的老朋友，竟然板起脸来进行了一场艰难的谈判。

五天来，向来办事认真的林老板，就像一头钻山豹一样，一头扎进了原山林区的樵岭前、凤凰山、岭西等营林区，一个山头一个山头地看，一条山峪一条山峪地问。他不但问面积，还问雨季的流水资料、冬季的降雪情况。衣服被树枝撕破了，他也不在乎；脸被山棘针划破了，他也不觉得疼。当他来到如月湖景区的时候，他的眼睛一下子亮了。在宛若仙境的绿荫里，环尾狐猴跳到他的身上；在红得像火的枫林里，色彩斑斓的山鸡就在他的脚下悠闲地散步；特别是当他来到积满雨水的池塘边时，青蛙们或独唱，或齐鸣，逗引得他久久不想离去；两只洁白的天鹅，带着它们刚刚学会游泳的孩子，扑闪着翅膀迎接他的到来。林老板不知道在这里拍了多少照片，就在他往山下走的时候，遇到了一个扛着树苗下山的护林员。从护林员腰上挂着的放音器里，飘出了轻轻柔柔的女高音：

原山美，原山美，原山风光惹人醉。无边石海连天外，齐国长城藏林内。古刹雾中锁，天梯云中垂。亭台楼阁画中游，百鸟朝凤鸣翡翠……

在悠扬的歌声中，护林员扛着树苗在羊肠小道上悠闲行走，树上长着五颜六色羽毛的野鸡自娱自乐地嘎嘎鸣叫，林老板禁不住自言自语道："真是绿水青山啊！真是神仙住的地方啊！"

围着原山转了一大圈后，疲惫的林老板坐在了孙建博的办公室里。孙建博问他有什么感想，他说感想太多了，简直不知道从何说起了。他没想到这里的变化这么大，没想到这里的环境这么好，没想到对生长环境要求极为严格的国宝大熊猫也能在这里安家落户，没想到山里那么多的野生动物都能和人们和睦相处，没想到夜里的星星那么多，没想到山里的月亮那么亮，没想到山里的蛙声那么嘹亮，没想到树下还有幽幽发光的萤火虫……

"建博，你说咱们合作什么项目呢？"

"能把博山的自然环境培育得这么好，博山人的确不容易。我们不论建设什么项目，都要从保护环境出发。只有保护了环境，环境才会慷慨地赠予我们更美的风光。在这里建设新项目，当然是旅游服务业了!”

“对！我也是这么想的!”

“你想投资多少?”

“建博，你不用担心钱的事。我现在可是今非昔比，鸟枪换炮了！前些年，我的生意做到了英国和法国，在德国还有业务联络点呢！你让我投多少钱，我都同意。现在我不缺钱，缺的是好项目，缺的是像你这样懂政策会管理有远见的合作伙伴。”

“你别给我戴高帽了，我也是摸索着干。”孙建博谦虚地说。

“我想，要干我们就干大的！要干我们就干一流的！咱们真是英雄所见略同，就按你说的，咱们投资旅游服务业吧。我手中正好有个大项目，就是建设香格里拉酒店的连锁店。我想投资两个亿左右，你出土地，咱们合作建一个香格里拉大酒店!”

“好啊！这样就提高了我们的旅游档次了!”

“一言为定?”

“绝不反悔!”

二人相谈甚欢。当天下午林老板就急急忙忙带着那些照片赶往济南机场了。其实，作为一个成功的商人，林老板并不傻，他深知，在资源被大量消耗、环境形势日趋严峻的今天，青山绿水之于人们生活的重要性。然而绿水青山，大都在交通闭塞人迹罕至的地方，人们在那里得到的所谓惬意，会被长途的颠簸和旅途的困顿抵消，因而毫无开发价值，也就是人们常常调侃的“山清水秀，谁来谁够”。而如月湖湿地则不同，它离城区仅仅十几分钟的路程，而且是一马平川的柏油马路，同时水电和天然气早已经开通，是令人垂涎欲滴的不可多得的资源。对游客来说，如月湖湿地简直就是人间天堂；对投资者来说，这里简直就是金银遍地的地方。

再次返回原山的时候，林老板不仅带了好几卷香格里拉酒店的图纸，还带了两名酒店设计师。最让人感动的是，就在原山最缺钱的时候，他还从银行打过来三千万元，以供项目启动使用。

面对即将来投资的腰缠万贯的大老板，孙建博自然是以礼相待。由于双方诚意满满，很快就在你尊我让中谈妥了条件。林老板说新建的香格里拉酒店要有一个配套的高尔夫球场，孙建博说只要国家政策允许，就可以放心地干。孙建博知道，博山地区作为国家级旅游区，太需要一个配套齐全的五星级大酒店了。

但是，谁也没想到，相谈甚欢的双方突然谈崩了。

问题就出在酒店的选址上。

孙建博认为，博山这么大，三面环山，一江春水穿城而过，到处有山有水有风光，哪里都是建设度假酒店的绝佳地方。就城里来说，就有青龙山、白虎山、峨眉山、凤凰山……哪里不是藏龙飞凤的地方？哪里放不下个香格里拉酒店？可是，林老板偏看准如月湖了。作为商人，追求投资的回报率，当然是无可厚非的，更何况是这么大的投资呢？

“如月湖，到处青山隐隐，流水迢迢；四顾满目苍翠，抬头白云缭绕；雨天有清泉叮咚，晴天看薄雾笼罩；白天百鸟和鸣，夜来蛙鼓阵阵……”初中勉强毕业的林老板诗兴大发，说起如月湖来摇头晃脑，唾沫星子四溅，“真是神仙住的地方啊！香格里拉酒店选在这里，旁边再建个高尔夫球场，让客人时刻呼吸着浸透着草木香味的空气，那简直就是人间天堂啊！我们的合作，简直就是印钱机啊！”林老板说着说着，情不自禁地闭上了眼睛，一副陶醉的表情。

“你知道山上的树木是怎么来的吗？”孙建博问道。

“怎么来的？神仙给的！”林老板睁开了眼睛。

“是我们林业人一棵棵种出来的。”

“这么多树你们种了多长时间？”

“一提树我就心疼，五十年啊！”

“不会吧？”

“山上原来石漠化严重，绿化率不到2%，山上这些树都是我们用血汗栽种来的。我们有个‘三不栽’原则，就是不连阴天不栽，不下雨不栽，不下透底不栽。人家下雨时往山下跑，我们林业工人下雨时往山上跑。跑上去干啥？栽树！山洪暴发的时候，人家都在家里，我们却在山上。为此，还有林业工人被山洪冲走了。冬天下雪了，我们的人也跑到山上，用手扒开雪地，把树种撒进去。一天下来，十个指头都冻得没了感觉。逢节过年，人家分馒头，我们却分坟头，我们要看住那些烧香烧纸的，别让他们引起山火，毁了我们的林子。五十多年啊！我们绿化率才逐渐达到现在的94.4%。我们的林子就是这样来的，我们的绿水青山就是这样来的。对我们来说，它比我们的孩子还亲，它比金子还珍贵。”

孙建博说着说着，眼泪吧嗒吧嗒地流了下来。他使劲抹了抹眼泪，不说话了，两只眼睛紧紧地盯着林老板。林老板怎么也没有想到孙建博提到林子会这么激动，会因为情绪失控而泪眼婆娑。他不知道说什么好了，只好按着自己原来的思路往下说：“所以啦，你们现在应该享受这片森林啦！”

林老板说完，小心翼翼地看着孙建博的眼睛。孙建博平复了一下情绪，不好意思地看了林老板一眼，笑了笑说：“不好意思，一说到树我就容易激动。建酒店能不砍树吗？”

“恐怕不能……”林老板小心翼翼地试探着。

“你觉得具体建在哪里更好一些？”

“如月湖的中心地段。规模可以容纳一千余人。酒店旁边另辟一个三十六洞的高尔夫球场。客人早晨听着鸟语醒来，夜里枕着山泉睡去，酒店就像建在了绿色的摇篮里，自然可以成为我们的摇钱树！”

“我们的树一棵也不能砍！”孙建博拍了一下桌子。

“那怎么建酒店？”林老板吃惊地问。

“凤凰山景区、樵岭前景区、如月湖景区，一棵树也不能砍，一间房子也不能建。除此以外的地方，你可以再转转，看看行不行。”

“那就……没地方啦!”林老板嗫嚅道。

“没地方宁可不建!”

“……”林老板瞪起了大眼。

看谈判陷入了这步光景，孙建博突然觉得不好意思了。他伸出手来，轻轻地摸了一下林老板那突然变得冰凉的手，略带歉意地说：“我的好林老板，这些树都是我们用血汗抚养起来的孩子，砍一棵我们都心疼，更何况你要砍去一大片呢？再说它们是人类最好的朋友。凤凰山景区、如月湖景区、樵岭前景区，那就是博山城的肺啊！博山人之所以能呼吸到新鲜的空气，都是因为它们的存在。我们的绿水青山来得不容易啊!”

“那……怎么办呢?”

“你说呢?”

“建博，我说句掏心窝子的话，你这场长还能干几年?”

“党叫我干几年，我就干几年。”

“你还记得咱们一起卖陶瓷的弟兄们吗?”

“当然记得，我们那时候……”孙建博自豪起来。

“你帮助过的那个老林，现在是著名的房地产老板，在广州、深圳有好几个项目，生意早就做到了国外。我是最不行的，现在管理着好几家五星级酒店。还有……不多说了！当时咱们这些人中，做得最好的是你。可是现在，你张口就是绿水青山，闭口还是绿水青山。你的绿水青山能当饭吃还是能当水喝？为了那个虚无缥缈的梦，还耽误了自己挣钱！你喜欢为国家为集体挣钱，可是眼下送上门的机会你又拒绝了，我看你是越来越傻了。你说绿水青山就是金山银山，可是我想帮助你把绿水青山变成金山银山，你又横竖不同意了，你到底是咋了?”

"林老板，绿水青山就是金山银山，只有保住了绿水青山，才能有金山银山。这个道理也许你一辈子也不会懂，但是我的这个信念一辈子也不会变。有项目合作很好，但是，再好的项目，也不能砍一棵树！"

林老板把一卷一卷的图纸塞进包里，第二天就离开了原山。

纪念（上）

俗话说，人逢喜事精神爽。但是，最近喜事连连的孙建博，却无论如何也高兴不起来，而且还烦恼不已。

我们看问题往往只看到事情的一个侧面，而孙建博看到的却是事情的全部。的确，原山林场现在是窗户外头吹喇叭——名声在外了。他们通过艰苦奋斗和不屈不挠的努力，保住了绿水青山，换来了金山银山，职工收入也是芝麻开花节节高。过去，博山人形容原山林场的职工说："远看像个掏炭的，近看像个要饭的，走近一看才知道是个看山的。"现在呢？不仅有教师、护士等愿意嫁给原山林场的职工，甚至有些公务员也和林场职工谈起了恋爱。随之而来的，是孙建博看到的新情况。有的职工开始畏惧困难了，不愿意到艰苦的岗位去工作；有的职工有了贪图享受的思想苗头，工作积极性降低了；有的职工在工作中不再精打细算，有了铺张浪费的苗头……孙建博是个见微知著的人，面对这些苗头，他想了很多很多。他认为，这些现象背后的本质，是有的人受到社会上某些思潮的影响，艰苦奋斗的意识淡漠了。

如何解决这个问题呢？

孙建博想了很多很多，也做了很多很多。他召开了各种层次的会议，找不足找差距；他请来原山林场第一代务林人，让他们讲当年艰苦奋斗的故事，又让第二、第三代务林人和他们互动，以启发在职职工爱岗敬业；他邀请全国闻名的劳动模范郭明义来到场里演讲，用他的精神鼓舞原山林场的职工……

除此之外，他还在如月湖建起了一个小规模的艰苦创业纪念馆，把原山林场第一代和第二代务林人的事迹通过雕塑、文字、原物、照片等形式浓缩在里边。每当阴天下雨山上不能干活的时候，他就分批组织职工进去参观，缅怀先辈们艰苦创业的事迹，激发当代职工艰苦奋斗的意识。没想到这一招特别灵，职工的思想逐渐统一了，艰苦创业的精神又慢慢回到了原山人的身上。可以说，艰苦创业纪念馆成了原山人的精神加油站，成了原山人永葆革命青春的美容店。原山人的革命斗志又开始坚强蓬勃了，原山的各项工作又开始生机勃勃了。

说来也巧，2014 年 12 月 4 日，时任中共山东省委常委、组织部部长的高晓兵来到原山林场，代表省委、省政府看望全国自强模范孙建博。在听完孙建博的工作汇报之后，高部长对原山的艰苦创业纪念馆非常感兴趣，决定马上去看一看。在纪念馆里，高部长看得非常仔细。有些她认为重要的地方，还反复地看了好几遍。她一边看，一边向在场的人说着自己的感受和体会。看完之后，高部长意犹未尽，回到原山林场场部，又召集大家重新坐下来。她首先谈了看完这个纪念馆后的感受，然后对大家说：

“在听取了孙建博同志汇报原山林场情况和工作中的体会与感受之后，我的感受很深：孙建博同志不仅是残疾人的优秀代表，而且是我们山东省优秀党员干部的杰出代表，是残疾人的模范，同时也是健全人的镜子……对原山林场党委书记孙建博和他的同事们的先进事迹，我们组织部门要下大力气系统地去总结和挖掘。总结和挖掘的目的，是要弄明白在当前情况下，我们如何发扬这种艰苦创业的精神，激励大家自强不息、艰苦奋斗。原山林场从负债累累到蓬勃发展，靠的是一种什么精神？对这种精神，我有两点很深的体会：第一点是坚定不移地奉献，走共同富裕的道路；第二点是艰苦奋斗，不怕吃苦，愿意付出。这也就是‘特别能吃苦，特别能战斗，特别能忍耐，特别能奉献’的原山精神。我们要调动一切力量，把原山林场艰苦奋斗纪念馆上升到省里市里层面，组织专门团队去打造，去深度挖掘，真正搞成一个名副其实的党员干部教育基地。”

高部长回济南后不久，省、市两级有关部门的领导来到了原山林场，就落实高部长讲话精神、扩建原山艰苦创业纪念馆等问题，召开了第一次联席会议。会议决定成立专门的工作班子建设原山艰苦创业纪念馆，并就规划问题、选址问题、展陈提纲的撰写问题以及各项有关工作的衔接及展开问题，做了周到细致的安排。

会议结束后，孙建博回到自己的办公室，坐在办公桌前，望着窗外郁郁葱葱的森林，思绪像起伏的松涛一样展开了：

建设原山艰苦创业纪念馆是一件大好事，但是，按照会议精神，把自己的事迹作为纪念馆的主要内容，不妥。原山林场建场近六十年了，虽然在自己主政的二十年间得到了飞速的发展，但是，这些发展不是无源之水，不是无本之木，自己的这点成绩，是在前任、前前任基础上取得的。离开了他们，自己算个老几？在纪念馆里突出自己，明显是不合适的。

想到这里，他这个对党的所有战略部署一直坚决服从的忠诚的党员迟疑了。他想找一下负责此事的领导，倾吐自己的心声，调整一下纪念馆里的布局和内容。

过了一段时间，第二次联席会议又召开了。与第一次不同的是，这次会议决定成立几个小组。会上不但成立了规划设计小组，而且负责规划设计的专家悉数到场，甚至连写展陈提纲和解说词的几个文人都来了，他们都就各自负责的部分做了发言。会上还明确了具体分工，并指定了每个小组的负责人。

会议结束后，孙建博把会议的召集人请到了自己的办公室。他拖着一条残腿，又是给人家倒水，又是给人家让座。领导也是聪明人，看到孙建博这样殷勤，知道他肯定有话要说，而且是十分重要的话。随即，他客气地问孙建博："建博，你是不是有什么话要说？"

"是……是有话要说。"孙建博很坦诚。

"有什么话你尽管说。"

"我说了你可别生气啊！"

"平日里挺痛快的人，今天咋吞吞吐吐呢？"

"我觉得，既然是原山艰苦创业纪念馆，那就要说原山这个群体。原山的树，是一代一代人栽植的；原山精神，是一代人一代人提炼的；原山的财富，是一代人一代人积累的。所以，我的意思是，在这个纪念馆里，不要有意突出我。今天，我听那个写展陈提纲的人发言，通篇都是'孙建博''孙建博'的，我听了很不舒服。我们都是共产党员，毛主席'群众是真正的英雄'这句话，我们应该都记得吧……"

孙建博一口气说了很多，说完之后，他长长地出了一口气，两只眼睛紧盯着领导，仔细地揣摩着领导的反应。领导不慌不忙，拍拍他的肩膀，亲切地说道："建博，你说的话很有道理。但是，凡事都要有个领头的是不是？俗话说，群雁高飞头雁领，这话有道理吧？虽然说原山林场建场快六十年了，历任领导都为林场的发展呕心沥血，付出了艰辛努力，但是，原山林场是最近几年在你的领导下才实现腾飞的，这是不争的事实吧？我们共产党人讲谦虚，但是谦虚也要有度吧？也要尊重事实吧？"

听了这句话，孙建博好长时间没作声。

"你的意思是……"孙建博还是不放心。

"我的意思是实事求是。"

"那就是……"

"建博，建立原山艰苦创业纪念馆的事，省、市领导都很重视。领导说，要把它建成我省继临沂沂蒙精神纪念馆、烟台革命历史纪念馆之后的第三个纪念馆。纪念馆的陈列是对历史的真实写照，要经得起检验。这不是宣传你个人，你只是一个载体，我们宣扬的是一种精神，艰苦创业的精神。当然，你的话我会注意吸收的，放心吧！”

这次谈话就这样结束了。

事后，孙建博又多次拜访林场的老领导，耐心地征求他们对建设原山艰苦创业纪念馆的意见和建议。他把这些建议工工整整地抄在本子上，找到撰写展陈提纲的人，一条一条地念给他们听，供他们写作时参考。

建设纪念馆的工人们，深知原山精神的内涵和意义，也发扬了“特别能战斗”的原山精神，提前完成了纪念馆的土建工程。宏伟大气的纪念馆，一下子矗立在如月湖畔，顿时就吸引了游客们的眼球。接下来，便是细腻的展陈布置了，这也是让孙建博最挠头的事情。为了做好纪念馆的展陈工作，第七次展陈讨论会按时在原山林场会议室召开了。

听着展陈提纲撰写者的汇报，孙建博的表情渐渐凝重了。孙建博认为还是太突出自己了，但是他无法左右这个会议。他能做的只有提提建议，采不采纳就与他无关了。聪明的孙建博接受了上一次找领导谈话的教训，这次不再找领导了。趁着散会大家往外走的时候，他扯了一下那位撰稿者的衣袖，轻轻地说道：

“你稍等，我有话说。”

“好的！”那人不明就里地点了点头。

“到我的办公室吧！”

到了办公室，孙建博还是和上次一样，拖着一条腿又是让座，又是端茶倒水。殊不知，在撰稿者眼里，孙建博是大英雄，是大模范，是闻名全国的先模人物。过去，他只是在新闻里见到过这个人。今天，面对自己的偶像，他本来就有些手足无措，孙建博这一番操作，更加剧了他的紧张。他一只手反复地搓着裤腿，一只手抹着额头上的汗水，结结巴巴地说：“孙……孙……总。”

“你太客气了，叫我建博就行。”

“不，您是大英雄。”

“我只是个有血有肉的普通的残疾人。”

“孙总，有事您吩咐。”

“我还真有一件事求你。”

“您尽管说。”

“你能答应我吗？”

“这要看是什么事。”

慌乱过去之后，撰稿者文人特有的较真的脾气又上来了。他想，不论孙建博说什么事，符合原则的他就答应，不符合原则的一律顶回去。特别是和展陈提纲有关的，必须按照省、市两级有关部门定的调子去做，不能有半点偏差。如果有人想突出自己，那是完全不可能的。正在他胡思乱想的时候，孙建博发问了：“展陈提纲你说了算吗？”

“小的细节可以，大思路不能改变！”

“我就是说细节方面的。”

“好的，您说吧！”

“这个提纲改了六七遍了，目前的版本已经接近成熟，但是有些细节，我还是有些意见的。比如，整个馆的陈列过于突出我个人，好像是我一个人把原山搞好的，这与事实不符。不是我谦虚，我只是想我们要坚持历史唯物主义的态度，我们做的事要经得住历史的检验。”

听到这里，撰稿者一下子放心了。他想，只要不是对展陈提纲动大手术，其他的都好说。想到这里，他问道：“你说说你的想法吧。”

“原山林场之所以有今天，得益于一代代人的接力赛。我想，能否在馆里专门辟出一块地方，把原山林场从建场到现在的历任领导班子成员和所有获得过上级表彰的同志的照片、奖励证书以及事迹简介等集体展示，这是我的第一个要求。”

“这个……我向领导请示一下，尽管我觉得展陈提纲里加上这条，会冲淡您的事迹，但是我觉得并不过分，我个人觉得可以考虑。您不会还有其他要求吧?”

“还有……”

“孙总，您可别太过分了！您知道，我只是个奉命写稿子的，权力有限，您再有什么要求，我可不敢私自答应了。”

“你等等，事情很简单。”孙建博说。

“那您就快说吧!”

“好，你听我仔细说来。”

纪念（下）

只见孙建博喝了一口水，清了清嗓子，然后又拉了拉椅子，靠着撰稿者近了一些，摆出了一副倾吐衷肠的姿态。果然，他接下来说的话，可真是长篇大论了：

“今天，我好好给你说说我们原山林场的事，说说林场的英雄们。他们任何一个人的事迹，都比我的事迹强一千倍、一万倍。我正想给他们树碑立传呢！把他们的事迹放在艰苦创业纪念馆里，再合适不过了。

“先说第一个，这是个女同志，她叫史秀芬，1945 年出生，1961 年 9 月参加工作，是淄博市原山林场第一代林业工人。建场之初，原山森林覆盖率不足 2%，到处光秃秃的。尽快使荒山绿起来，是第一代原山人的执着追求。1963 年，为了提高造林成活率，林场在樵岭前营林区组织雨季造林大会战，史秀芬和工友们一起冒雨上山抢种树苗。为了趁着雨天将大家背上来的树苗都种完，一直等到其他工友都下山了，她才放下铁锹往下走，落在了队伍最后面。在返回的路上突遇山洪暴发，她不幸被卷走，为祖国绿化事业献出了宝贵的生命，遇难时年仅十八岁。史秀芬同志是艰苦创业时期的原山‘林业英雄’。

“第二个是赵其东，是条真汉子，他是博山崮山镇人，1957 年 4 月出生，1977 年 7 月参加工作，中共党员，曾担任原山林场党委委员、副场长，原山集团副总经理。赵其东同志原在教育部门任职，因对林业工作的感情和热爱，于 1992 年 11 月调入原山林场。1996

年担任副场长以来，他热爱林业，敢于担当，不怕困难，同有关单位、个人签订合同、协议达三千余份，没有一份出现纠纷；他一心为公，疾恶如仇，眼里揉不进沙子，在历次急、难、险、困问题面前，他总是带头冲在最前面，一心为公，据理力争，最大限度地维护了林场和全场职工的利益。由于夜以继日地超负荷工作，常年得不到休息，终于积劳成疾。同志们都劝他去医院看病，可他总以工作忙为由一拖再拖，2010 年 4 月他因病医治无效不幸去世，享年五十三岁。赵其东同志是改革攻坚期的原山‘林业英雄’。”

“还有多少？”

“你仔细听吧！”

“好好好，简略点。”

“第三个是翟慎胜，是咱们博山源泉镇人，1954 年 2 月出生，1971 年 11 月参加工作，也是中共党员，生前曾担任樵岭前营林区副主任。为改变营林区等、靠、要的老林业人思想，林场从 1997 年开始对主业进行全面改革，要求在保护好森林资源的基础上走出大山，把营林区办成市场型、经营型营林区，逐步达到收支平衡。翟慎胜克服了在常人看来几乎是难以克服的困难，带头落实场里的政策，积极开拓城乡绿化市场，成为原山对外绿化第一人。他患有严重的糖尿病，但他从不考虑自己的身体状况，经常背着上百斤树苗上门推销，联系工程项目，并将抚育、间伐出来的树苗栽到绿化工程中，使企业得到了好的效益，生态林得到了更好的保护，职工过上了更好的生活。2017 年 5 月，翟慎胜同志因病去世，享年六十三岁。翟慎胜同志是改革攻坚期勇于开拓市场的原山‘林业英雄’。”

“孙总，照您这个说法，说到明天也说不完啊！上级定的调子就是突出您的事迹，把您说的这些都写进去的话，再有三个馆也放不开啊，您这不是难为我吗？”

“我只是让你参谋一下，如果你觉得行的话，由我去找领导反映情况，你放心就是了。你能听我再讲下去吗?”

“还有多长时间?”撰稿者看看腕上的手表问道。

“很短了，你听着！第四个叫李会军，是博山池上镇人，1964年10月出生，1987年7月参加工作，中共党员，大学文化，林业高级工程师，曾担任北峪营林区主任。李会军是咱们林场少有的林业专业的本科生，他扎根基层，勤奋好学，深入各营林区，把学到的防火、治虫、育苗等科学知识运用到工作中去，赢得了组织和职工们的一致好评，为推动原山林场的现代化建设做出了重大贡献。有一年外出调苗子，回来的路上连人带车翻进了十几米的深沟，李会军拼命挣扎，才终于死里逃生……由于常年在山里工作，饥一顿饱一顿的，他患上了严重的胃病。但是他不顾同志们的劝阻，长期带病坚持工作，2007年5月，因病医治无效去世，年仅四十三岁。李会军同志是改革攻坚期扎根基层、奉献林业的原山‘林业英雄’。

“还有第五个吗?”撰稿者有些不耐烦了。

“当然有。”

“一共多少?”

“先说五个吧!”

“那快说吧!”撰稿者很无奈。

“第五个叫郑贵帅，博山区博山镇人，1966年3月出生，1993年12月参加工作，中共党员，曾担任总务科副科长、凤凰山营林区副主任。在原山林场，说起郑贵帅，人们都亲切地称他为“林场的110”，职工无论谁有个大事小情找到他，他都不会推辞。在总务科工作期间，他的抽屉像个百宝箱，钳子、扳手、螺丝刀一应俱全，谁有困难他都尽心尽力帮忙。郑贵帅同志干工程、干旅游、干绿化累出了一身病，心脏做了大手术。手术后，场领导想安排他到相对清闲的岗位，但他说自己是党员，坚持继续在重要的岗位上做贡献，一下承担了三个方面的工作。2017年8月8日，郑贵帅同志在岗位上突发脑出血，经抢救无效去世，享年五十一岁。直到去世的那一刻还在山上安排绿化种树，郑贵帅同志是改革攻坚期敬业奉献、服务群众的原山‘林业英雄’。”

“就这些了。”孙建博长长出了一口气。

“说完了?”

“说完了。”

“您怎么对这些人记得这么清楚呢?”

“根本不用记!”

“为什么?”

“因为他们时刻在我的心里。当我工作稍有松懈的时候，他们会提醒我继续努力，离目标还有很大差距。当我因为工作太拼命而劳累的时候，他们会提醒我注意休息，磨刀不误砍柴工。当我们拿出新规划的时候，他们会笑着拍手鼓励我。”

“您说的这些事迹都很好，把我都感动了。我在想，为什么好人都集中到了原山呢? 原因不难找到，有什么样的将军就有什么样的士兵，都是因为你这个带头人以身作则。至于这些人是不是写进展陈提纲，怎么写，我还是那句话，要请示领导的。”

“你说的我明白，我就是想让你参谋一下，这些人的事迹可以放进纪念馆吗?”

“当然可以!”

“好，我要的就是你这句话。”

事后，孙建博向省、市两级的有关部门，多次陈述他的想法。在孙建博的一再坚持下，有关部门最终修改了展陈提纲，加入了他要求加入的一些内容。孙建博一直看着他们布置完毕了，心里的一块石头才算是落了地。

原山艰苦创业纪念馆终于布置好了。孙建博怀着一颗忐忑的心，拄着拐杖进去仔仔细细地看了一遍。特别是和自己有关的展室，他更是看了一遍又一遍，生怕有一些溢美之词。看完之后，他匆匆回到办公室，摸起电话给一个负责展陈的领导打了过去。电话刚刚接通，他便一梭子子弹打了过去："领导啊！我刚才看了一下纪念馆，说句实话，我发现里边说我的事多了，我觉得需要改一改。"

"地球人都知道，原山近几年飞速发展，创造了一个神话。你是原山的领头雁，写原山，能离开你孙建博吗？这是尊重历史事实，也是实事求是。你说怎么改？"

"我的意思是减一下我的分量。"

"减多少？"

"起码减去一半。"

"减去一半？"

"是啊！"

"我的建博老弟啊，你把山林养护得这么好，你把经济搞得这么好，你是有真本事的人。但是一谈到纪念馆的展陈，你咋就这么拎不清呢！减去一半，那还是原山吗？那还是你吗？随便篡改历史，我们怎么向后人交代呢？"

"那……那……"

"现在先这样，以后再说！"领导挂了电话。

原山艰苦创业纪念馆正式对外开放了，参观者蜂拥而来，有时候甚至要提前预订，十几天以后才能接待。有一天，孙建博了解到下午有一个空档，他便瞅准时机来到了纪念馆。没和馆里的负责人联系，更没和讲解员说，他便自作主张，把展厅里的一个他个人的半身塑像撤了下来，放进了仓库里。看到讲解员投过来不解的目光，他笑了笑说：

"纪念馆是宣传原山的，不是宣传个人的。"

"要是有人问起来……"讲解员说。

"你就说是我自己要求这么做的。"孙建博斩钉截铁地回答。

2018 年 1 月 9 日，孙建博被授予“林业英雄”荣誉称号，成为新中国成立以来的第三位“林业英雄”。

国家下文公布之后，有关部门要求在原山艰苦创业纪念馆里有所体现，这可让孙建博费了心思。说实话，让减少自己在纪念馆里的分量，他会愉快地接受，而且会马不停蹄地执行。但是，让他增加关于自己的内容，他就踌躇了。他本来就不愿意宣传自己，用他的话说，这不是逼着猫吃葱吗？当然，上级的指示必须执行，他只好在纪念馆的一个过道里设置了林业英雄馆。同时，他还恭恭敬敬地把第一位“林业英雄”马永顺和第二位“林业英雄”余锦柱放在了前边。

从这里，我们看到了共产党员的胸怀和气节。

轮椅上的新“长征”

三十七条建议，一百多页纸，拿在手里沉甸甸的。2016 年 3 月，“谏言先锋”孙建博，与其他全国人大代表一样，带着百姓的期盼与重托，再次来到北京，参加第十二届全国人民代表大会第四次会议。

不一样的是，他带来的，还有轮椅。三十多份轮椅上调研得来的“民声”，显得尤为珍重。孙建博总是认为自己的时间不够用，“人大代表最重要的工作不是参加会议，举举手，投投票，关键是做好人民群众与各级人大组织之间的桥梁。还有很多的事情，需要我去调研、反映，但是由于身体的原因，受到了限制。”

1992 年孙建博当选为淄博市政协委员、山东省政协委员，1997 年后又先后当选为博山区人大代表、淄博市人大代表、山东省人大代表、淄博市党代表、山东省党代表、淄博市人大常委，2013 年当选为全国人大代表。当代表、委员二十多年来，他始终紧紧围绕党和政府的大政方针，及时反映群众普遍关心的热点问题，带着任务当代表，带着责任履职尽责，带着使命为人民代言，完成了一项又一项重大改革的课题，以他的微薄之力推进了林业、残疾人就业等各项重大改革的进程。

对此，孙建博感到喜悦，同时，又感到责任重大。

“人民代表”这四个字对他来说太庄重了，这四个字里包含着把人民的意见和愿望向上反映的神圣责任。人民代表是光荣的，它不只是一个称号，而是一份工作，一份沉重真切的责任，时刻不容懈怠。稍微偷懒，就是对人民的不忠。

他身体里的每一根神经犹如琴弦，“人民代表”这四个字犹如手指，日日夜夜在他的每一条神经上弹奏着。

当时，孙建博心里想，他一定要认真收集人民群众的意见，一定要写好议案，一定要及时准确地向政府反映人民群众最关心的问题，一定不辜负人民群众的期望。

为了写好关于淄博市南部山区生态旅游的议案，他收集了很多意见，进行了广泛的调查研究。

为了写好议案，他连续几夜不睡。由于熬夜，他的病腿冷如冰棍。他在回想：“原山靠旅游打了翻身仗，不仅走出了主业落后、副业资不抵债的困境，而且安置了园艺场二百二十五名职工，增加了社会就业岗位，盘活了七个旅游景点，吸纳并联合开发了樵岭前旅游资源，取得了邻村荒山的开发权，呈现出主业、副业、旅游业相互促进、共同发展并迅速向外扩张的新格局。去年，原山国家森林公园接待国内外游客达百万人次，旅游综合收入几千万元，名列全市首位，被列为全省十大新景点……”

他回顾了短短几年走过的历程：“我们走过的是一条以自然资源保护利用为基础，以市场为先导，旅游产业化经营的路子。这是与‘发展大旅游、开拓大市场、形成大产业’的思路和要求完全吻合的，但我们还要制定更高的标准，还要争取更好的成绩，这是新时期新任务的要求。市委、市政府把‘两山’列为重点景区，意义深远。我们必须站在更高层面，以更高的目标来审视‘两山’以及整个南部山区旅游业的发展。”

他在沉思：“以旅游资源的优化整合为切入点和突破口，搞大旅游，打整体牌。”

于是，他写出了“加快资源整合步伐，超常规发展南部山区生态旅游业”的议案。

在议案中，他提出了以下几点：第一，要把“两山”及南部山区旅游资源的优化整合摆在更加突出的位置；第二，要树立“一盘棋”经营思想，以先进的旅游经营理念和方式，推进资产的优化重组；第三，要加强区域旅游协作，促进资源的优化配置。

除了提出淄博市南部山区做大做强旅游业的思路，他还思索了一些其他问题。这些问题是与生态旅游有关的，也是与当前人的精神健康相关的。这也是一个老话题：传统的“天人合一”在今天已经成为“天人分离”。在这方面，他有他的感受，有很强的忧患意识，有他的见解。

自 2013 年当选为全国人大代表以来，孙建博深感自己不能只满足于当好原山林场的家，他有责任和使命为全国七十五万林场职工做好“代言人”。

几年来，他带着轮椅，先后深入吉林、山西、广西、广东等九个省区的三十家国有林场进行调研，行程逾万里，被称为“轮椅上的万里长征”，他也被冠以“硬汉”的绰号。

一次，孙建博在吉林调研，半道上腿又疼了起来，他便倒出一把布洛芬药片，塞到嘴里。陪同的吉林林场场长非常吃惊：“你吃这么多布洛芬啊，超量太多，不得了！”

孙建博笑了笑：“这对我来说是家常便饭。”

“长期服用，对肝脏损害很大的。”

“毒蛇、蝎子那么毒，都能毒死人，可吃了还治病呢。”

“可你一次吞这么一大把，真吓人！怕是超过四五倍了吧！”

“下不了狠心，拿不住狼嘛。我要不下狠心，这条腿能让我工作吗？”

“没见过你这样玩命的。”

“哎，我听说啊，从前一个人得了一种怪病，总治不好，有一回，他不想活了，就喝了两大口农药，你猜怎么着？”

“怎么着？死了呗。”

“人不但没死，反而治好了怪病！”

“这肯定是瞎编的。”

“不，真有这样的事。”

“这是不可能的。”

他们就这样，一边爬山，一边说话。注意力分散了，孙建博的疼痛也减轻了许多。

走着走着，孙建博的汗水从头发里渗出来，顺着脸颊往下流。衬衫早已被汗水湿透，黏糊糊地贴在身上，难受极了。

同行的场长憋了好一会儿，终于忍不住接着刚才的话茬问孙建博：“你说喝农药治好了他的怪病，这在道理上是根本说不通的。”

“大道理、常识，会把人固定在某一个认识层面上，让人止步不前。奇迹都是难以用常识来解释的，要不然就不叫奇迹了。”

“孙场长，歇会儿再走吧。”同行的场长坚持不住了。

“怎么，才走了这么点路就累了？”

“孙场长，你对自己真狠。”

“逼的。”

“你简直不拿自己的身体当回事。”

“我就是这么个人，活着干，死了算。”

“我记得法国一位哲学家说：我自己就是我的身体。可你正好相反，你的身体不是你。”

“天生命好的人，顺境中的人，可能都把身体当作自己，一切都为了自己的身体。可像我这样的人，还有很多残疾人，都把身体当作工具。”

“我看是……”

“当作牲口，我的灵魂每天举起鞭子，无情地鞭打它，让它为我的灵魂服务。”

“啊，这真可怕!”

“我是在将废物充分利用。”

“孙场长，你让我崇拜，也让我战栗。”

“是啊，我们残疾人的内心，健全人是无法完全理解的……”

爬到次高峰的时候，同行的人感觉腿直打哆嗦，喘气也不匀了，孙建博这个残疾人更别说了。陪同的同志纷纷劝孙建博，别再往上爬了，到办公室里听一下汇报就行了。

孙建博笑着说：“听汇报？把我正经八百地当个官来供奉啊？哈，你们以为我真是一个官啊?”

陪同的那位场长再也忍不住了：“你还硬撑！看你的腿哆嗦成啥样了?”

“我这不是没怎么样吗?”

“还没怎么样？看你头上的虚汗。”

孙建博每往上挪一步，腿就疼得刀割般难受。他不停地说话，想借此忘掉疼痛。

孙建博说：“每当剧烈的疼痛袭来的时候，我就变出另一个自己，注视着疼痛的肉体，注视着灵魂和肉体的搏斗，看看到底谁战胜谁。”

“你同时身在地狱和天堂。”

“也兼是魔鬼和天使。”

“每次搏斗，都是天使战胜了魔鬼?”

“也有魔鬼取胜的时候，它把我的灵魂打晕了。”

“可最后取胜的还是天使。”

“是我不让魔鬼取胜。”

“孙场长，你真幽默。”

“你对自己的残酷传染给了我，我的心头也在隐隐作痛。”

“那就继续往上爬吧!”

就这样，他们爬上了山顶。放眼苍翠千山、遥遥原野，仰望长天碧空、悠悠白云，抚摸着一个个古垛口，问一声耸入云天的烽火台，孙建博生出许多感慨。

此时，他忽然觉得他的身体消失了，只剩下山顶上的蓝色天空和天地间这一个澄澈清明的世界。

这一刻，他感受到融入天地之间的幸福。这一刻，对他来说千金难买。

这一刻，他穿过了炼狱，体悟到了生命给他的赏赐。啊，就让他这样扶着垛口，多待一会儿吧！

后来这个林场在孙建博的指点下，建成了吉林首屈一指的森林公园，别具一格的风景让游客交口称赞。

孙建博提交的建议和议案，引起了全国人大代表和有关部门的高度重视，其中《关于将生态建设贯穿到工业化、城镇化、信息化、农业现代化的全过程的建议》，被批转到国务院发展研究中心等国家智库单位参阅。

“履职三年来，我感到新一届党和政府的作风是务实的，工作是落地的。习近平总书记高度重视生态文明建设，近三十年来没有出台过的《国有林场改革方案》，在新一届党和政府的支持下变成了现实，而且方案中很多具体的做法借鉴了原山经验。那是我当选全国人大代表以来，感觉最幸福的时刻。”孙建博说。

2013 年，孙建博曾经在十二届全国人大一次会议上提交了《关于实现残疾人收入倍增，共同奔小康的建议》，并利用李克强总理参加山东代表团审议的机会，向总理进行了汇报。2015 年 1 月，国务院印发了《国务院关于加快推进残疾人小康进程的意见》，《意见》强调，各地政府和残联等有关部门应针对残疾人脱贫问题制定相应的计划方案，切实把残疾人同步奔小康落到实处。“残疾人的同步奔小康，体现了社会的高度文明。这是我当选全国人大代表以来，完成的第二个奋斗目标。”孙建博自豪地说。今年他又为残疾人带来了无障碍旅游、重度残疾人提前退休等八项建议。

中国残联主席邓朴方曾经在孙建博的自传《追寻太阳》一书的序言中称赞他：“他要永远追寻太阳，不管自己已经多么灿烂。”

一捆蒲公英（上）

孙建博病了，病得很厉害，医生诊断他患了重症肌无力，听说的人都不相信，这位钢铁侠一样的人怎么会得病呢？了解他的人都说：孙书记得这病就是因为太累了。

2018年3月，孙建博参加了全国人代会，开会期间，他每天忙于撰写意见建议，忙于各种座谈，同时还接受了大量记者的采访。事情多，只好挤压睡眠时间，他每天的睡眠时间只有两三个小时。

回到淄博，他又参加了淄博市人大常委会，常委们发现他的眼睛肿了，问他，他满不在乎地说："买点眼药水，点点就好了。"

后来会议间隙休息的时候，市里的一位领导看到了，那时候他的眼睛肿得只剩下一条缝了，领导严肃地对他说："你必须马上去大医院检查一下！马虎大意可不行，你的身体不是你自己的，是党和人民的！"孙建博也感觉到自己的身体确实撑不下去了，于是听从命令，中午散了会，饭都没来得及吃，就坐动车去北京了。

孙建博在北京医院做了一系列检查，他拿着一大沓单子问："大夫，我得了什么病？"

大夫说："请你住院安心治疗。"

孙建博问："怎么让我住院呢？是不是我病得很厉害？"

大夫说："首先需要住院，静心、安心治疗，我们一定会用最好的方法治疗。"

孙建博再问，大夫就支支吾吾，不多说了。

看到大夫这种态度，孙建博想：坏了，是不是得了癌症？

转念又心存侥幸地想：会不会是误诊？

孙建博想，自己九死一生，什么苦没吃过，什么罪没受过，还有什么打击是承受不了的？就是绝症也要第一个知道，就是死也要死个明白。

他对大夫说："不用瞒着我，也不用遮遮掩掩，我自己来的，家属都没来，是啥病、有啥事和我说就行！"

大夫看拗不过他，便说主任医师会和他谈。

原来孙建博住院后，北京医院对这位共和国第三位"林业英雄"的治疗方案非常重视，针对他的身体状况，专门成立了由专家组成的医疗小组进行会诊。最后神经科主任许贤豪亲自和孙建博谈了话。

许贤豪是神经内科专家、教授，中国协和医科大学博士生导师，在国内德高望重，是业内顶级的权威。

孙建博握着他的手，心里直打鼓：自己的命运就掌握在这双柔软而温暖的大手里了！

许教授态度温和，先和他聊起了家常，问了问家庭情况。

孙建博想："坏了，这是让我做准备呢！"

孙建博说："教授，请直接告诉我是什么病吧，我承受得住。"

许教授说："也没打算瞒你，你的病很严重，医学上叫重症肌无力。"

孙建博一听不是癌症，马上松了一口气，心也放到肚子里了，心想只要不是癌症，就好向家里人交代。

许教授接着说："这个病很难治，是医学上的难题，你需要静下心来，长期住院治疗。"

孙建博说："很难治吗？"

许教授说："很难治。"

孙建博说："既然是医学难题，很难治，也基本治不了，那我不治了，谢谢教授！”

孙建博用力握了握教授的手，头也不回地走了，留下目瞪口呆的许教授。许教授行医大半辈子，头一次遇到这么不惧怕疾病、从心里不怕死的人。

孙建博当天下午就回到了原山，到山上去看望护林员，投入到了繁忙的工作中。

儿子孙斌不放心，过来看他，孙建博说：“放心吧，不是癌症，也不是什么重病，叫重症肌无力。大夫说了，是医学难题，治不了，我就回来了。”

几天后的周末，孙斌一家人来到了博山，孙建博照例不在家，小孙女一遍遍给爷爷打电话，说想爷爷了，见不到爷爷不走。孙建博无奈，只好交代好有关工作回了趟家。

一家人终于坐在一起吃了顿团圆饭，上一次还是春节时候。孙建博忙着给两个小孙女夹菜，妻子、儿媳一个劲地给他夹菜，让他多吃点。感受着家庭的温暖，孙建博心里热乎乎的。

吃完了饭，孙斌说：“现在开个家庭会议。”

孙建博一愣，马上笑着对孙女说：“看看，爷爷老了，你爸爸要夺权。”

看到儿子、儿媳紧张、严肃的样子，孙建博只好坐下来听儿子说。

孙斌拿出一沓打印的资料，先介绍了一下给孙建博看病的许贤豪教授，然后又拿出一沓他从网上搜集的有关“重症肌无力”病的案例。孙建博瞧了一眼，说：“医生一般会把病说得严重些，这些都是吓唬胆小鬼的。”

孙斌含泪说：“爸爸，您要相信科学呀！”

孙建博说：“大夫让我住院长期治疗，我怎么离得开原山呢？”

焦翠红的泪下来了：“建博，你离不开原山，难道你离得开我们吗?”

儿媳也流泪了:“爸爸，我从网上看了，霍金得的就是类似的病……”儿媳说不下去了，把孩子往孙建博怀里一送……

两个小孙女一边一个拉着他的胳膊，哭着喊爷爷……

孙建博任是铁打的汉子，也招架不住了，他狠狠心说：“别哭啦！我去治!”

高铁像一条银龙飞驰在齐鲁大地上，2018年5月14日，孙建博踏上了去北京治病的路途。他闭着眼，难得不用去想工作。自己的身体自己知道，这么多年来超负荷运转，铁打的汉子都受不了，何况自己是一个残疾人。自己的身体自己最清楚，不用知名的专家说，自己也知道这病很麻烦，很难治，而自己最不愿意做的事就是躺在床上。时间不等人，原山的发展也不等人。但想想一家老小上演的这出“爱的鸿门宴”，心里又隐隐作痛。家里人对自己的爱，对自己的担心是不能不考虑的。自己从小就是父母的累赘，父亲背着自己看了十几年的病，现在自己不能再成为妻子、儿女的负担，所以才答应来北京治病。

检查结果一出来，大夫疑惑地看着他：“身体这样了怎么才来呀？不要命了！马上住院治疗!”一天的检查下来，孙建博身体累得快要散架了似的。换上病号服，挂上吊瓶，躺在雪白的床上，孙建博却怎么也睡不着，看着一滴滴的液体滴下来，他的心又回到了原山：今年雨水少，刚培育的树苗多么渴望喝水呀。恍惚中，吊瓶成了灌溉小树苗的甘霖……孙建博默默吟诵起杜甫的《春夜喜雨》。

夜深了，医院的夜格外静谧，病友们都进入了梦乡，发出或轻或重的鼾声。孙建博披衣下床，他怎么睡得着呢？原山是他的根啊，他无时无刻不牵挂着呢！

他来到护士站，问护士要了一支笔，在护士站的桌子上，给他牵挂着的原山战友们写了一封长信，信的内容是这样的：

担当作为　冲锋在前　争做原山新征程的“领航人”

——写给场级领导们的一封信

林场、集团、保护区的领导同志们：

当前，全场工作到了攻坚克难的关键时期，未来三年的奋斗目标已经确定，建设现代化林场的冲锋号已经吹响。作为原山事业的领导核心，每一位同志的思想、言行是否得当，是否合乎要求，都将对我们这次“启帆远航”具有至关重要的决定性意义。这应该是我们大家的统一认识。

今年年初，我们下发了原林字〔2018〕4号《关于班子成员2018年工作分工的通知》，按照分管领域明确了各自责任。结合当前“大学习、大调研、大改进”活动的开展，九次党委会都进一步提出了严格要求。随着各产业的开枝散叶，各项工作千头万绪，各位领导同志要各负其责，担当作为，破解难题，完成各项任务，确保发展全局稳步向前推进。

……

同志们，原山事业发展到今天，又迎来了实现新跨越和新突破的重要节点。作为光荣的领导核心的一员，我们肩负着不容推卸的历史使命，“党员干部为职工干、为事业干”这一宗旨，需要大家亲力亲为带头去践行。有作为才有地位，希望每一位同志都能珍惜组织的期望和职工的信任，坚定与原山事业荣辱与共的信念，为铸造原山新的丰碑勠力同心，奋斗不止，再立新功！

祝

身体健康，工作顺利！

孙建博

2018年5月14日

这封信传到原山林场，高场长宣读的时候，一屋子人都哭了。字字句句都是情，字字句句都是泪。大家一致要求去看望一下孙书记。高场长传达了孙建博铁的纪律：谁也不许去！坚守岗位，做好工作、干出成绩就是对他最大的安慰和支持！

在北京医院，孙建博很快成了医生、护士眼里“最不安分”的病人，每天和医护人员玩“捉迷藏”，护士每天都向主治医生“告状”：他每天的工作电话近百个，夜里不睡觉写东西……为了保证治疗效果，医生们采取了一些限制他打电话和写材料的方法，但是孙建博总能想到办法让医生的限制大打折扣。

一天夜里，孙建博腿疼得睡不着觉，又不愿意打扰医生和护士，便一个人坐着轮椅悄悄出了病房。

走廊里黑漆漆的，弥漫着来苏水的味道。这无边的黑夜，是黑暗和黎明的分界线，这无边的黑夜，是生与死的角逐场，夜色掩盖了生与死的厮杀与决斗。

奇怪的是，他竟然一下子想起了日本电影《追捕》中的镜头，想起了在医院的那一段经典对白：

“杜丘，你看，多么蓝的天哪！”

“走过去就会融化在蓝天里。”

“一直往前走，不要往两边看。”

“朝仓不是跳下去了嘛，唐塔也跳下去了。”

“现在你也跳下去！”

“跳呀，快跳啊！”

“怎么？你害怕了？你的腿怎么发抖了……”

他这么想着的时候，突然发现有一个人就站在窗台边上，他吓了一跳，上前一把拉住那个人的胳膊。

那人用力甩开他，怪他多管闲事，刚要开口骂他，一下看到了他的腿，把话咽回去了。

孙建博这才看清那是一个和他儿子差不多年纪的年轻人，孙建博关心地问：“你怎么了？有什么不开心的事？”

小伙子看了看他，把头扭向一边。

“我叫孙建博，也是来看病的。”

小伙子看了看他的腿。

孙建博看到了小伙子的拐杖，关心地问：“你的腿疼吗？我的腿经常疼得让我睡不着觉，特别是累了的时候……”

“我的腿没有知觉！”小伙子终于有气无力地说，“我有时候真希望它有点感觉，哪怕是疼痛也好！不疼，没有感觉，好像这条腿与自己无关似的。”

“多长时间了？是意外还是……”

“快半年了。从楼上摔下来，背部着地，摔坏了脊椎……”

他的头埋得更深了，仿佛要掉进那段残忍的回忆中。

“那天是我生日，我找了几个哥们一起吃饭。我从小就是学校篮球队的，一起打球的哥们特别多……”

说到篮球的时候，孙建博在他灰暗的眼神中看到了一闪而过的光芒。

“喝了点酒以后，也不知怎的就坐在了楼梯口的窗台上，然后糊里糊涂地仰了过去。”

孙建博沉默了，不知道怎样开口劝慰他。他跟自己不一样，他知道奔跑、跳跃的感觉，享受过在篮球场上跳跃、投掷、呐喊和成功的喜悦。但这一切却突然离他而去，伴之而来的是在最好的年纪终日枯坐在冰冷的轮椅上，任时光流逝，年华老去。在这之前他们一家人已经辗转了很多地方给他看病，这次来北京是做最后的努力，打捞最后的希望，不过康复的希望很渺茫。

见孙建博沉默，小伙子反而不安起来。也许他太久没有跟人沟通和交流了，也许他想要找一个同病相怜的人倾诉内心的痛苦，便自顾自地说起来：“我从小打球，忽然腿不能动了，觉得活着一点乐趣也没有了，还要拖累父母，拖累家庭，我们家为了给我治病已经一贫如洗了。我不想再治了，也不想别人用同情的口吻劝我，用怜悯的眼神看我。”他虽然在努力控制自己，但眼泪还是溢了出来。虽然是在夜里，但孙建博还是清晰地看到了晶莹的泪光。

孙建博握住他的手，他手心冰凉。“有的事情是不能自己决定的，我在还不太懂事的三岁就已经开始了与别人不同的人生。但是人生是可以靠自己改变的。我现在就很好，我有自己钟爱的事业，有温馨的家庭，有美好的梦想。小伙子，不能气馁啊，要永远有希望。只要有希望，一切都可以好起来。”

“叔叔，您说的我都懂，可是我又能做什么呢?”他看看自己的双腿，又看看孙建博说。

“咱们认识一场是缘分，抽时间我请你去原山林场看看，我们林场有五十多名残疾人在各个岗位上工作。我也是残疾人，带领职工们艰苦奋斗几十年，把一个负债四千多万元的小林场，发展成为拥有固定资产十多亿元的国有林场……”孙建博滔滔不绝地说着林场这些年的变化，如数家珍。

小伙子听得入了迷，激动地说：“您的意思……是不是将来我也可以像您一样做出一番大事业?”

“对，我相信你一定比我还强，因为现在社会环境变了，人们的素质提高了，对残疾人来说机会更多了……当然，对残疾人来说，路会更难一些，你遇到的困难还会有很多很多，你成功的路也许会很长很长，但是只要我们一步一步去走，总会有希望在前边等着我们的。”孙建博继续鼓励着小伙子。

小伙子尽管眼神里还有很多的无奈，但是，孙建博在他冷漠、无奈、苦涩的眼神里发现了别样的光芒。孙建博把自己写的《追寻太阳》《浴火凤凰》和《白发亲娘》三本书，签上名送给了他，他们又聊了许多关于人生、关于未来的话题，小伙子已经把孙建博当成自己的人生楷模。小伙子鼓起了勇气，决心好好地生活下去。

小伙子的思想问题解决了，可孙建博在医院里躺不住了。想到林场未来三年的奋斗目标已经确定，工作到了攻坚克难的关键时期，孙建博恨不能插上翅膀飞回林场，和同事们甩开膀子大干一场。

孙建博找医生要求出院，医生们瞪大了眼睛告诉他，像他这样的病人出院就是不要命了。没有一个医生同意他出院。

孙建博想到了许贤豪教授，他是专家，只要他一句话，别的医生就没话说了。他找了个没人的机会，来到许贤豪教授办公室，说了自己想出院的想法。

没想到平时温文尔雅的许贤豪教授大发雷霆："你如果不要命了，现在可以马上出院！我行医这么多年，第一次见到你这样的病人！你是钢铁侠，你不是肉体凡胎，你可以不治了，请你出去！"孙建博灰溜溜地回了病房。

晚上夜深人静的时候，许贤豪教授来到了孙建博的病房，为自己白天的发火而道歉。

孙建博说："教授，我的病不治能行吗？就像我的腿一样，后来不治了也就那样了。"

许贤豪教授严肃地说："你的病不治不行，它和你的腿是完全不同的性质，不治的话后果不堪设想……"

孙建博又开始软缠硬磨，向许教授说基层林场多么忙，多么不容易，有多少工作等着他回去处理，他躺在这里心急火燎的，反而不利于养病，放他回去处理一下事情再回来……

经过这段时间的接触，许贤豪教授也了解了孙建博的为人，深深为他的精神所感动。他答应和医疗小组的专家商量一下，拿出切实可行的方案。

在孙建博的坚持下，医生给他开了出院后要吃的药，列出了包括不熬夜、不爬山、每天工作不能超过三个小时等十个方面的注意事项，孙建博做了保证，一定会严格执行。医生终于同意暂时放他回原山处理一下急需处理的事情，然后尽快回医院治疗。

一捆蒲公英（下）

那一晚，孙建博在北京的病床上做了一个梦，梦见了原山，梦见了原山人。连他自己也搞不清，为什么原山在他的生命中占据如此重要的位置。是事业心驱使？是缘分使然？是命运安排？他实在说不清楚。

他归心似箭。

他必须尽快回去。

要不，他会魂不守舍的。

6 月 11 日，孙建博从北京医院回到原山，回来第一件事就是去看山，去看他们原山集团管辖的那些山。吉普车拉着他一座山一座山地看，凤凰山、团山、禹王山、望鲁山、薛家顶……在每一个山头，他都注目沉思良久。

他在凤凰山观看那大片石海时，最为激动。那是一大片喀斯特地貌，是我国北方罕见的自然奇观。那些白色的石块，如大海的波浪，滔滔滚滚。顿时，他好像听到了太古时期海陆运动的震响，飓风呼啸。忽然，一大片海底隆起，露出海面，高耸空中，余响震荡着，一直延伸到各个山脉。这一大片石海启发了他的想象，他感到一股巨大的力量在体内旋风一般地呼啸着、冲撞着。

面对这片石海，他感到周身一阵阵燥热，想到自己的身体、自己的病，他精神一振，他必须快马加鞭，把住院耽误的时间、造成的损失夺回来。

请看下这个“重症肌无力”病人的工作安排吧：

7月14日，由省干部学院承办的全省第四期女领导干部培训班学员到山东原山艰苦创业教育基地考察学习，参观了山东原山艰苦创业纪念馆。原山林场党委书记孙建博陪同参加相关活动，并与培训班学员进行了座谈交流。

7月15日，山东省环保厅党组书记、厅长王安德一行到山东原山艰苦创业教育基地开展主题党日活动，党委书记孙建博陪同参加相关活动。

7月18日下午，召开了山东省残疾人联合会（简称“省残联”）第六届主席团第六次全体会议，会上审议通过相关内容并完成换届，会议由省残联副主席、省肢残人协会（简称“省肢协”）主席、原山林场党委书记孙建博主持。7月19日上午，省残联第七次代表大会在济南开幕。7月20日上午，孙建博受省残联第六届主席团委托，代表省肢协，在会上做报告。孙建博当选为省残联第七届委员会副主席和省肢协主席，被推荐为出席中残联第七次代表大会的正式代表。

8月2日上午，中国林学会森林公园与森林旅游分会第四次会员代表大会暨森林公园建设与乡村振兴学术研讨会在山东原山艰苦创业教育基地金色大厅隆重开幕，会议选举产生了中国林学会森林公园分会第四届理事会组成人员，并举行了首届森林公园与森林旅游行业突出贡献奖颁奖仪式。经评审委员会推荐，理事会审议同意，授予全国人大代表、山东省淄博市原山林场党委书记孙建博、中南林业科技大学吴章文老师“森林公园与森林旅游行业突出贡献奖”。

8月8日—9日，山东省庆祝第九个全国“肢残人活动日”暨“赞颂改革开放，共享发展成就”座谈会在原山举行。省残联副主席、省肢协主席、原山林场党委书记孙建博主持并讲话。

8月22日，北京、安徽团部分全国人大代表视察淄博市博山区人民检察院生态环境检察工作暨全市检察机关公益诉讼工作现场会在山东原山艰苦创业教育基地召开，同时考察了山东原山艰苦创业纪念馆和生态检察室，北京、安徽团二十三名全国人大代表参加会议，全国人大代表、原山林场党委书记孙建博应邀出席。

这只是孙建博参加的比较重要的工作记录，没有记录的、每天的例行工作就数不胜数了。北京医院的医嘱和“约法三章”“十不准”等早被孙建博抛到爪哇国去了。

这么繁忙的工作安排，这么高强度的时间、身体和精力的投入，孙建博这是在用加倍的工作和病魔进行艰苦卓绝的斗争吗？

孙建博的妻子焦翠红看在眼里，急在心中。终于在一个礼拜六的早上，孙建博又要和平时一样去上班的时候，焦翠红堵在门口：“建博，你从医院回来后一天也没休息过，天天超负荷工作，医生的话你都当耳旁风了？今天是休息日，无论如何我也不让你出去，在家休息一天。”

孙建博一看，妻子真急了，板着脸，眼睛里含着泪，自己再不答应就哭出来了。孙建博心一软，说：“好，答应你。你把那电动轮椅找出来我看看。”

焦翠红一看孙建博答应了，心里很高兴，马上把电动轮椅找出来，擦得铮亮。

孙建博说：“你推着我去如月湖转转，权当我们俩旅游散心了。”

焦翠红心里有些疑惑，但还是高兴地收拾一下出了门。

去了如月湖，焦翠红才意识到上当了，这哪里是旅游散心，根本就是工作呀！孙建博专挑边边角角的地方走，看哪里需要整改，哪里需要布置，哪里需要种植，都写下来，或者直接找在场的工作人员协调、解决……

晚上回到家，焦翠红心疼地对孙建博说：“今儿一天，我一个腿脚健全的人都快散架了，你天天这样干该有多累呀！”

孙建博说：“我习惯了，不累，让我天天闲着才出毛病呢！你也看到了，这么大个湿地公园，还有很多需要完善的地方，明天你还和我一起去转转吧。早点睡吧。”

如月湖的山山水水认识这对夫妻，如月湖的一草一木认识这对夫妻，如月湖的青蛙蝌蚪认识这对夫妻。在他们的注视下如月湖的山更美了，水更清了，花更艳了，蛙鸣更响亮了……

原山的夜色，黑得像浓墨，伸手不见五指；原山的夜雾，浓得像毛毛细雨，能打湿你的衣裳；原山的夜风，凉得如秋水，能让你平静得波澜不惊。在这样的夜里，享受着如此的夜雾和夜风，让人不自觉地心生睡意。

丁零零……

一阵沉闷的电话铃声把孙建博从甜蜜的梦中惊醒。房内漆黑一片，他抓过床边的拐杖，挣扎着坐了起来，顺着窗帘缝隙投下的一缕微弱的光线，看了看墙上的时钟，是夜里十二点半。

是谁？出什么事情了？难道是山上有火情？怀着忐忑的心情，孙建博摸过来枕边二十四小时保持开机的手机。

铃声响了几声就停了，孙建博打开手机，一下子想不起那是谁的号码了。

就在他苦苦思索的时候，手机又响了，这次是几条短信。他一下子想起来了，这不是自己在北京医院走廊认识的小病友，那个和自己一样不幸的孩子的号码吗？

“叔，这么晚打扰您实在不好意思，可我实在想和您说说话。我和父亲回老家了，医生说我基本没有恢复的可能。我其实早就有心理准备了。我上网查了一下，知道了您的故事，忽然觉得有了生活的动力。我知道自己没有您的能力，但是我想，无论干什么，只要坚定就一定能成功。另外，我有时间一定去你们原山林场看看，从您身上、从那五十多个残疾人身上汲取力量和信心。

“叔，请相信我，我一定会像您一样做一个了不起的‘残疾人’，我要让四肢健全的人为我的人生欢呼喝彩！另：您送的《追寻太阳》《浴火凤凰》《白发亲娘》三本书我已粗略看过了，回家后一定再仔细看几遍。从书里看，您比我苦，比我累，比我难，但是您走过来了，我一定向您学习……”

看完这些短信，孙建博的心中仿佛落了一场透地的及时雨。从字里行间，他能明显感觉到这个小伙子的成长。

孙建博悄悄关上房门，避免吵醒熟睡的妻子。她太累了，陪着自己转遍了如月湖的角角落落。她也是五十多岁的人了，常年的操劳，在她的额头过早地刻下了细纹，一头浓密的头发也过早地花白了，每每看到这些，孙建博的心里总是充满了内疚，总想好好照顾她一下。但是，一工作，他马上就把这些忘记了。

孙建博在单位是个工作狂，回到家里却基本上是衣来伸手饭来张口。他的饮食起居，家里的迎来送往，这一切都由妻子一手操办。对孙建博来说，妻子是一颗温润的心，是一幅难描的画，她的身上有一种难言的柔，如同丝丝小雨在滋润他的心灵。孙建博深深知道，如果没有家庭的全力支持，自己不可能一往无前地向前冲。

台灯下，孙建博静下心来，写着日记，写下小男孩的故事，写下自己关于人生、关于生命、关于精神的哲学命题的思索。

孙建博开起了快车。他的躯体便是一辆行驶的车，他的精神加足了油，他驾驶着它，在人生道路上飞奔。

由于过度操劳，有一天夜里，他正坐在桌前写作，突然觉得很疲惫，心脏咚咚地跳，头上直冒虚汗。

孙建博想：是不是我的生命已经走到了尽头？是不是我已耗尽

了自己的生命？不行，事业还没达到辉煌的顶点。

命运呀，再多给我一些时间吧！

如果现在生命就结束，那么我会留下很多遗憾。作为一个残疾人，我的自我创造、自我实践，还有很多奥妙没有发掘出来。如果现在就结束，的确可惜。

但我是不怕死的人。我早已经历过九死一生，死，对我来说不是什么可怕的事，我只是为我的事业感到遗憾。

他的心脏继续激烈地跳着，他的头在眩晕。但他竭力保持着清醒。此时，他开始考虑起他的家人，他的朋友，关心他、帮助过他的领导。

他想写下一篇遗嘱，但已经力不从心了。

他想起了去世的父亲，在他小时候，背着他走在崎岖的山路上，求医生帮他治病；想起了他的妻子和儿子；想起了和他同命运的残疾人兄弟姐妹；想起了贫困山区的失学儿童……

妻子发现他时，他早已昏迷过去了。

大家把他送到医院。想到他这次那么接近死亡，却依旧从死亡线上顽强地爬回来，人们忍不住流下热泪。

面对这么好的家人和同事，他能说什么呢？他一直是半月一大病，隔三岔五一小病，有时甚至病得很吓人，最后却都奇迹般地活了下来。许多人都觉得奇怪，连医术很高的医生都无法解释。而他轻描淡写地说道：自己有一种奋斗的精神，有一种强烈的求生欲望，二者结合在一起，对疾病产生了极大的遏制作用。

面对忧心忡忡的职工和家人，孙建博还不忘开玩笑：“我的身子，是老骡子破瓦屋——经折腾！”

孙建博笑了，周围的人却谁都笑不出来，孙建博尴尬地自嘲说：“我说得不幽默呀？”

高场长脸上一丝笑容也没有，严肃地对孙建博宣布了场党委的决定：孙建博必须回北京治病！

8 月 23 日，劫后余生的孙建博又回到了北京医院。

这次检查的结果让大夫们愁眉不展，他们严肃地告诉孙建博：必须做手术，还是两次大手术！

孙建博似乎对手术没有过多关注，从小到大他经历的手术太多了，用他的话说，已经“审美疲劳”了。他只提出了一个要求：9 月 14 日中残联换届，他必须参加会议，手术要为会议“让路”。

当他把他的要求郑重其事地告诉主治医生的时候，医生吃惊地瞪大眼睛，从牙缝里挤出一句话：“你不要命了！”然后喘了口气，斩钉截铁地说：“这是科学！容不得半点马虎！你的身体不是实验田！”

只要孙建博认定的事就是九头牛也拉不回来，多次协商不成，孙建博抛出了撒手锏：“我不做手术了！明天就回家！”

医生们被他感动了，一次次会诊、协商、研究，终于拿出了一套手术方案，但同时告知孙建博，这个方案风险比较大，让他自己定夺。孙建博早把生死置之度外，大笔一挥就签了字。

第一次手术后，孙建博参加了中残联 9 月 14 日至 16 日的会议。

9 月 17 日，他回到医院做了第二次手术。这次手术是全麻，手术时间长达七个多小时。

他从麻醉中醒来，第一句话就是：我啥时候能出院？

大夫说就是正常人至少也要住院观察一个月，何况他的身体状况不容乐观呢。

原山林场的职工听说孙书记在北京做了大手术，怎么也放心不下，纷纷要求去看望，都被孙建博拒绝了。唯独一位深山里的护林员，执拗得很，一定要来看望，万般无奈之下，孙建博只好同意了，但叮嘱他不要带任何礼物。

最后这个护林员还是带来了礼物，孙建博不但没有批评他，还写了一篇日记记下来，这是为什么呢？

原来这个护林员带了一捆在深山里亲手采摘的婆婆丁。当时寒露已过，山里已经很冷了，这一袋婆婆丁是护林员从向阳的山坡上一棵棵找来的。孙建博怎么会不了解这背后的艰辛呢？他见到后紧紧地握着护林员的手，眼睛湿润了……

婆婆丁的学名叫蒲公英，是一种多年生的草本植物。在岩缝间，在小溪旁，在马路边，在田埂上，到处都可见到它，那形象纤微而不可轻视、弱小而不可凌辱，北方人习惯叫它婆婆丁，因为这么叫有一种亲切感。

护林员嘱咐孙建博用婆婆丁泡水喝，说对身体有好处，不仅能够消炎抗菌，还可以治疗多种疾病，长期饮用还能够提高身体免疫力。婆婆丁虽然在生活中随处可见，但是它的能量却不小，药用价值非常高。

那天夜里，孙建博怎么也无法入睡，就斜倚在枕头上，写下了一篇关于婆婆丁的日记：

> 婆婆丁是平凡的，生长在杂草丛中，毫不起眼。婆婆丁又是不平凡的，它不计土壤的贫瘠，悄然盛开，绽放其如花的生命。它生命力极强，无论是山野荒坡、小路边，还是城市的草坪花圃，随处可见。
>
> 记得小时候看着大人们香甜地吃着婆婆丁，我也忍不住尝了一口，哇，好苦！随即吐了出来。但现在不知为什么，吃在嘴里却不觉得如小时候那般苦涩，现在的苦是淡淡的，再吃再品似乎都感觉不出苦来了。也许是人经历得多了，婆婆丁的苦与生活中的苦相比，就不算苦了。
>
> 婆婆丁紧贴地面生长，花不艳丽，却金黄璀璨，种子轻如羽毛，却蕴含着生命的理想。婆婆丁一生平淡而辉煌！把自己

当成一棵婆婆丁就会耐得住寂寞，耐得住贫寒，耐得住艰苦，就会把生活打扮得如鲜花一样美丽，把善心和友情当成种子，撒向四面八方。

人的一生总会有许多酸、甜、苦、辣，不管是怎样的一种滋味，不管我们喜不喜欢，都要去品尝，因为我们无法回避，甜使我们懂得了幸福，苦让我们学会了承受。正是因为人生有太多的滋味、太多的经历，人才会在生活中得到历练，才会更好地去对待生活、懂得生活、珍爱生活。

9 月 30 日，手术后不久的孙建博不顾医生的劝阻，毅然决然地回到了原山，投入到了十一黄金周的忙碌中。

他就像一棵蒲公英，苦了自己，把幸福和大爱播撒到千家万户……

沉重的遗嘱

2020年3月的一天，在组织的关怀下，孙建博正式办理了退休手续。从1981年开始，孙建博工作了三十九年零一个月，在场长、书记岗位上按照组织的要求、党员的标准为党和人民奉献了二十四年。

这一晚，石炭坞营林区夜阑人静，孙建博独自一人谛听着钟摆在静静地、不停地摆动……黑夜与睡梦笼罩着大地，万籁俱寂，孙建博的思绪悄然回到了两年前。

孙建博因为长期满负荷工作，被确诊为重症肌无力和肿瘤，一年中做了四次大手术。在第四次大手术前，他感到给组织上添的麻烦已经太多了，被病痛折磨得也确实痛不欲生，就想到了放弃手术。在病床旁的儿子孙斌和副场长花健得知了他的想法，想尽办法劝说，却怎么也劝不动他，都急得哭了。

孙建博对儿子孙斌说："如果我救不过来，就把遗体捐献给祖国的医学事业，用于活着的人。余下的骨灰埋到原山的林子里，与同志们一起继续守护生态林。你要担起这个家来，替我照顾好你瘫痪在床的奶奶和常年长病的妈妈。把我名下的存款、房产全都捐出，作为向组织交的最后一次党费。我留给你和两个小孙女的只有'中国共产党员孙建博'这几个字。"

当时，在场的人听了孙建博的这番话都坚决反对，但是如果不同意，孙建博就坚决不做手术。说完，他又从枕头下面拿出了自己早已写好的遗嘱。那是他趁妻子和儿子休息时，偷偷写的。

大家看到这个场面，都悄悄地抹起了眼泪。终究还是拗不过孙建博，家人被迫同意了。孙建博这才去做了第四次手术。

今晚的月亮很亮，远处的山和近处的树都清晰可见。山上除了松树，大部分树还没长出新叶子，显得光秃秃的。可能因月亮太亮而误以为天亮了，鸟儿们偶尔发出轻轻的鸣叫声。

孙建博收回目光，低头看这张经过多次折叠的遗嘱。

遗　嘱

我叫孙建博，是中国共产党党员。

因多种原因，从今年四月份住进医院。经诊断确诊为全身型重症肌无力和多处肿瘤。经过三次大手术后，病情并无好转。经过专家会诊院方决定进行第四次手术，我提出不再做了，回单位交接工作，接受现实。这已经花费不少医药费，给国家增加不小的负担了。

单位领导知道后，向市领导做了汇报。书记、市长亲自看望，并要求我接受医院治疗方案。在这之前省里的刘家义书记、龚正省长、杨东奇副书记、于晓明主任一直非常关心我的病情，并时常慰问。国家林业和草原局、省自然资源厅、中残联、省残联领导也非常挂念。我的家人、单位同事更是担心得不行，接受不了我放弃手术的决定。在这种情况下，我决定再做第四次手术（一年四次手术）。

手术前夜，2018 年 11 月 8 日晚，我向组织立下遗嘱：

请组织把我的遗体捐献给国家的医学事业，余下的骨灰撒到原山的森林中，使我死后能和同事们一起继续守护原山的生态林。

请组织把我名下的所有存款交给党组织，作为我最后的一次党费。

请组织把我孙建博名下的住房及其他所有物品，全部捐献给国家用于老年人和残疾人事业。

请组织向我的家人、孩子说明，我能给他们留下的只有“中国共产党员孙建博”这几个字作为纪念。由此兑现我入党时立下的誓言，把我的一切交给党和人民，包括我的生命。

立嘱人：孙建博

2018 年 11 月 8 日晚 11 点

地点：北京医院病房内

术后，孙建博的身体还在恢复中，他就坚决要求出院，北京的专家劝他至少要再住一个月，但是他想到病房那么紧张，他给组织添的麻烦已经够多了，说什么也不再住了。就这样，孙建博坚持办理了出院手续，而且从北京返回山东后连家也没回，直接去了他时刻牵挂的原山林场。后来有个朋友感慨地说，精神能治病啊！

2019 年“两会”山东代表团发言的时候，省委书记刘家义着重向中外记者介绍了孙建博。他说，孙建博代表去年生了一场大病，由于他一心想工作、干工作，从不考虑自己的病，成功战胜了病魔。这就是共产党员坚强的意志！是啊，或许是因为超乎常人的坚强意志，孙建博居然又一次奇迹般闯过了“鬼门关”。

孙建博放下遗嘱，起身倒了一杯水，喝了几粒止痛药才又坐下。不知道为什么，今晚他的思维特别活跃，多少年前的陈芝麻烂谷子，一起在他的脑海里浮现出来。他这一生太艰难了！有人说，上帝给你关上一扇门的同时会给你打开一扇窗。而孙建博的门都被关上了，他是靠着不屈的精神破窗而出的啊！

说实话，这些年来，孙建博对林场可以说是鞠躬尽瘁，但是对妻子和家人的亏欠却一辈子也还不上。妻子焦翠红跟着他担惊受怕的日子过了多少年。后来孙建博干了场长，因为当时林场职工多，岗位少，为了妥善安排其他职工，又让妻子焦翠红第一个下岗回了家。就因为这样，妻子的退休金是全场退休人员中最少的，到现在还一直埋怨孙建博。

他刚当场长那时候最难的是，应对一百二十六家天天上门讨债的债主。记得 1998 年 12 月的一天晚上 6 点多刚下班，孙建博突然接到一个匿名电话，说："你们场职工张启刚在我手上，还钱还是要人？等你一个小时。"说完就挂断了电话。那一个小时真的很难熬啊！终于等来了电话，对方不叫孙建博说话，让二十分钟后把钱送到淄川柳泉桥下的桥墩，否则，就到指定地点收尸。说完电话又挂了……

那些年，每年平均五十多个官司，每一个都是钱钱钱。孙建博的助手、副场长赵其东和班子成员陪他度过了那段艰难的日子。由于整日为原山事业操劳，赵其东病倒了，去世时年仅五十三岁。临死前他只有一个要求，就是把自己的骨灰撒在原山的山顶上。

当时那么困难，也不是没有动摇的时候。就连孙建博自己也感觉实在迈不过去了，有两次想着从楼上跳下去算了。但是一回头，还有全场职工要吃饭，还有那么多困难要克服，就下定决心好好活着。如果那一刹那光考虑自己的话，就不会有原山人今天的好日子了。

对一个共产党员来说，退休并没有按下工作的"暂停键"。1991 年 7 月入党时，孙建博就向组织庄严承诺：把一切交给党，交给人民，包括自己的生命，只要活着，就要为党工作。2021 年建党一百周年到来之际，孙建博的党龄正好满三十年。

按照组织的安排，孙建博从林场党委书记岗位上退下来后，由年富力强、有工作经验、能拼上命带领大家建设现代化林场的高玉红同志担任书记、场长，这也是全场职工的心愿。组织上安排孙建博担任淄博市林学会理事长，场职工代表大会全票通过选举他为原山林场发展战略委员会主任，孙建博继续在新的岗位贡献自己的力量。

这一夜，孙建博彻夜无眠。早晨的太阳刚出来，孙建博又和往常一样，提着文件到了办公室。不过，与往常不一样的是，他今天不是去办公的，而是去与高玉红交接工作的。就在昨天下午，他已经把所有的文件整理好，分门别类地贴上标签，整整齐齐地摆在了桌子上。到了办公室，他端端正正地坐在那里，等着高玉红上班后来交接。

孙建博办理完工作交接，来到原山艰苦创业教育基地，在服从新班子工作的前提下，继续履行一名共产党员的使命，为建设现代化林场的目标继续奋斗。孙建博感觉，虽然岗位转换了，但他为党、为事业、为社会奉献一切的追求和责任没有任何改变。只要活着，就要为党工作。只要能挣扎着站起来，就要为林场做贡献。等到有一天真的站不起来了，也不能给组织添麻烦。孙建博牢记入党时的承诺："把一切交给党，交给人民，包括自己的生命。只要活着，就得为党工作。"他要把自己的一生变成为党尽忠、为社会奉献、为大家过上好日子而奋斗的一生。

孙建博在石炭坞工区租了房子，打扫干净，布置停当。他在客厅里放了一张办公桌，准备在这里办公。又在阳台上放了两把椅子，累了时坐在那里，正好看见整个营林区。先干点什么呢？他想到林场正在制定"十四五"规划，便打电话给高玉红场长，自觉领下这个任务，又叫了几个老同志一起，有声有色地搞了起来。稍有空闲，孙建博的思绪又飘荡开了。

回想起过去的2020年，实在是不寻常啊！林场干部职工和全国人民一样，按照各级党委、政府和上级主管部门的要求，全身心地投入到艰苦卓绝的防疫、防火斗争中。在接到省、市和主管部门复工复产的通知后，又克服一切困难迅速复工复产，在全省带了个好头。但是，林场的生态旅游、餐饮服务、教育培训等占全场三分之一的产业却一直处于停顿状态。

场党委的要求是“不叫一个职工下岗，不减少职工的收入”。为此，林场迅速做出产业转型、企业转产的新部署，提出“全员大绿化”战略，把各产业服务人员、讲解员调整到大绿化工作岗位上。他们在新的岗位上发挥“人定胜疫”的力量，取得了抗疫和产业转型发展的胜利。到 2020 年 12 月，全年经济指标提前完成，职工最低收入突破十万元，达到了组织和领导满意、职工群众更满意的效果。

这些事寥寥几笔就能写就，但是能做到今天这个样子是多么不容易啊！在 2020 年 5 月 8 日召开的党外人士座谈会上，习近平总书记指出，对我们这样一个拥有十四亿人口的大国来说，这样的成绩来之不易。习总书记的这番话，大家感同身受。

在这期间，孙建博的身体又两次出现情况。北京医院的专家提醒：病情已经很危险，如果出现咀嚼吞咽困难问题，尽快来京，不要犹豫！但是想到党的要求和全场职工的期盼，想到自己入党时向党组织做出的承诺，只要每天早晨能站起来，孙建博就继续工作。其实，当场长、当书记这二十四年来，孙建博一直是这样要求自己的。

整理完一个调研报告之后，孙建博太累了，他挪到阳台上，让太阳晒晒那条残腿。其实，更大的病痛正在向他袭来。重症肌无力，像一张可怕的网一样时刻罩在他的头上，随时都有可能撒下来。他也想过休息，可是他不敢，他害怕，自己一旦休息了，就很难再站起来了。所以，他把每一天都当成最后一天来用，工作安排得满满的，让自己没时间叹息。

还是在 1996 年孙建博刚被任命为原山林场场长的时候，他就在全场大会上向职工们承诺：从现在开始，我就同大家捆在一起了，我们一起战胜困难，解决问题，共同向着好日子前进。我就是死，也要死在自己的办公桌前。现在，除了岗位变化，其他一点也没变，只有带头实干、创新，才能完成习近平总书记提出的山东要走在前列的要求。孙建博认为，共产党员为人民服务是无限的。

使命至上是共产党人崇高的精神追求。自担任场长、书记二十四年来，孙建博每天坚持工作十几个小时以上，从没休息过一个星期天、节假日。

初心使命就是孙建博的生命。做一名把一切都交给党和人民的忠诚卫士，让组织认可、让党放心，使老百姓都过上好日子，是孙建博一生不变的追求。

原山的槐花开了，又落了；原山的枫叶红了，又落了。但是孙建博在石炭坞营林区租住的房间的窗口，经常透出明亮的灯光。他不是坐着轮椅到全国各地林场去调研，就是关在房间里写调研报告；他不是让人扶着到营林区视察，就是给林场领导写关于原山林场发展的建议。他一天吃好几次药，吃药的时候总是背着别人，怕别人劝他休息。他正在用生命，实践着他一生的誓言：

把自己的一切献给党！

老友深夜来访

又是一个不眠的夜，一个无奈的夜，更是一个痛苦抉择的夜。在无边的煎熬中终于破晓了，天微微发亮了，原山上的各种鸟儿开始鸣叫了。早起的喊山人，开始各种“鬼哭狼嚎”。但是，腿疼了一夜的孙建博揉了揉干得有点疼痛的双眼，双手扶着床沿吃力地坐了起来。昨晚，朋友从外地来拜访的场景，又一幕幕清晰起来。

这位朋友，就是林老板。他听说孙建博终于退休了，便放下手头的生意，来拉孙建博入伙。在孙建博的家里，两人进行了长时间的交谈。

聪明的林老板首先晓之以理：“建博，过去我拉你入伙，你总是以公职在身推脱，我没有办法说服你。现在好了，你的书记也退了，场长也辞了，你是无官一身轻了。过去，我找你合伙经商，你都是‘原则’‘纪律’说一大堆。现在，你还有什么可以说的？为集体干了一辈子了，也应该自己干点了。再说了，你为国家累了一身病，老了不存下几个钱，怎么去医院？”

“你说的这些都是事实。但是你自由习惯了，不了解我们的纪律规定。我们的规定是退休后三年以内，不准从事和在职时内容相同的工作……”

还没等孙建博说完，林老板就迫不及待地打断了他：“你是搞林业的，我请你去是搞进出口贸易，两者有哪门子的相同之处？再说，你原先干的那些在山上刨土、在草里刨食的事，干一辈子还是穷光蛋，给我多少钱我也不干……”

这回，轮到孙建博打断林老板了。因为，孙建博最不愿意听别人瞧不起林业工人的话：“林老板，你这句话就说得太没水平了。习近平总书记多次说过，绿水青山就是金山银山！如果没有我们林业工人流血流汗培育出绿水青山，没有我们林业工人起早贪黑守护着金山银山，你去哪里呼吸这些新鲜的空气？你去哪里享受这些优美的环境？你口袋里装着大把钱有什么用？还不是废纸一摞！”

“你……”林老板一时语塞了。

孙建博笑了，笑得有些坏。

毕竟是商人，林老板迅速恢复了平静，又调整了角度，以非常感人的口气开始对孙建博动之以情：

“建博，咱们毕竟是多少年的好弟兄……”

“当然……每当想起在最困难时，你给我们公司的帮助，我总是打心底里感谢你，恐怕这辈子无法报答你了。”孙建博也有意缓和一下气氛。

“既然是弟兄，我就劝你一句。都知道你本事大，你把林场干成了全国国有林场的一面旗帜，你把自己干成了共和国的林业英雄。但是，你一年到头吃那点干巴工资，你不亏吗？为了国家的事，你欠老婆孩子太多了！你不趁着身子还能动弹，给他们挣点钱，难道让他们守着那几个光荣称号过一辈子？”

听到这些，孙建博一时无话。只见他扶着沙发站起来，一瘸一拐地走到写字台前，从抽屉里拿出他在北京住院时写的遗嘱，递给林老板。林老板不明就里，一头雾水地接过遗嘱，仔细地看了起来。看着看着，林老板禁不住流起泪来。当他看完的时候，竟然失声痛哭起来。见此情景，孙建博大吃一惊：林老板，这是怎么了？是不是勾起了你的伤心事？

“建博，我和你相交这么多年，本来我以为我很了解你了。但是今天看来，我根本不了解你，一点也不了解你……你怎么能留给家人‘中国共产党员孙建博’这几个字呢？它们能吃还是能喝？”

林老板一边擦泪，一边抽泣着继续说：“通过陶瓷生意的接触，我知道你是一个重情义、讲诚信、看长远的商人，却不知道你作为一个共产党员的操守和气节。今天，我总算看明白了一个共产党员和一个普通人的区别。那真是天地之分，云泥之别。通过今天和你谈话，我不仅理解了你，也通过你理解了共产党……”

“林老板，共产党员也是有血有肉的人，也有情有欲。但是，我们始终把组织原则、组织纪律放在重要的位置。战争年代，共产党员可以为组织抛头颅，洒热血；和平年代，我们可以为党贡献自己的一切，包括生命。在这样崇高的目标面前，个人的功名利禄算得了什么呢？”孙建博继续说道，“我十分怀念过去咱们的合作，十分感谢你给予的支持。今后，有用到我的地方，你尽管言语一声，天大的困难，我也在所不辞！”

“建博，交了一个你这样的朋友，值了！”

“林老板，原谅我吧！这么多年过来，我总觉得自己早已不是个有血有肉的人，早已化成了原山林场的一棵树、一捧土、一块石头，我和原山再也分不开了。”

林子里的鸟又开始大合唱了。各种叫声合在一起，有时急，有时缓，有时密，有时疏……坐在床边的孙建博一个愣怔，一下子从回忆中清醒过来。想到还要去宾馆陪林老板吃早餐，他喊焦翠红端过来温水，喝下了一大把各种各样的不得不吃的药，然后拄着拐杖走出门外，坐上电动轮椅，直奔宾馆而去。

送走林老板之后，孙建博还是按照平常上班的时间，赶到了原山艰苦创业教育基地，准时坐在了租住的学员公寓的房间里。打开手机，他仔细地阅读着未读的微信。仅这一个晚上，他就收到了五个朋友邀请他去游玩的信息，还有三个朋友邀请他一起干，并许诺给他高薪。他略加思索之后，一一回信息婉拒了。因为，他觉得自己无暇他顾，原山的事情他还忙不过来呢！

忙什么呢？

需要做的事情太多了。作为一名全国人大代表，他需要把征集到的民情民意整理成建议或提案，提交给全国人大常委会。想到这里，他打开笔记本，开始整理关于守护大河生态底色、推进黄河口国家公园建设的建议。

孙建博有个习惯，就是不论多么忙，多么累，晚上睡觉前都会看一下手机，该回复的一个也不落下。尽管退休了，但是他晚上回家还是很晚。夜里十点，他准时浏览手机，看到了林老板上飞机之前在机场给他发的微信。他看着看着，两只眼睛湿润了：

“建博老弟，这么多年来，我见过很多共产党员和英雄人物，但大多数是在电影里，电视里，小说里。今天，你让我切切实实知道了，在我的至爱亲朋中就有这样的共产党员，以前，我认为那都是宣传，从今天开始，我信了！”

孙建博看到这里，抹了一把眼泪，心里想：我值了！

满满的正能量

又是一个初春。

孙建博缩在出租屋里，专心致志地整理着调研报告，准备在不久后召开的全国人代会上提交。也许是他太专心了，也许是年纪大了，突然，他的两眼看不清本子上的字了。他知道，自己毕竟是六十多岁的人了，眼花是很正常的事情。他放下手中的笔，抬头往窗外望去。

窗外是原山林场的瘦薄岭工区，群山起伏，连绵不断。一片片侧柏苍绿挺拔，洋槐树和槭树还没长叶。背阴的山坳里，雪还没化完，一坨坨的。寂寞了一个冬天的山鸡们，嘎嘎地叫着呼唤春天。孙建博想，春天来了，该出去走走了，正好放松一下。

孙建博坐着轮椅，穿行在林间小道上。他手里拿着一把剪枝用的大剪子，看到路边的小树需要剪枝了，他随手就剪掉了；看到树干有虫眼了，他马上打电话给护林员；看到防火道上的树茬子有点高，他怕绊倒防火队员，又马上招呼附近的护林员，直到把树茬子剪到和路面平齐为止……

突然，他的手机响了。他掏出一看，是一个北京的号码。现在我们很多人看到外地的电话号码，怕是推销东西的，都不想接。但是孙建博不一样，因为国家林业草原局会给他打电话，全国人大常委会有时也会打他的电话，还有许多北京的朋友，有时候也会打给他。他接起电话，但是山里信号不好，什么也听不见。他只好开着轮椅多转了几个地方。终于听清了，是一个年轻女人的声音：

“你是孙建博本人还是他的家属？”

“你好，我是孙建博!”

“你好，我是北京医院的，负责病人术后随访。请问你的重症肌无力及三种癌症手术后情况好吗?”

“我很好，谢谢你。”

“很好？你是孙建博本人吗?”

“假一赔十！哈哈哈……”

“不要开玩笑，我们是认真的。”

“人命关天，必须是认真的!”

“很好？真的吗？怎么个好法?”

孙建博认真地说：“我真的很好！出院后，我每天按时起床，按时吃饭，按时上下班。出院时带回来很多药，我经常忘记吃，后来就干脆不吃了。只有身体实在难受的时候，才会吃药。”

“这可太奇怪了!”

“一点也不奇怪啊!”

“你吃的什么补药?”

“我已经告诉你了，我现在什么药也不吃了。要说滋补，我就是好吃肉包子，并且要求包子里的肉多一点。过些日子馋了，就煮上几块大骨头啃肉……”

“你想过你的病吗?”

“哪里有时间想病啊？两眼一睁，忙到熄灯。今天抓山林防火，明天去林区灭虫。上午开完了林下经济座谈会，下午又检查防火道的清障工作。一天天的，脑子根本没有工夫想‘病’这件事。慢慢地，也就把病情忘记了。”

“奇迹！奇迹啊，孙建博同志。”

“其实没有什么奇迹。”

“孙建博同志，你听我给你列列，你的病情是这样的：一是全身型重症肌无力；二是胸腺增生术后；三是右侧肺部腺癌术后；四是膀胱粘液癌术后；五是脐输尿管腺癌术后……这几种病，得上一种都是极其要命的。你，是怎么活过来的？难道你是钢铁铸的？难道你是石头刻的？”

“我是靠着一种精神活过来的！”

“什么精神？”

“共产党人的乐观精神！”

“……”电话那头沉默了。

“做人只要心底无私，就什么坏人也不怕；做事只要方法对头，就什么困难也不怕。为人只要一身正气，什么邪毛鬼祟也不近身；只要浑身充满正能量，就能百毒不侵……”

“孙建博同志，我每天联系很多病人，其中不少人的手机号早已经是空号了。我在做病人术后随访的时候，有很多人向我请教战胜疾病的方法，我总是按照教科书上的几种方法回答。今天，我学会了一种教科书上没有的，对许多人很有效的精神方面的方法。十分感谢你在我们战胜疾病的武器宝库中，又增加了一种制胜法宝……”

“你看我还要注意什么？”孙建博问道。

“针对你的病情，医生是这么嘱咐的：虽然你目前经过手术和药物治疗后症状得到部分缓解，但是你要注意休息，仅可以从事轻微的体力工作。长期看来，需要使用环磷酰胺治疗。定期检查肝肾功能、血氧浓度、乙酰胆碱受体，监测抗体。并且由肿瘤科、神经科长期随访。”

“好的，我知道了！谢谢！”

仅仅从山林回到出租屋这短短的时间，孙建博竟然把这个电话的内容全忘了。因为，全国人代会即将召开，他还有许多建议、议案需要整理提交，他需要从几十万字的调研报告中提炼。

功夫不负有心人！

在当年召开的第十三届全国人民代表大会第五次会议上，孙建博一人提交议案52件，占山东代表总提交议案的10.1%。

会议开幕的当天晚上，孙建博心潮澎湃，久久无法入睡。他披衣起身，开始给他日夜想念的原山林场的战友们写信。这是他当选全国人大代表之后，第十次给原山林场的战友们写信了。写什么呢？他仔细思索着：

原山林场的老少爷们、兄弟姐妹、战友同事们：

冬去春来，希望满怀，带着大家的嘱托和期盼，我又一次在北京人民大会堂参加全国“两会”，向全场的同志们道一声：谢谢大家啦！

这是我自2013年参加全国“两会”以来，以人大代表的身份给大家写的第十封信，也是首次以一名原山林场普通退休人员的身份给大家写信。

战友同事们，不忘初心，方得始终。作为一名原山人，任何时候都不能忘本，不能忘记今天的幸福生活从哪里来的，更不应该忘记建场六十五年来那些在林场建设、改革和保护中做出牺牲的同志们。我相信：林场退下来的老同志都和我一样，会始终全力支持以高玉红同志为首的场党委的工作，始终全力支持林场一线干部职工的工作，为早日实现现代化林场不断做出新的贡献！

战友同志们，我虽然退休了，但永远是一名原山人。我这一生只要活着，就要永远为原山代言，为原山的明天而奋斗，死后也要葬在原山，永远同大家在一起，继续守护着林场的绿水青山。

难道这是告别吗？

有点是。

可觉得又不是。